LOS 21
MINUTOS
MÁS PODEROSOS EN EL DÍA DE UN
LÍDER

JOHN C. MAXWELL

BETANIA

Betania es un sello de Editorial Caribe

© por Maxwell Motivation y JAMAX Realty

© 2001 Editorial Caribe
Una división de Thomas Nelson, Inc.
Nashville, TN—Miami, FL (EE.UU.

email: editorial@editorialcaribe.com
www.caribebetania.com

Título en inglés: The 21 Most Powerful Minutes in a Leader's Day
© 2000 por Maxwell Motivation, Inc.
Publicado por Thomas Nelson, Inc.

Traductor: Pedro Vega

ISBN: 0-88113-629-8

Impreso en EE.UU.
Printed in U.S.A.

11ª Impresión

Dedico este libro a las siguientes personas que conmigo prestan servicios en la junta de *EQUIP*. Juntos tenemos el sueño de levantar líderes que marquen la diferencia en la vida de millones de personas.

Ron McManns
Gerald Brooks
David Burdine
Jim Campbell
Jim Dornan
Larry Maxwell
Bill McCartney
Mac McQuiston
Kevin Miller
Ray Moats
Tom Phillippe
Mitch Sala

CONTENIDO

RECONOCIMIENTOS

Gracias a todos ustedes, los que forman el equipo de personas que
me ayudaron a elaborar este libro:

Charlie Wetzel, por sus habilidades de redacción y su sabiduría
Dan Reiland, por su creatividad y su visión de líder
Tim Elmore, por su aguda percepción bíblica
Brent Cole, por su ayuda en la investigación
Stephanie Wetzel, por su colaboración en la edición
y lectura de pruebas
Linda Eggers, por la forma que lleva mi vida

INTRODUCCIÓN

¿Cómo puedo ser un mejor líder? Me hago esta pregunta todos los días de mi vida. Continuamente busco nuevas cosas para aprender y modos de crecer. Pero a veces la mejor manera de aprender es volver a los fundamentos. Después de todo, eso es lo que hacen los entrenadores profesionales cuando quieren agudizar las habilidades de sus jugadores, sean estos novatos o campeones experimentados.

Esto fue lo que me impulsó a regresar a la Fuente, al más grande libro de liderazgo que se haya escrito en todos los tiempos: la Biblia. Cada lección sobre liderazgo que he enseñado se ha basado en principios bíblicos. Ahora, en *21 minutos de poder en el día de un líder*, traigo a la línea frontal el liderazgo contenido en la Biblia. Al examinar la vida de los grandes líderes bíblicos, podemos aprender más sobre liderazgo y aplicar los principios aprendidos a nuestra vida cotidiana.

Este libro es un instrumento para desarrollar liderazgo. No tiene como objetivo que se lea de una sentada. Está diseñado para consumirse en bocaditos diarios y digerirse lentamente. Por esta razón, póngalo en algún punto de su agenda donde pueda leerlo a su conveniencia cinco días por semana.

Si sigue el proceso según lo he diseñado, pasará las próximas veintiuna semanas estudiando con cuidado este material. El libro está organizado en torno a *The 21 Irrefutable Laws of Leadership* [21 leyes irrefutables del liderazgo]. Cada semana pasará cuatro días aprendiendo algo sobre liderazgo de un personaje bíblico diferente. Cada día se enfoca en un pensamiento predominante sobre liderazgo, contiene una lección aprendida del líder bíblico y plantea una pregunta para que medite durante todo el día. El quinto día le ayudará a cambiar su enfoque de *pensar* en el liderazgo a *actuar en él* a medida que da los pasos que le ayudarán a ser un mejor líder.

Espero que se deleite los próximos meses viviendo con algunos de los más grandes líderes en la historia de la humanidad, y con algunos que pudieron serlo pero no lo fueron. He aprendido maravillosas lecciones de ellos, y espero que usted también lo haga.

Semana 1

LA LEY DE LA TAPA

La habilidad de liderazgo determina el nivel de eficiencia de una persona

El éxito está al alcance de casi cualquier persona. Pero... el éxito personal sin la capacidad de liderazgo produce una eficiencia limitada. El impacto de una persona solo llega a una fracción de lo que lograría con un buen liderazgo. Mientras más alto quiera escalar, más necesita del liderazgo. Mientras mayor impacto quiera lograr, mayor es la influencia que necesita tener...

La habilidad de liderazgo es la tapa que determina el nivel de eficiencia de la persona. Mientras más baja es la capacidad de dirigir, más baja estará la tapa sobre su potencial. Mientras más elevado el liderazgo, mayor la eficiencia... Su capacidad de liderazgo, para bien o para mal, siempre determina su eficacia y el impacto potencial de su organización... Para alcanzar los más elevados niveles de eficiencia, tiene que subir la tapa de su capacidad de líder.

De «La ley de la tapa» en
Las 21 Leyes Irrefutables del Liderazgo

Día 1

Saúl, David y la Ley de la Tapa

PENSAMIENTO SOBRE LIDERAZGO PARA HOY:
Toda persona tiene el potencial para convertirse en líder.

Lecturas bíblicas
1 Samuel 10.17-24; 13.5-15; 15.10-16.13; 17.32-18.16
2 Samuel 5.1-5; 11.1-5, 14-15, 26-27; 12.1-15

Las apariencias engañan. En ocasiones miramos a una persona y asumimos que tiene todo lo necesario para ser un gran líder. Ese fue el caso de Saúl. La Biblia nos dice:

> Había un varón de Benjamín, hombre valeroso, el cual se llamaba Cis... Y tenía él un hijo que se llamaba Saúl, joven y hermoso. Entre los hijos de Israel no había otro más hermoso que él; de hombros arriba sobrepasaba a cualquiera del pueblo (1 Samuel 9.1-2).

Cuando el pueblo de Israel pidió un rey, Dios les dio a Saúl, y todos esperaban que fuese un gran líder. Pero el pueblo miró su apariencia exterior mientras Dios miró su corazón. No pasó mucho tiempo antes que Saúl, hombre poderoso y con gran potencial, se desacreditara a sí mismo y su liderazgo, y Dios designara un nuevo líder en su lugar. Entonces eligió a David, un hombre conforme al corazón de Dios.

DOS REYES CON DIFERENTES TAPAS EN EL LIDERAZGO

¿Por qué Saúl fracasó como rey de Israel mientras David, que parecía más débil, tuvo éxito? Podemos hallar la respuesta en la Ley de la Tapa: La habilidad de liderazgo determina el nivel de eficiencia de una persona.

> La habilidad de liderazgo determina el nivel de eficiencia de una persona.

Mientras David trató de ser mejor líder y tuvo varias experiencias que le permitieron elevar el nivel de su tapa, la actitud de Saúl mantuvo la tapa firmemente sellada sobre su liderazgo.

Echemos un vistazo a los senderos similares que estos hombres transitaron:

1. AMBOS RECIBIERON CONSEJO DE HOMBRES PIADOSOS

La unción y las oportunidades otorgadas a Saúl y David fueron sorprendentemente similares. Ambos fueron ungidos por Samuel, el último juez de la nación hebrea. Ambos recibieron el beneficio de consejos piadosos: Saúl lo recibió de Samuel y David de Samuel y luego de Natán, el profeta. Pero observe qué diferentes fueron sus reinados como monarcas.

En realidad, Saúl nunca entendió la naturaleza del liderazgo. El día que fue instituido como rey, se escondió de la gente. Creo que lo hizo porque reconocía su incapacidad para dirigir. Pero después de probar el éxito en una batalla, confundió su posición como rey con el verdadero liderazgo. Aunque tenía el título, el poder y la corona de un rey, nunca llevó la monarquía más allá de un gobierno regido por lo carismático. Fue hecho general, pero nunca logró reunir un ejército estable. No creó un gobierno organizado para preservar sus logros. Cuando Dios ya no lo favoreció, pensó que el título de rey le daba derecho a seguir haciendo de líder.

Por otra parte, David aprovechó las oportunidades para crecer en su liderazgo. Aprendió a ser guerrero. Levantó un ejército permanente y venció a sus enemigos. Eligió una ciudad y la conquistó para convertirla en la nueva capital de la nación, y luego organizó en ella un gobierno duradero. Mucho de eso lo hizo antes de ocupar el trono. Desde el comienzo, lo amó todo el pueblo de Israel y de Judá (1 Samuel 18.16). David atrajo a ciudadanos, guerreros y líderes por igual, y los dirigió bien. Como resultado de su liderazgo, el pueblo floreció.

2. AMBOS ENFRENTARON GRANDES DESAFÍOS

Todo líder enfrenta obstáculos, pruebas y tribulaciones. Saúl y David a veces enfrentaron los mismos. Por ejemplo, tomemos a Goliat. Cuando el gigantesco filisteo ofreció luchar contra el campeón de Israel, Saúl y David escucharon el desafío del gigante. Saúl, el principal guerrero de Israel y quien debió enfrentar al gigante, reaccionó y se escondió amedrentado. Pero David, aun un muchacho, estaba deseoso de aceptar el desafío y ganar la honra para Dios.

¿Cuál fue la reacción de Saúl? Ofreció su armadura a David (¿Por qué no? ¡Él no iba a usarla!) Mientras otros esperan para ver qué va a ocurrir, los líderes se levantan y se enfrentan al desafío.

3. AMBOS TUVIERON LA OPORTUNIDAD DE CAMBIAR Y CRECER

Las reacciones tan diferentes de estos dos hombres cuando enfrentan sus fracasos retratan las dos naturalezas de Saúl y David. Cuando en desobediencia, Saúl ofreció un holocausto a Dios, Samuel lo reprendió. La Escritura guarda silencio sobre lo que vino luego. No hay un relato de tristeza o arrepentimiento de parte de Saúl. En cambio, el relato sigue con la guerra de Saúl contra los filisteos. Evidentemente se mantuvo en la misma dirección.

Por otra parte, ante su pecado, la reacción de David fue diferente. Después de cometer adulterio con Betsabé y de mandar al marido de esta a la muerte, Natán lo confrontó, y el rey se arrepintió sintiendo un agudo pesar.

EL QUE SUBIÓ LA TAPA

La interacción de David con Natán es representantiva de su actitud durante su vida. Nunca tuvo miedo de reconocer sus fracasos, de pedir a Dios el perdón y la bendición, y de mejorar personalmente. Es la razón por la que la tapa de su liderazgo subió más y más alto.

Todos podemos aprender de David. Si queremos alcanzar nuestro potencial y convertirnos en la persona que Dios quiere que seamos, necesitamos elevar las tapas de nuestras vidas. Es la única manera de pasar a otro nivel.

PREGUNTA DE REFLEXIÓN PARA HOY:
En su liderazgo, ¿ha sido más como Saúl o como David?

Día 2

Entonces Samuel dijo a Saúl: Locamente has hecho; no guardaste el mandamiento de Jehová tu Dios que él te había ordenado; pues ahora Jehová hubiera confirmado tu reino sobre Israel para siempre. Mas ahora tu reino no será duradero (1 Samuel 13.13-14).

Todo líder tiene tapas en su vida. Nadie nace sin ellas. No desaparecen cuando la persona recibe un título, alcanza una posición o es investido de poder. El asunto no es si tiene tapas o no. El asunto es lo que va a hacer con ellas.

LAS TAPAS QUE LIMITARON A SAÚL

Cuando Dios hizo a Saúl rey de Israel, quitó todas las tapas externas de la vida del nuevo gobernante. Saúl recibió la unción de Dios, asumió la posición de rey y tenía el potencial de convertirse en un gran líder. Pero aunque no tenía tapas exteriores en su liderazgo, aun quedaban en él tapas internas. Y eran muchas:

> Cada líder tiene tapas en su vida. El asunto no es si tiene tapas o no. El asunto es lo que va a hacer con ellas.

- *Miedo*. Comenzó su reinado escondiéndose entre el bagaje, y tuvo miedo de enfrentar a Goliat.

- *Impaciencia*. Se negó a esperar a Samuel y tuvo el

atrevimiento hacia Dios de ofrecer con sus manos el holocausto que debía ser presentado exclusivamente por un sacerdote.

• *Rechazo*. Cuando Samuel le dijo que había sido desechado como rey, Saúl siguió como si todo estuviera bien.

• *Impulsividad*. En forma imprudente e irreflexiva hizo un juramento que casi le costó la vida de su hijo Jonatán.

• *Fraude*. Usó a su hija Mical como soborno al ofrecerla a David como esposa si vencía a los filisteos, pero la esperanza de Saúl en realidad era que David muriera en la batalla.

• *Celos*. Se puso furioso cuando el pueblo lo comparó con David. De allí en adelante su ojo celoso estuvo puesto sobre el hombre que consideró como enemigo.

• *Enojo*. Más de una vez intentó matar a David con su lanza mientras éste tocaba el arpa para él.

La mayoría de las tapas de Saúl tenían que ver con la debilidad de su carácter. Desafortunadamente estaba más preocupado en guardar las apariencias que en limpiar su carácter. Aun cuando fue desechado como rey, Saúl estaba muy preocupado por el qué dirán. Suplicó a Samuel: «Yo he pecado; pero te ruego que me honres delante de los ancianos de mi pueblo y delante de Israel» (1 Samuel 15.30). Puesto que nunca quitó las tapas de su liderazgo, Dios lo sacó del trono de Israel.

LAS TAPAS QUE *NO* LIMITARON A DAVID

Cuando usted examina la vida de David ve que también tenía diversas tapas en su vida, internas y externas:

1. SU FAMILIA

Las limitaciones de David comenzaban en su hogar. Cuando se le pidió a Isaí, su padre, que reuniera a todos sus hijos para que Samuel eligiera al nuevo rey de Israel, David no fue invitado a participar. Su padre lo despreció y lo pasó por alto.

Lo mismo hicieron sus hermanos. Cuando David fue al frente de batalla a visitarlos, se hizo evidente el desprecio de ellos hacia él. Cuando David habló con firmeza contra el blasfemo desafío de Goliat, sus hermanos lo insultaron y le pidieron que se fuera a casa.

2. SU LÍDER

Saúl trató continuamente de inhibir el liderazgo y eficacia de David. Cuando David se ofreció para pelear con el gigante, Saúl le dijo: «No podrás tú ir contra aquel filisteo, para pelear con él» (1 Samuel 17.33). Entonces trató de ponerle su pesada armadura al muchacho. Más tarde Saúl declaró que David era su enemigo. Por muchos años, Saúl trató de matarlo repetidas veces.

3. SU TRASFONDO

Saúl provenía de una familia buena y poderosa. Se describe a su padre como «Cis, hombre valeroso, hijo de Abiel, hijo de Zeror, hijo de Becorat, hijo de Afía, hijo de un benjamita» (1 Samuel 9.1). Sin lugar a dudas, era terrateniente, líder en su tribu y comandante militar en los tiempos de guerra. Por otra parte, David era de una familia pobre de pastores. Se describe como hijo de Isaí de Belén, hombre sin linaje elevado y sin una poderosa posición. David tampoco era el hijo mayor. Era el octavo y menor de la familia.

4. SU JUVENTUD E INEXPERIENCIA

Cuando fue ungido por Samuel, David era solo un muchacho y no tenía otra experiencia sino la de cuidar ovejas. Cuando avanzó para enfrentarse a Goliat, se le consideró solo un muchacho y nunca había peleado en una batalla. Una y otra vez la gente lo menospreció y le faltó el respeto por tales razones.

Finalmente David se convirtió en gran líder; sin embargo no fue porque no tuviera limitaciones en la vida. Logró mucho porque se dedicó a levantar sus tapas. Ese es el tema de la lección de mañana.

PREGUNTA DE REFLEXIÓN PARA HOY:
¿Qué tapas hay en su vida?

Día 3

Y Saúl vistió a David con sus ropas, y puso sobre su cabeza un casco de bronce, y le armó de coraza. Y ciñó David su espada sobre sus vestidos, y probó a andar, porque nunca había hecho la prueba. Y dijo David a Saúl: Yo no puedo andar con esto, porque nunca lo practiqué. Y David echó de sí aquellas cosas (1 Samuel 17.38-39).

David fue capaz de llegar lejos a pesar de las circunstancias adversas y sus numerosas tapas limitantes. ¿Por qué? Porque a diferencia de Saúl, se dedicó a levantar sus tapas. Cuando observa la vida de David, nota el patrón de levantar tapas que lo ayudó a seguir creciendo y avanzar hacia un nuevo nivel. Cuando el líder levanta la tapa no solo libera su potencial personal sino que también libera la tapa del potencial de su gente y su organización.

LAS TAPAS QUE LEVANTÓ DAVID

1. DAVID PRIMERO LEVANTÓ LA TAPA DE SÍ MISMO

La vida de David demuestra la práctica de exigir primero la superación personal. Observe su actitud ante Goliat. A pesar de no haber estado nunca en una batalla, usó su experiencia como pastor a modo de preparación. Había aprendido a usar la honda y había enfrentado el ataque de un león y un oso; ambas bestias muy peligrosas y mucho más poderosas que él. Debido a esas experiencias creció en valor, confianza y fe.

> Para que la organización crezca, haga crecer al líder.

Así, el día que peleó contra Goliat —y enfrentó la tapa de su inexperiencia en la guerra— David levantó la tapa.

Con frecuencia la gente me pregunta qué se necesita para que una organización crezca.

A esa pregunta siempre respondo lo mismo: «Para que la organización crezca, haga crecer al líder». Todo comienza y termina con él. Debido a que David levantó primero su tapa y creció, removió la primera, y con frecuencia la más limitante de las tapas de la organización: el líder.

2. DAVID LEVANTÓ LA TAPA PARA QUIENES ESTABAN CERCA DE ÉL

En cuanto el líder levanta su tapa, comienzan a ocurrir cosas increíbles. Antes que David llegara, todo el ejército israelita estaba aterrorizado por los filisteos. Pusieron su línea de combate en el valle de Ela y escuchaban las burlas de Goliat cada mañana y cada noche ¡durante cuarenta días! ¿Qué hizo Saúl, su líder? Se escondió. Saúl era la tapa para todo el ejército de Israel.

Pero en cuanto David entró en escena y ejerció su liderazgo capaz de levantar tapas, al matar a Goliat, removió la tapa de todo el ejército: «Y cuando los filisteos vieron a su paladín muerto, huyeron. Levantándose luego los de Israel y los de Judá, gritaron, y siguieron a los filisteos... Y cayeron los heridos de los filisteos por el camino» (1 Samuel 17.51-52). Los guerreros de Israel les infligieron una resonante derrota.

3. DAVID LEVANTÓ LA TAPA PARA TODA LA NACIÓN

Con el tiempo, a medida que David siguió ejerciendo una fe profunda y un sano liderazgo, levantó la tapa para toda la nación. Ese proceso comenzó casi de inmediato, mientras el pueblo comentaba: «Saúl hirió a sus miles, y David a sus diez miles» (1 Samuel 18.7). Gracias al liderazgo de David, el pueblo finalmente comenzó a creer que con el favor de Dios, ellos podrían hacer algo. Y aumentaron las victorias de Israel sobre sus enemigos. Hacia el final del reinado de David, su reinado unificó las regiones de Israel y Judá, e incorporó las potencias de Edom, Amón y Soba. La nación creció en poder y el reinado de David solo fue superado por el de Salomón, su hijo.

A todos nos gusta tener una oportunidad. Pero muchas personas quieren que la oportunidad les llegue antes de comenzar a mejorar ellos mismos y así poder aprovecharla. Cuando alcance esa posición, comenzaré a crecer. Eso es hacer las cosas al revés. Él creció primero, levantando su tapa personal, y cuando llegó el momento de la gran oportunidad, estaba listo para ella. Cuando enfrentó una tapa que no podía remover por sí mismo, permitió que otros le ayudaran. Mañana discutiremos más al respecto.

PREGUNTA DE REFLEXIÓN PARA HOY:
¿Qué tapas puede usted levantar?

Día 4

Pocos líderes permiten que otros levanten tapas en sus vidas.

E hicieron pacto Jonatán y David, porque él le amaba como a sí mismo. Y Jonatán se quitó el manto que llevaba, y se lo dio a David, y otras ropas suyas, hasta su espada, su arco y su talabarte... Habló Saúl a Jonatán su hijo, y a todos sus siervos, para que matasen a David; pero Jonatán hijo de Saúl amaba a David en gran manera, y dio aviso a David, diciendo: Saúl mi padre procura matarte; por tanto cuídate hasta la mañana, y estate en lugar oculto y escóndete. Y yo saldré y estaré junto a mi padre en el campo donde estés; y hablaré de ti a mi padre, y te haré saber lo que haya (1 Samuel 18.3-4; 19.1-3).

Hay ocasiones en que el líder enfrenta un problema o limitación que no puede remover por sí mismo. Cuando se topan con esas limitaciones, algunos líderes renuncian y dejan de crecer. Ese es el comienzo del fin de su organización. Pero unos cuantos líderes, los que tienen el valor y la humildad para aprender, se reúnen con otros líderes que pueden ayudarle a levantar la tapa de sus vidas. Esto ocurrió con David, y la persona que le levantó la tapa fue nada menos que Jonatán, el hijo de Saúl.

¿Y QUÉ DE LOS LEVANTADORES DE TAPA?

Los levantadores de tapa siempre muestran tres cualidades que ayudan a los demás a avanzar a otro nivel. Siempre se puede contar con que ellos...

1. LEVANTARÁN LAS TAPAS DE OTROS CON SUS PALABRAS

Los levantadores de tapas animan. La Escritura narra que Jonatán y David hicieron un pacto entre sí:

Entonces dijo Jonatán a David: ¡Jehová Dios de Israel, sea testigo! Cuando le haya preguntado a mi padre mañana a esta hora, o el día tercero, si resultare bien para con David, entonces enviaré a ti para hacértelo saber. Pero si mi padre intentare hacerte mal, Jehová haga así a Jonatán, y aun le añada, si no te lo hiciere saber y te enviare para que te vayas en paz. Y esté Jehová contigo, como estuvo con mi padre. Y si yo viviere, harás conmigo misericordia de Jehová, para que no muera, y no apartarás tu misericordia de mi casa para siempre. Cuando Jehová haya cortado uno por uno los enemigos de David de la tierra, no dejes que el nombre de Jonatán sea quitado de la casa de David. Así hizo Jonatán pacto con la casa de David, diciendo: Requiéralo Jehová de la mano de los enemigos de David (1 Samuel 20.12-16).

Jonatán levantó a David constantemente. Fue un estímulo para David cuando su futuro parecía más negro que nunca. Le dio esperanza y le ayudó a encontrar valor para seguir adelante a pesar de sus desesperadas circunstancias.

2. LEVANTARÁN A OTROS CON SUS ACCIONES

Decirle palabras positivas a alguien es bastante fácil. Se requiere compromiso para respaldar las palabras con acciones. Jonatán estaba dispuesto a hacer esto, aun cuando estuvo a punto de perder su vida.

Jonatán fue fiel a su palabra e informó a su amigo la intención que tenía su padre de matarlo. Pero aun antes de esto, Jonatán había tomado un papel activo en el progreso y bienestar de David. Cuando dio a David su manto, armadura, espada, arco y talabarte, estaba haciendo una afirmación. El manto real haría que David —un plebeyo— se destacara en medio de todo el pueblo de Israel. Con su armadura no solo le equipó, sino que también le honró, y mostró la disposición de Jonatán de exponerse a ser vulnerable en beneficio suyo.

Cuando Jonatán dijo a David: «Lo que deseare tu alma, haré por ti» (1 Samuel 20.4), lo dijo porque así lo haría. Respaldó sus palabras con su acción.

3. Cederán para que otros puedan subir

Una cosa es dar ánimo y recursos a una persona para levantarla. Pero es otra sacrificarse por ellas para que puedan ascender a otro nivel. Sin embargo, eso fue lo que Jonatán hizo.

Como primogénito de Saúl, Jonatán era el primero en la línea de sucesión para el trono de Israel. Jonatán tendría que haber odiado a David, al hombre que Dios había ungido para desplazarlo. Pero Jonatán estaba dispuesto a renunciar a todo en favor de su amigo:

Viendo, pues, David que Saúl había salido en busca de su vida, se estuvo en Hores, en el desierto de Zif. Entonces se levantó Jonatán hijo de Saúl y vino a David a Hores, y fortaleció su mano en Dios. Y le dijo: No temas, pues no te hallará la mano de Saúl mi padre, y tú reinarás sobre Israel, y yo seré segundo después de ti; y aun Saúl mi padre así lo sabe. Y ambos hicieron pacto delante de Jehová; y David se quedó en Hores, y Jonatán se volvió a su casa. (1 Samuel 23.15-18)

> Jonatán, de quien cualquiera hubiera esperado que fuera una tapa pesada sobre la vida de David, tuvo la determinación de ser el que le levantara la tapa.

Jonatán, de quien cualquiera hubiera esperado que fuera una tapa pesada sobre la vida de David, tuvo la determinación de ser el que le levantara la tapa. Sin la ayuda de Jonatán, David no hubiera sobrevivido ni hubiera alcanzado el trono.

Hay tapas en su vida que usted solo no puede levantar. A veces, como en el caso de David, un levantador de tapas le busca. En otras ocasiones, tiene que salir a buscar uno. Pero no importa cómo sea, si quiere avanzar a un nivel más elevado, no puede lograrlo solo.

PREGUNTA DE REFLEXIÓN PARA HOY:
¿Qué levantadores de tapa hay en su vida?

Día 5

Cómo dar vida a esta ley

ASIMÍLELA

Medite en las siguientes afirmaciones:

1. Toda persona tiene el potencial para convertirse en líder.
2. Todo líder tiene tapas.
3. El líder puede levantar algunas tapas.
4. Pocos líderes permiten que otros levanten tapas en sus vidas.

¿Cuán consciente está usted de las diversas tapas que hay en su vida? ¿Cuál es su actitud en cuanto a ellas? ¿Ha asumido la responsabilidad de levantarlas, como lo hizo David? ¿Está dispuesto a ser suficientemente humilde y vulnerable para dejar que un levantador de tapas entre en su vida?

ORGANÍCELA

Si no está seguro dónde se encuentra cuando se trata de entender y aplicar la Ley de la Tapa, visite el sitio en Internet «www.injoy.com/21 Minutes» para contestar un cuestionario de evaluación de veinticinco preguntas que le ayudarán a medir su habilidad.

PÓNGALA EN ORACIÓN

Use las siguientes palabras para comenzar su tiempo de oración:

Amado Dios, quiero ser un mejor líder. Dame una actitud que me per-

mita aprender. Luego muéstrame las tapas que hay en mi vida. Revélame las faltas que hay en mi carácter y ayúdame a repararlas. Muéstrame en qué necesito crecer. Y cuando dé contra tapas que están fuera de mi control, por favor, envíame un levantador de tapas como Jonatán. Me pongo en tus manos. Amén.

VÍVALA

Dedique hoy el tiempo necesario para anotar todas las tapas que detecte en su vida. Comience concentrándose en las características internas, que pueden incluir cualidades de carácter, habilidades de liderazgo y capacidades relacionales. Luego haga una lista de las tapas externas, que pueden relacionarse con sus circunstancias, edad, entre otras.

Ahora, ordene las tapas en tres categorías: (1) tapas que puedo levantar (haga planes para enfrentarlas personalmente); (2) tapas que otros pueden levantar (busque mentores que le ayuden al respecto); y (3) hechos de la vida (acostúmbrese a ellos porque no puede cambiarlos).

DIVÚLGUELA

¿Qué concepto, idea o práctica específica de liderazgo que ha aprendido en esta semana transmitirá a otro líder en los próximos dos días?

Semana 2

LA LEY DE INFLUENCIA

LA VERDADERA MEDIDA DEL LIDERAZGO ES LA INFLUENCIA: NADA MÁS, NADA MENOS

El liderazgo es influencia: nada más, nada menos. Cuando se convierte en un estudiante de los líderes, como yo, uno comienza a reconocer el nivel de influencia de las personas en situaciones cotidianas que le rodean... Una de las personas que más admiro y más respeto como líder es mi buen amigo Bill Hybels, pastor principal de la Iglesia Willow Creek Community de South Barrington, Illinois, la iglesia más grande de los Estados Unidos. Bill dice que cree que la iglesia es la empresa de liderazgo más intensivo en la sociedad... ¿Cuál es la base para su creencia? El liderazgo de posición no funciona en las organizaciones de voluntarios... En otras organizaciones, la persona que ocupa cargos altos tiene una influencia increíble... en forma de salarios, beneficios y privilegios... Pero en organizaciones de voluntarios, como es el caso de las iglesias, lo único que funciona es el liderazgo en su forma más pura. Los líderes tienen solo su influencia para ayudarles. Y como dijo Harry A. Overstreet: «La esencia misma de todo poder de influir está en lograr que otras personas participen». En las organizaciones voluntarias no se puede obligar a los seguidores que suban a bordo. Si los líderes no tienen influencia sobre ellos, entonces no le seguirán.

DE «LA LEY DE LA INFLUENCIA» EN
21 Leyes Irrefutables del Liderazgo

Día 1

Josué y la Ley de Influencia

PENSAMIENTO SOBRE LIDERAZGO PARA HOY:
*El impacto del liderazgo crece en la medida
que aumenta la influencia.*

Lecturas bíblicas
Números 13.1-33; 14.1-38: 27.12-23; Josué 1.1-18

El día que Josué y Caleb se pararon delante de los hijos de Israel y trataron que estos entraran en la tierra prometida, dudo que los dos hombres realmente entendieran todo lo que estaba en juego. Ciertamente poseían la visión de Dios para su pueblo de entrar en la tierra prometida. Cuando el pueblo se resistió a su clamor, los dos hombres les dijeron: «La tierra por donde pasamos para reconocerla, es tierra en gran manera buena. Si Jehová se agradare de nosotros, él nos llevará a esta tierra, y nos la entregará; tierra que fluye leche y miel» (Números 14.7-8).

También reconocieron el poder de Dios para derrotar sus enemigos. Josué y Caleb vieron cuando Dios cerró el mar Rojo sobre el ejército de Faraón. Pero, ¿entendían realmente que su capacidad (o más bien, su incapacidad) para dirigir al pueblo en ese momento determinaría si toda una generación de personas disfrutaría de la tierra que fluye leche y miel prometida a sus antepasados, o moriría en el desierto?

La obediencia a Dios es importante. Puesto que Josué y Caleb fueron obedientes, de la población judía adulta, solo ellos entraron en la tierra prometida. Pero para los líderes eso no basta. Si no pueden llevar a otros en su viaje, fracasan en su misión dada por Dios.

LA NATURALEZA DEL LIDERAZGO

1. EL LIDERAZGO ES INFLUENCIA

Josué se enfrentó con la verdadera naturaleza del liderazgo cuando no logró que el pueblo hiciera lo que debió hacer. Su *posición* como líder de las tribus nada hizo para ayudarle a influir sobre los demás.

2. LOS LÍDERES NO TIENEN INFLUENCIA EN TODOS LOS ÁMBITOS

Según Números 13.2, los seleccionados para espiar la tierra prometida eran «cada uno un príncipe (o líder)». Esto significa que Josué era líder y tenía influencia. Pero es evidente que su influencia no fue más allá de los límites de su tribu.

3. NUESTRA INFLUENCIA ES POSITIVA O NEGATIVA

La Escritura no dice nada del clima reinante en el pueblo mientras esperaban que los espías regresaran de la tierra prometida, pero deben de haber tenido una gran expectativa. Creo que si todos los espías hubieran dado un buen informe, el pueblo de Israel habría obedecido a Dios y entrado en ella. Pero la influencia es una espada de doble filo. Corta positiva y negativamente. Los diez líderes tribales infieles usaron su influencia para extraviar al pueblo, y el resultado fue un desastre, no solo para aquellos líderes, sino para todos los seguidores.

4. LOS LÍDERES FIELES USAN SU INFLUENCIA PARA AGREGAR VALOR

Los líderes que influyen y dirigen solo deseando avanzar sus propias agendas manipulan a las personas para ganancia personal. Eso hicieron los otros diez espías. Tuvieron miedo y usaron su influencia para crear miedo en los israelitas. Les mintieron diciendo que la «tierra traga a sus moradores». Por otra parte, Josué y Caleb querían motivar al pueblo para que hicieran lo que resultaría en beneficio de todos. Esta es la agenda de los grande líderes.

5. CON LA INFLUENCIA VIENE LA RESPONSABILIDAD

Quizás los diez líderes tribales infieles no quisieron iniciar una rebelión. Pero eso fue lo que hicieron. Al seguir el informe negativo sobre la tierra prometida, el pueblo trató de deponer a Moisés y Aarón, para regresar a la esclavitud de Egipto. Como resultado, los diez líderes murieron atacados por plagas, y todos sus seguidores murieron en el desierto.

INFLUIR SOBRE LOS DEMÁS ES UNA OPCIÓN

Muchas personas que experimentan ineficacia como líderes, se desaniman y nunca tratan de dirigir otra vez. Afortunadamente, para los hijos de Israel, Josué no fue ese tipo de persona. Quería ser un mejor líder. Y más tarde tendría una segunda oportunidad. Mientras tanto, se mantuvo fiel a Dios y aprendió todo cuanto pudo de Moisés, quien se convirtió en su mentor.

PREGUNTA DE REFLEXIÓN PARA HOY:
¿Qué está haciendo para aumentar su influencia?

Día 2

Entonces toda la congregación gritó, y dio voces; y el pueblo lloró aquella noche... ¿Y por qué nos trae Jehová a esta tierra para caer a espada, y que nuestras mujeres y nuestros niños sean por presa? ¿No nos sería mejor volvernos a Egipto?

Y decían el uno al otro: Designemos un capitán, y volvámonos a Egipto... Y Josué hijo de Nun y Caleb hijo de Jefone, que eran de los que habían reconocido la tierra, rompieron sus vestidos... Y Jehová habló a Moisés y a Aarón, diciendo: ¿Hasta cuándo oiré esta depravada multitud que murmura contra mí? Diles: Vivo yo, dice Jehová, que según habéis hablado a mis oídos, así haré yo con vosotros. En este desierto caerán vuestros cuerpos; todo el número de los que fueron contados de entre vosotros, de veinte años arriba, los cuales han murmurado contra mí. Vosotros a la verdad no entraréis en la tierra, por la cual alcé mi mano y juré que os haría habitar en ella; exceptuando a Caleb hijo de Jefone, y a Josué hijo de Nun. Pero a vuestros niños, de los cuales dijisteis que serían por presa, yo los introduciré, y ellos conocerán la tierra que vosotros despreciasteis. (Números 14.1, 3-4, 6, 26-31)

Ganar influencia sobre las personas toma tiempo. No se logra de la noche a la mañana. Josué descubrió esto cuando él y Caleb trataron de convencer al pueblo que entrara en la tierra prometida. La Escritura indica que nadie siguió el lLa influencia del líder debe ser mayor que la resistencia del pueblo. Eso es especialmente importante cuando el

> «No puedes resistir la voluntad de Dios y al mismo tiempo recibir la gracia de Dios».
>
> —ANDY STANLEY

pueblo enfrenta un desafío formidable o circunstancias extremadamente difíciles.

Como dice mi amigo Andy Stanley: «No puedes resistir la voluntad de Dios y al mismo tiempo recibir la gracia de Dios». En el caso de Josué, la resistencia del pueblo fue gigantesca, y la influencia de Josué era pequeña.

POR QUÉ LA GENTE RESISTIÓ A JOSUÉ

Tres importantes factores hicieron que el pueblo desechara el consejo de Josué y Caleb y se resistiera a su liderazgo:

1. OLVIDARON SU PASADO

Cuando estaban en Egipto, los egipcios «les amargaron su vida con dura servidumbre» (Éxodo 1.14). Aunque no hacía mucho que habían salido de Egipto, ya habían olvidado lo miserable que habían sido sus vidas allá.

2. SE HABÍAN ADAPTADO AL PRESENTE

Dios había respondido el clamor del pueblo y les envió un líder que los sacara de Egipto, de la esclavitud. Luego, en su desobediencia, se negaron a entrar en Canaán y pensaron en un caudillo que los llevara de regreso.

3. TUVIERON TEMOR DEL FUTURO

La raíz de sus problemas fue el miedo. Josué y Caleb observaron la tierra de Canaán y solo vieron potencial. El resto del pueblo miró y solo vio escollos y peligros, aun cuando Dios mismo les había *prometido* la tierra.

Cuando los seguidores se enfrentan a la perspectiva de entrar en un territorio desconocido, siempre experimentan miedo. Mientras mayor el desafío, mayores sus temores. ¿Qué los hace vencer el temor y avanzar a pesar de todo? El liderazgo. Es la altura del líder, no el tamaño del desafío, lo que determina si el pueblo conquista el nuevo territorio. Si la influencia del líder es suficientemente grande, el pueblo seguirá.

La primera vez que Josué y Caleb trataron de dirigir al pueblo a entrar en la tierra prometida, les faltó influencia, y como resultado, lograron poco. Pero cuarenta años más tarde, cuando Josué volvió a intentarlo, el pueblo lo siguió gustoso. ¿Por qué? Porque se había convertido en una persona de gran influencia. El liderazgo es influencia; nada más, nada menos.

PREGUNTA DE REFLEXIÓN PARA HOY:
*¿Hay alguna área en la que no está logrando
todo lo que pudiera alcanzar?*

Día 3

Por tanto procuramos también, o ausentes o presentes, serle agradables. Porque es necesario que todos nosotros comparezcamos ante el tribunal de Cristo, para que cada uno reciba según lo que haya hecho mientras estaba en el cuerpo, sea bueno o sea malo. Conociendo, pues, el temor del Señor, *persuadimos a los hombres*; pero a Dios le es manifiesto lo que somos; y espero que también lo sea a vuestras conciencias. (2 Corintios 5.9-11)

¿Cómo fue que Josué, un líder tribal que una vez fue incapaz de persuadir al pueblo, pudo hacer entrar a los hijos de Israel en la tierra prometida a sus antepasados? ¿Por qué su influencia aumentó tanto?

LA INFLUENCIA DE JOSUÉ AUMENTÓ PORQUE TENÍA RAZÓN

Desde el principio Josué trató de hacer lo correcto. Procuró guiar al pueblo en la dirección que debían ir. La primera generación perdió la oportunidad de obedecer a Dios y prosperar. La siguiente generación no.

Josué no solo tenía razón, sino que trató de ser un modelo vivo. Como resultado, vivió consistentemente más allá de su capacidad como líder. Si usted desea hacer grandes cosas en su liderazgo, entonces trate de vivir de acuerdo al patrón que modeló Josué.

1. Oración

Josué fue un hombre de oración. Cuando Moisés regresó al campamento después de su tiempo con Dios, «el joven Josué, hijo de

Nun, su servidor, nunca se apartaba de en medio del tabernáculo» (Éxodo 33.11). No se montó en el carro de su mentor. Josué desarrolló su relación personal con Dios.

> «Nunca trates de explicar a Dios hasta que no le hayas obedecido. La única parte de Dios que entendemos es la que hemos obedecido».
>
> — OSWALD CHAMBERS

2. OBEDIENCIA

El predicador y misionero Oswald Chambers dijo: «Nunca trates de explicar a Dios hasta que no le hayas obedecido. La única parte de Dios que entendemos es la que hemos obedecido». Josué obedeció a Dios como siervo, guerrero y líder. Cuando habló a los hijos de Israel para persuadirlos a entrar en Canaán, lo hizo como alguien que entendía a Dios. Los hebreos no compartían ese mismo entendimiento.

3. FE

La vida de Josué estuvo marcada por el valor, tanto cuando se opuso a los otros espías como al luchar contra los amalecitas. Y el valor no es otra cosa que la fe en acción. Vivió según la siguiente fórmula:

$$\text{Valor} + \text{Obediencia hoy} = \text{Éxito mañana}$$

Cuando la fe del líder es grande, él o ella puede hacer cualquier cosa. Como lo expresa el dicho: «Dios no pone límites a la fe; la fe no pone límites a Dios».

4. COMPROMISO

El nivel de compromiso de Josué se puede ver en su disposición de arriesgar su vida. Peleó en batallas en las que el número de enemigos lo superaba ampliamente, y los israelitas quisieron apedrearlo cuando le hizo frente. Pero nunca dejó de dar lo mejor de sí por lo que creía.

Como dijo George Halas, la leyenda del fútbol: «Nadie que haya dado lo mejor de sí se ha arrepentido de ello».

5. ASOCIACIÓN
Durante la Segunda Guerra Mundial, el rey Jorge VI de Inglaterra animó a su pueblo con las siguientes palabras:

> Dije al hombre que estaba a la puerta del patio: «Dame una luz para que pueda caminar seguro hacia lo desconocido». Y él me respondió: «Entra en la oscuridad, pon tu mano en la mano de Dios, y él será para ti mejor que la luz, y más seguro que un camino conocido».

A través de su asociación con Dios, Josué y los hijos de Israel fueron capaces de conquistar a Canaán. La conquista de Jericó muestra con toda claridad que la asociación con Dios supera toda otra ventaja.

La primera prioridad de Josué fue su carácter. Siempre valorizó lo que era correcto sobre lo popular. Esto le dio un fundamento firme sobre el cual edificar una mayor influencia.

LA INFLUENCIA DE JOSUÉ CRECIÓ DEBIDO A SU RELACIÓN CON MOISÉS

El otro factor importante para el aumento de la influencia de Josué fue el impacto que tuvo Moisés en su vida. Poco después que los hijos de Israel escaparan de Egipto, Moisés seleccionó a Josué para ser su ayudante. Era «uno de sus jóvenes» (Números 11.28). Dondequiera que fuera Moisés, Josué iba con él, fuera que subiera al Monte Sinaí o que se encontrara con Dios en el tabernáculo.

Después que los hebreos se negaron a entrar en la tierra prometida, continuó la relación de mentor a discípulo entre ellos. El proceso duró cuarenta años y culminó cuando Moisés impartió su autoridad al joven. En Deuteronomio 31.7 leemos: «Y llamó Moisés a Josué, y le dijo en presencia de todo Israel: Esfuérzate y anímate; porque tú entrarás con este pueblo a la tierra que juró Jehová a sus padres que les daría, y tú se la harás heredar». Después de la muerte de Moisés nadie cuestionó la autoridad de Josué.

A. W. Tozer, predicador y escritor, dijo: «Dios está buscando personas por medio de las cuales pueda hacer lo imposible, ¡qué lástima que solo hagamos planes que podamos ejecutar por nosotros mismos!» Entrar en la tierra prometida y conquistar a su población era una tarea humana-

> «Dios está buscando personas por medio de las cuales pueda hacer lo imposible, ¡qué lástima que solo hagamos planes que podamos ejecutar por nosotros mismos!»
> —A. W. Tozer

mente imposible, sin embargo, Josué estuvo dispuesto a aceptar el desafío. Y para el momento que tuvo su segunda oportunidad, ya poseía suficiente influencia sobre el pueblo para llevarlo consigo.

PREGUNTA DE REFLEXIÓN PARA HOY:
¿En qué áreas está logrando mucho a través de su influencia?

Día 4

*Cuando el líder pone a su familia en primer lugar,
las generaciones futuras serán bendecidas.*

[Josué dijo:] «Ahora, pues, temed a Jehová, y servidle con integridad y en verdad; y quitad de entre vosotros los dioses a los cuales sirvieron vuestros padres al otro lado del río, y en Egipto; y servid a Jehová. Y si mal os parece servir a Jehová, escogeos hoy a quién sirváis; si a los dioses a quienes sirvieron vuestros padres, cuando estuvieron al otro lado del río, o a los dioses de los amorreos en cuya tierra habitáis; *pero yo y mi casa serviremos a Jehová*. Entonces el pueblo respondió y dijo: Nunca tal acontezca, que dejemos a Jehová para servir a otros dioses; porque Jehová nuestro Dios es el que nos sacó a nosotros y a nuestros padres de la tierra de Egipto, de la casa de servidumbre; el que ha hecho estas grandes señales, y nos ha guardado por todo el camino por donde hemos andado, y en todos los pueblos por entre los cuales pasamos. Y Jehová arrojó de delante de nosotros a todos los pueblos, y al amorreo que habitaba en la tierra; nosotros, pues, también serviremos a Jehová, porque él es nuestro Dios» (Josué 24.14-18).

Como líder, ¿dónde debería comenzar su influencia? De la vida de Josué se puede obtener una buena respuesta. Para él —como para todos los líderes que quieren impactar más allá de su propia vida— comenzaba en el hogar. Antes de cualquier otra cosa, Josué asumió la

Cuando un líder pone primero a su familia, la comunidad se beneficia. Cuando el líder pone primero a la comunidad, tanto la familia como la comunidad sufren.

responsabilidad de la vida espiritual de su familia. Demos un vistazo a los valores de Josué cuando se trata de liderazgo:

1. EL LIDERAZGO DE JOSUÉ EN SU FAMILIA ERA MAYOR QUE EL LIDERAZGO EN SU PAÍS

Puede resultar irónico, pero cuando un líder pone primero a su familia, la comunidad se beneficia. Cuando el líder pone primero a la comunidad, tanto la familia como la comunidad sufren. La clave para afectar a otros positivamente es comenzar en el hogar. Dado que Josué tenía sus prioridades en el orden correcto y había dirigido bien su hogar, ganó la credibilidad para guiar a toda la casa de Israel.

2. SIN IMPORTAR LO QUE OTROS HICIERAN, JOSUÉ NO ESPERÓ A LA MAYORÍA

Cuando Josué se paró frente al pueblo de Israel y declaró que no importaba lo que el resto del pueblo hiciera, él seguiría a Dios, no estaba engañando ni se estaba pavoneando. Creo que lo dijo muy en serio. Cuando la gente respondió que seguirían a Dios, Josué los probó y les advirtió:

> Entonces Josué dijo al pueblo: No podréis servir a Jehová, porque él es Dios santo, y Dios celoso; no sufrirá vuestras rebeliones y vuestros pecados. Si dejareis a Jehová y sirviereis a dioses ajenos, él se volverá y os hará mal, y os consumirá, después que os ha hecho bien (Josué 24.19-20).

Josué no siguió a la mayoría al comienzo de su carrera cuando los espías se rebelaron contra Dios y Moisés, y tampoco la siguió cuando su carrera estaba por terminar. Dirigió su familia con integridad y la alentó a hacer lo que era correcto.

3. COMO PADRE, JOSUÉ FUE MODELO DE UN LIDERAZGO LLENO DE FE

Ayer les presenté el tipo de vida que Josué llevó: una vida de oración, fe y obediencia. Por la salud de la familia, nada puede remplazar el modelo de un líder espiritual.

Tuve el privilegio de tener modelos de padres virtuosos en el hogar. Mis padres, Melvin y Laura Maxwell, influyeron el rumbo de mi vida porque continuamente:

- les oí orar con fervor.

- les escuché conversar sobre las cosas de Dios.

- les oí comunicar su fe a otros.

- les vi poner a Dios en primer lugar en sus finanzas.

- fui con ellos a visitar a los que pasaban por necesidad.

- les oí decir solo cosas positivas de otras personas.

- les vi crecer mental y espiritualmente.

- sentí su profundo amor y entrega a los demás.

- fui testigo de su relación íntima con Dios.

Si usted tiene una familia, quiero alentarle a ponerla en primer lugar en su liderazgo. No hay legado comparable con la influencia positiva que un líder ejerce sobre su familia.

Un ejemplo maravilloso de este tipo de influencia lo vemos en los primeros años de la historia de los Estados Unidos. Jonathan Edwards, famoso predicador del siglo dieciocho, y su esposa, Sara, dejaron un legado increíble basado en su influencia. Entre sus descendientes se cuentan:

- Trece presidentes de universidades

- Sesenta y cinco profesores universitarios

- Cien abogados, incluyendo el decano de una facultad de derecho

- Treinta jueces

- Sesenta y seis médicos, incluyendo el decano de una escuela de medicina

- Ochenta funcionarios públicos en cargos de influencia, entre ellos: tres senadores federales, tres alcaldes de ciudades importantes, tres gobernadores, un vicepresidente de los Estados Unidos y un director del Tesoro de los Estados Unidos

Si quiere impactar su comunidad, su país o su mundo, el punto de partida es su hogar.

PREGUNTA DE REFLEXIÓN PARA HOY:
¿Realmente está colocando a su familia en primer lugar?

Día 5

Cómo dar vida a esta ley

ASIMÍLELA

Ha dedicado los últimos días a leer sobre de la Ley de Influencia y el liderazgo de Josué. Tome de cinco a diez minutos para meditar sobre las siguientes afirmaciones y las implicaciones de estas en el modo en que usted enfoca el liderazgo:

1. El impacto del liderazgo crece en la medida que aumenta la influencia.
2. Cuando un líder tiene poca influencia, poco se puede lograr.
3. Cuando un líder tiene mucha influencia, mucho se puede lograr.
4. Cuando el líder pone a su familia en primer lugar, las generaciones futuras serán bendecidas

ORGANÍCELA

Si no está seguro dónde se encuentra cuando se trata de entender y aplicar la Ley de Influencia, visite el sitio en Internet «www.in-joy.com/21 Minutes» para contestar un cuestionario de evaluación de veinticinco preguntas que le ayudarán a medir su habilidad.

PÓNGALA EN ORACIÓN

Use las siguientes palabras para comenzar su tiempo de oración:

Amado Dios, revélame mi verdadero nivel de influencia sobre los demás. Muéstrame mis debilidades para someterlas a ti por tu gracia. Fortaléceme para que pueda servirte mejor por medio del liderazgo, y aumenta mi influencia hacia los demás. Enséñame a ser sal y luz para los demás, no para mi beneficio personal, sino para añadir valor a los demás. Por sobre todo, dame el poder para poner en primer lugar mi familia cuando se trata del liderazgo. Permite que mi influencia comience con el modelo de una vida fiel. Amén.

VÍVALA

¿Qué debe hacer para aumentar su influencia y ser como Josué? ¿Necesita reajustar su brújula moral para hacer lo correcto? ¿Necesita desarrollar mejores relaciones con las personas que usted lidera? ¿Debería buscar un mentor para que sea su «Moisés»? ¿Necesita reorganizar sus prioridades para poner a su familia en primer lugar? ¿Qué acción concreta y específica puede tomar de inmediato para mejorar su capacidad de vivir la Ley de Influencia?

DIVÚLGUELA

¿Qué concepto, idea o práctica específica de liderazgo que ha aprendido en esta semana transmitirá a otro líder en los próximos dos días?

Semana 3

LA LEY DEL PROCESO

EL LIDERAZGO SE DESARROLLA DIARIAMENTE, NO EN UN SOLO DÍA

Convertirse en líder se parece mucho a invertir con éxito en la bolsa de valores. Si su esperanza es hacer fortuna en un solo día, no va a tener éxito. A largo plazo, lo que más importa es lo que hace diariamente. Mi amigo Tag Short sostiene: «El secreto de nuestro éxito se encuentra en nuestra agenda diaria». Si usted invierte con frecuencia en el desarrollo de su liderazgo, dejando que sus «activos» ganen intereses, el resultado inevitable es crecimiento a lo largo del tiempo...

Aunque es cierto que algunas personas nacen con mayores dones naturales que otros, la habilidad de dirigir es en realidad una colección de habilidades, y casi todas pueden adquirirse o cultivarse. Pero ese proceso no ocurre de la noche a la mañana. El liderazgo es complicado. Tiene muchísimas facetas: respeto, experiencia, fortaleza emocional, habilidad para tratar con la gente, disciplina, visión, impulso, oportunidad y la lista sigue... Por eso el líder necesita mucha sazón para ser eficaz...

La buena noticia es que su habilidad como líder no es estática. No importa cuál sea su punto de partida, usted puede mejorar.
DE «LA LEY DEL PROCESO» EN *21 Leyes Irrefutables del Liderazgo.*

Día 1

José
y la
Ley del Proceso

PENSAMIENTO SOBRE LIDERAZGO PARA HOY:
No es el sueño de una vida; es el sueño que toma toda una vida.

Lecturas bíblicas
Génesis 37.1-36; 39.1-42:6; 47.13-26

En muchos aspectos José era como otros grandes líderes. Primero, todo líder tiene un sueño, una visión de un futuro mejor. En el caso de José, tuvo visiones literales. Segundo, la visión y la persona que tiene la visión son inseparables. El corazón del líder late por la visión, y no se contenta hasta que la ve cumplida. Otra persona no puede cumplir el sueño del líder. José y su visión estaban divinamente destinados a permanecer entrelazados. Tercero, ninguna visión del líder puede permanecer en secreto. Cuando la visión se da a conocer de una manera correcta, puede realizar el liderazgo de una persona. Pero cuando se hace de una manera incorrecta, crea problemas. Y eso, por supuesto, fue lo que le causó problemas a José.

EN EL FUEGO

Como la mayoría de los líderes, José tuvo una visión mucho antes de tener las habilidades de liderazgo para hacerla realidad. Tenía un destino divino de liderazgo, pero no comenzó como un líder eficaz. No tuvo influencia sobre sus hermanos, ni sobre otro que no fuera su pa-

dre, en lo que a esto se refiere.
Antes que Dios lo usara, José
tenía que ser preparado, purifi-
cado y forjado para convertirse
en el líder que tenía el potencial de ser. Todos los grandes
líderes necesitan tres cosas
para prepararse:

> Antes que Dios lo usara, José tenía
> que ser preparado, purificado y
> forjado para convertirse en el líder
> que tenía el potencial de ser.

1. TIEMPO PARA MADURAR

Como la mayoría de los líderes, José trabajó en las sombras durante una época de su vida antes de estar calificado para guiar a otros.
Vendido como esclavo a los diecisiete años, finalmente estuvo ante
Faraón por primera vez a los treinta años. Necesitó trece años de preparación. Para el tiempo que interpretó el sueño del monarca era un
hombre cambiado. Estaba equipado. Era humilde. Era un gran líder.

2. TRIBULACIONES PARA FORTALECERSE

El oro se purifica solo después de pasar repetidamente por el fuego. Los diamantes se crean solo bajo presiones extremas. Y los grandes líderes se forman solo a través de las tribulaciones. José nunca
hubiera alcanzado su potencial si se hubiera quedado en casa. Para
convertirse en un gran líder, primero tuvo que ser esclavo y presidia-
rio.

3. UN DIOS PARA BENDECIR

Sin Dios, un líder no puede hacer nada de verdadero valor. Jesús
declaró: «El que permanece en mí, y yo en él, éste lleva mucho fruto;
porque separados de mí nada podéis hacer» (Juan 15.5).

Dios bendijo a José mientras trabajaba en la casa de Potifar como
esclavo. Después lo bendijo cuando trabajó en la prisión. En el capítulo 39 de Génesis, la Biblia expresa cuatro veces el favor de Dios. Por
ejemplo, Génesis 39.23 dice: «Jehová estaba con José, y lo que él hacía, Jehová lo prosperaba». Si está del lado de Dios, usted no puede
perder.

PREGUNTA DE REFLEXIÓN PARA HOY:
¿Está usted dispuesto a pagar el precio para realizar su sueño?

Día 2

Mientras la tierra permanezca, no cesarán la sementera y la siega, el frío y el calor, el verano y el invierno, y el día y la noche. (Génesis 8.22)

José era un muchacho presumido. Eso no es raro en un muchacho de diecisiete años. Parece dar vida al dicho: «Resuelve los problemas del mundo antes de tus veinte años... mientras todavía lo sabes todo». Pero José era peor que eso. Era demasiado arrogante para su propio bien. No le bastaba con ser el favorito de su padre, y ser el hijo de su vejez, el hijo que recibía el favor y tratamiento especial por encima de todos sus hermanos mayores. José tenía que machacar en esto.

Cuando Dios dio a José un sueño revelándole que un día llegaría a ser el líder de su familia—no solo de sus once hermanos, sino también de sus padres—José irreflexivamente le habló todos al respecto. Dos veces. Su padre lo reprendió. Sus hermanos querían vengarse. Y lo hicieron.

JOSÉ Y LAS CUATRO FASES DE CRECIMIENTO EN EL LIDERAZGO

Al principio de su vida la habilidad de José para trabajar con las personas era pobre. Peor aun, carecía de experiencia, sabiduría y humildad, tres cualidades que solo pueden adquirirse con el transcurso del tiempo. Si usted examina la vida de José, puede ver cómo el tiempo y la experiencia contribuyeron a su diario desarrollo a medida que pasaba por las siguientes cuatro fases:

> Al principio de su vida, José carecía de experiencia, sabiduría y humildad, tres cualidades que solo pueden adquirirse con el transcurso del tiempo.

FASE 1: NO SÉ LO QUE NO SÉ

Todos comenzamos en un estado de ignorancia. Allí es donde José comenzó. No entendía la dinámica de su familia. También ignoraba cómo reaccionarían sus hermanos al contarles su sueño sobre las gavillas inclinándose, ni le importaba el daño que podía causar a sus relaciones. La Escritura dice que sus hermanos ya lo odiaban; cuando les dio a conocer sus sueños, lo odiaron aun más.

José no sabía lo que hacía. Hacía y decía cosas sin entender que existían problemas interpersonales. El precio fue el alejamiento de la familia por más de dos décadas.

FASE 2: SÉ LO QUE NO SÉ

Se necesitó un incidente trascendental para captar la atención de José e iniciarlo en el camino del cambio. Vendido como esclavo en Egipto, comenzó a aprender sobre lo que no sabía. Comprendió que el liderazgo es difícil y conlleva un gran peso de responsabilidad. A lo largo de los años, José sufrió traición y aprendió lecciones sobre la naturaleza humana, las relaciones y el liderazgo.

El proceso moldeó su carácter. Desarrolló su paciencia y humildad. Y comenzó a reconocer que Dios era su fuente de bendición y poder.

FASE 3: CREZCO, SÉ Y COMIENZO A DEMOSTRARLO

Los líderes que muestran una gran habilidad cuando se les presenta la oportunidad lo logran solo porque han pagado el precio de prepararse para esa ocasión. Finalmente, cuando el Faraón llamó a José a presentarse de él, este actuó con sabiduría y excelencia. No tuvo éxito porque repentinamente se volvió bueno a los treinta años. Alcanzó el éxito porque había estado pagando el precio durante trece años. Debido a su sabiduría y discernimiento, José fue puesto en el segundo lugar de autoridad en la que entonces era la nación más poderosa de la tierra.

FASE 4: SIMPLEMENTE AVANZO POR LO QUE SÉ

Por siete años, durante el tiempo de abundancia en Egipto, José ejecutó con habilidad su plan de liderazgo. Llenó de trigo las ciudades de Egipto y preparó al país para la hambruna venidera. Sus anteriores años de dolor y crecimiento estaban recompensándolo en gran manera. Pero realmente se puede ver hasta dónde llegó su liderazgo observando lo que hizo durante los años de recesión que siguieron. Su meta principal era alimentar a la gente de Egipto durante los siete años de escasez. Debido a la fortaleza de su liderazgo, José alimentó a la nación de su monarca y sustentó a los pueblos de otras tierras. En el proceso, recogió todo el dinero, todo el ganado y toda la tierra de Egipto como posesión para su amo. Además cumplió lo que le anunciaban sus sueños de adolescente.

Para llegar a ser un líder eficaz, una persona necesita tiempo. Pero el tiempo solo no hace que un líder sea eficaz. Algunas personas nunca descubren la ley del proceso. No trabajan para crecer, y permanecen toda la vida en la fase uno.

PREGUNTA DE REFLEXIÓN PARA HOY:
¿En qué fase del crecimiento en el liderazgo usted se encuentra?

Día 3

Por tanto, hermanos, tened paciencia hasta la venida del Señor. Mirad cómo el labrador espera el precioso fruto de la tierra, aguardando con paciencia hasta que reciba la lluvia temprana y la tardía. Tened también vosotros paciencia, y afirmad vuestros corazones; porque la venida del Señor se acerca... Hermanos míos, tomad como ejemplo de aflicción y de paciencia a los profetas que hablaron en nombre del Señor. uí, tenemos por bienaventurados a los que sufren. Habéis oído de la paciencia de Job, y habéis visto el fin del Señor, que el Señor es muy misericordioso y compasivo (Santiago 5.7-11).

Cuando las futuras responsabilidades de liderazgo son especialmente difíciles (o el líder potencial es particularmente cabeciduro), Dios usa el paso del tiempo para el proceso de maduración. Además permite las tribulaciones. Mientras mayor la tarea que hay por delante, más difíciles las tribulaciones. Así pasó con muchos líderes prominentes de las Escrituras: Moisés, Daniel, Job, Noemí, David, Ester, Pedro, Pablo y muchos otros. José pertenece a ese grupo.

Cuando se enfrenta la adversidad, la gente se vuelve amargada o mejora. José prefirió lo segundo. Es evidente que tuvo muchas oportunidades para volverse negativo. Pudo guardar resentimiento contra diversas personas: sus hermanos, los comerciantes de esclavos, la esposa de Potifar y el jefe de los panaderos. Pero en cambio se volvió a Dios en medio de la lucha y consideró a las personas que lo perjudicaron como instrumentos de la soberanía divina.

EL RESULTADO POSITIVO DE LAS EXPERIENCIAS NEGATIVAS

¿Por qué fueron los problemas de José una parte tan importante en su crecimiento como líder? Cuando las personas reaccionan positivamente ante las tribulaciones, resultan muchas cosas importantes.

1. GLORIFICAN A DIOS

José no se deprimió, no se rebeló ni maldijo a Dios por sus tribulaciones. En cambio, dio a Dios el crédito por sus victorias. A medida que Dios recibía la gloria, José recibía la bendición de Dios.

2. RECIBEN OPORTUNIDADES

¿Qué podría ser peor que ser vendido y llevado a la fuerza como esclavo a otro país? Aunque esa experiencia fue mala para José, fue la clave para todas las oportunidad que tuvo. Sin la tribulación de la esclavitud, José nunca habría experimentado el triunfo del liderazgo en una nación tan poderosa.

3. DESARROLLAN INTEGRIDAD

José no llevaba mucho tiempo en casa de Potifar antes de enfrentar una decisión difícil. Ya disfrutaba todas las comodidades de la casa de Potifar. Pero entonces tuvo la oportunidad de tener placer con la esposa de ese hombre. Se negó, aun cuando significó ir a prisión.

Solo en las pruebas la gente descubre la naturaleza y profundidad de su carácter. Las personas pueden *decir* lo que quieran de sus valores, pero cuando están bajo presión, descubren cuáles son en realidad son sus valores.

4. CRECEN ESPIRITUALMENTE

El Salmo 105.17-19 habla acerca de las tribulaciones del tiempo de José:

> Envió un varón delante de ellos;
> A José, que fue vendido por siervo.

Afligieron sus pies con grillos;
En cárcel fue puesta su persona.
Hasta la hora que se cumplió su palabra,
El dicho de Jehová le probó.

Una antigua traducción al inglés de este pasaje afirma que «el hierro penetró su alma». La adversidad le muestra a una persona su temple.

5. SE PREPARAN EN MENTE Y CORAZÓN PARA EL LIDERAZGO

Se necesitó más de una década, pero eventualmente José aprendió a valorar a la gente difícil, las situaciones desventajosas y las consideró como instrumentos divinos para su desarrollo. José se convirtió en líder en Egipto solo después de superar cada prueba que enfrentó en su vida. Para el tiempo en que se convirtió en la segunda autoridad después de Faraón, ya era un líder probado. Había sufrido calamidades personales, permaneció fiel a Dios y aprendió a dirigir bajo circunstancias difíciles. Eso le dio la sabiduría y experiencia necesaria para lo que estaba por delante.

José aprendió que Dios no lo podía usar hasta haber sido probado. Como le dijo a sus hermanos: «Ahora, pues, no os entristezcáis, ni os pese de haberme vendido acá; porque para preservación de vida me envió Dios delante de vosotros... Así, pues, no me enviasteis acá vosotros, sino Dios» (Génesis 45.5-8).

PREGUNTA DE REFLEXIÓN PARA HOY:
¿Tiene usted la práctica de aprender de las tribulaciones en su vida?

Día 4

Confía en Jehová, y haz el bien;
Y habitarás en la tierra, y te apacentarás de la verdad.
....
Guarda silencio ante Jehová, y espera en él.
No te alteres ...
Porque los malignos serán destruidos,
Pero los que esperan en Jehová, ellos heredarán la tierra.
....
Por Jehová son ordenados los pasos del hombre,
Y él aprueba su camino.

Salmo 37.3, 7-9,23

Como la mayoría de los líderes, José trabajó en las sombras durante una temporada de su vida antes de estar en condiciones para dirigir a otros. Y es durante este período cuando Dios suele obrar para preparar al líder potencial. Así ocurrió con Abraham, Jacob, Nehemías y muchos otros.

Transcurrieron casi veintitrés años desde el fondo del pozo hasta el palacio antes que José se reuniera con sus hermanos y se cumpliera su visión. Pero para ese entonces ya había aprendido que el verdadero progreso ocurre cuando Dios lo organiza. Entendió que la autopromoción no puede reemplazar la promoción divina. Y aprendió la lección por la vía dura. Su au-

El verdadero progreso solo ocurre cuando Dios lo organiza. José entendió que la autopromoción no puede reemplazar la promoción divina.

topromoción entre sus hermanos fracasó miserablemente. Solo cuando aprendió sumisión —como esclavo—, y decidió trabajar para Potifar con fidelidad, se le hizo evidente que Jehová estaba con él. En la prisión, sirvió como carcelero, y otra vez Dios le mostró su favor y misericordia. No pasó mucho tiempo antes que los prisioneros fueran puestos bajo la autoridad de José. Y su trabajo prosperó.

Cuando José intentó tomar de vuelta la autopromoción —recomendándose ante el copero de Faraón—, pasaron dos años antes de tener una audiencia con el monarca. Para ese tiempo, José había aprendido la lección. Estaba contento de reconocer que Dios estaba a cargo de su situación. Cuando Faraón le pidió que le interpretara el sueño, José respondió: «No está en mí; Dios será el que dé respuesta propicia a Faraón» (Génesis 41.16).

JOSÉ LOGRÓ UNA PERSPECTIVA ETERNA

Le costó mucho crecer, pero a la larga, José entendió que Dios dirigía el proceso de desarrollo de su liderazgo. Reconoció que estaba creciendo como líder para un objetivo mayor que lo imaginable.

Cuando murió Jacob, su padre, José había aprendido a ver las cosas desde la perspectiva de Dios. Cuando sus hermanos temieron por sus vidas, José resumió su vida usando las siguientes palabras: «No temáis; ¿acaso estoy yo en lugar de Dios? Vosotros pensasteis mal contra mí, mas Dios lo encaminó a bien, para hacer lo que vemos hoy, para mantener en vida a mucho pueblo» (Génesis 50.19-20).

José vio la mano de Dios a lo largo de toda su vida. A los 110 años, dijo a su familia: «Yo voy a morir; mas Dios ciertamente os visitará, y os hará subir de esta tierra a la tierra que juró a Abraham, a Isaac y a Jacob» (Génesis 50.24). Él entendió cómo Dios había impactado su vida y el objetivo que tenía de ayudar a las generaciones futuras.

PREGUNTA DE REFLEXIÓN PARA HOY:
¿Cómo le ha ayudado Dios como líder?

Día 5

Cómo dar vida a esta ley

ASIMÍLELA

Mientras lee las siguientes afirmaciones relacionadas con la Ley del Proceso, piense cómo se aplican al desarrollo de su vida y liderazgo:

1. No es el sueño de una vida; es el sueño que toma toda una vida.
2. Se requiere tiempo para crecer como líder
3. Se necesitan tribulaciones para crecer como líder.
4. Se requiere la ayuda de Dios para crecer como líder.

ORGANÍCELA

Si no está seguro dónde se encuentra cuando se trata de entender y aplicar la Ley del Proceso, visite el sitio en Internet «www.injoy.com/21 Minutes» para contestar un cuestionario de evaluación de veinticinco preguntas que le ayudarán a medir su habilidad.

PÓNGALA EN ORACIÓN

Use las siguientes palabras para comenzar su tiempo de oración:

Amado Dios, ponme en el camino de un mayor desarrollo de mi liderazgo. Revélame el sueño de mi vida. Pónlo en mi corazón y enciende mi pasión por él. Mientras me ayudas a crecer, enséñame a abrazar todo el proceso de desarrollo. Dame paciencia cuando la necesite y pasión cuando sea adecuado. Enséñame a ver más allá de mi vida y deseo. Y cuando esté listo, muéstrame el cuadro completo como lo hiciste con José. Amén.

VÍVALA

¿En qué punto está usted en el proceso de desarrollo del liderazgo? ¿Está en la etapa de desarrollo del sueño? O ¿ya tiene un sueño que desea vivir? De todos modos, usted necesita crecer como líder. Mientras más grande la visión, más grande la necesidad de un buen liderazgo. Todo se levanta o cae con el liderazgo.

Desarrolle un plan personal de crecimiento.

- Identifique los próximos tres libros sobre liderazgo que leerá, y anote en su calendario cuándo lo hará.

- Elija una conferencia a la que asistirá este año. Pague inmediatamente la inscripción y anote la conferencia en su calendario. O comience a ahorrar dinero ahora, eliminando algunos gustos durante las próximas semanas o meses.

- Suscríbase a una revista o servicio mensual de casetes que le ayude a agudizar sus habilidades.

- Elija un compañero de crecimiento. Busque a alguien con quien pueda intercambiar recursos, discutir sobre el liderazgo y resolver problemas a medida que los encuentran.

DIVÚLGUELA

¿Qué concepto, idea o práctica específica de liderazgo que ha aprendido en esta semana transmitirá a otro líder en los próximos dos días?

Semana 4

LA LEY DE NAVEGACIÓN

CUALQUIERA PUEDE LLEVAR EL TIMÓN, PERO SE NECESITA UN LÍDER PARA HACER LA CARTA DE NAVEGACIÓN

Los líderes que navegan hacen mucho más que controlar la dirección en que viajan ellos y su gente. Ven todo el viaje en su mente antes de zarpar del muelle. Tienen una visión de su destino, entienden lo que les tomará llegar allá, saben lo que necesitarán en su tripulación para tener éxito, y reconocen los obstáculos antes que aparezcan en el horizonte... A veces es difícil equilibrar el optimismo con el realismo, la intuición y la planificación, la fe y los hechos. Pero eso es lo que se necesita para ser un líder eficaz en la navegación...

Por sobre todo... el secreto de la ley de navegación es la preparación. Cuando usted se prepara bien, comunicará confianza y serenidad a su gente... ¿Puede verlo? No es la envergadura del proyecto lo que determina su aceptación, apoyo y éxito. Es la estatura del líder... Los líderes que son buenos navegantes son capaces de llevar a su gente a cualquier parte.

DE «LA LEY DE NAVEGACIÓN» EN
21 leyes irrefutables del liderazgo

Día 1

Nehemías
y la
Ley de Navegación

PENSAMIENTO SOBRE LIDERAZGO PARA HOY:
Los líderes no solo saben adónde van; también saben cómo llegar.

Lecturas bíblicas
Nehemías 1.1-11; 2.1-20; 4.1-23; 6.15-16

Cuando el poeta Robert Frost escribió: «Hay algo que no le gusta a las murallas», se refería a cómo estas tienden a derrumbarse con el tiempo si se abandonan a los elementos. Sabiendo esto, imagine la condición de una muralla después de ser demolida por un ejército invasor y luego dejar que pase más de un siglo sin reconstrucción. Eso describe los muros que rodeaban a Jerusalén cuando Hanani regresó para ver a su hermano Nehemías en la ciudad de Susa.

El muro de la ciudad en ruinas era un problema en aquellos días. No solo dejaba la ciudad expuesta a los ataques, sino que también suscitaba las burlas de las potencias vecinas. En el caso de Jerusalén, los muros derribados daba a los enemigos una razón para denigrar a Dios puesto que era su ciudad santa. Por eso Nehemías lloró, hizo duelo, ayunó y oró tan pronto supo la noticia de la condición de los muros.

Durante los 120 años transcurridos desde que los caldeos derribaron los muros (2 Crónicas 36.19), decenas de millares de personas los habían visto sin hacer nada por repararlos. Para ellos la reedificación de los muros quizás parecía un desafío imposible, aun en una ciudad con muchos trabajadores. Lo que el pueblo necesitaba era alguien que los reuniera, planificara el curso de acción y los guiara a través del proceso de reedificación. Necesitaban un líder.

LO QUE SOLO EL NAVEGANTE PUEDE VER

Una de las cosas más notables de Nehemías es que pudo ver el problema y la solución aun cuando nunca había estado en Jerusalén. Esa es una característica increíble de los grandes líderes: tienen visión, a diferencia del resto de la gente. Por eso es que pueden dirigir a grupos de personas.

El líder ve...

- *Más allá de lo que otros pueden ver.* Nehemías pudo ver el problema aun cuando estaba a centenares de kilómetros de distancia de Jerusalén. Además, pudo hacer un cuadro mental de la solución.

- *Más que lo que otros ven.* Nehemías sabía que el muro podía y debía ser reconstruido, y sabía lo que se necesitaba para hacerlo. Antes de partir de Susa, pidió al rey cartas que le permitieran recolectar material y le garantizaran el paso libre hacia Judá.

- *Antes que otros vean.* Ninguno de los vecinos alrededor de Jerusalén quería ver a los judíos reedificando sus muros, y diversos líderes enemigos conspiraron contra Nehemías y su gente. Pero Nehemías vio el peligro que se aproximaba e hizo sus planes teniendo eso en cuenta. No cedió ante la conspiración de los enemigos. Cuando el pueblo se sintió en peligro, formuló estrategias para defender la ciudad y al mismo tiempo mantener a la gente trabajando.

El pueblo necesitó solo cincuenta y dos días para reedificar el muro de la ciudad que había estado en ruinas durante 120 años. Y pudieron hacerlo porque tenían un gran líder que navegaba con ellos.

Nehemías conocía su propósito, hizo sus planes y guió al pueblo en el proceso. La suya es una de las historias de liderazgo más notables que se haya escrito.

PREGUNTA DE REFLEXIÓN PARA HOY:
¿Desea planificar el viaje, o se conforma solo con hacerlo?

Día 2

Donde no hay dirección divina, no hay orden (Proverbios 29.18, Dios Habla Hoy).

¿Alguna vez ha pensado sobre qué provoca que el líder sienta el impulso de dar un paso adelante y hacerse paladín de una causa? ¿Qué es lo que inicia ese proceso? ¿Qué es lo que da vida a esa visión en el líder de manera que pueda llevar a la gente a vivir para cumplirla? La respuesta se puede encontrar en la vida de Nehemías.

ES SU CARGA

Cuando Nehemías escuchó el informe de su hermano sobre los muros de Jerusalén en ruinas, quedó devastado. Después de llorar durante algunos días, sintió un impulso de orar:

> Te ruego, oh Jehová, Dios de los cielos, fuerte, grande y temible, que guarda el pacto y la misericordia a los que le aman y guardan sus mandamientos; esté ahora atento tu oído y abiertos tus ojos para oír la oración de tu siervo, que hago ahora delante de ti día y noche, por los hijos de Israel tus siervos; y confieso los pecados de los hijos de Israel que hemos cometido contra ti... Ellos, pues, son tus siervos y tu pueblo, los cuales redimiste con tu gran poder, y con tu mano poderosa. Te ruego, oh Jehová, esté ahora atento tu oído a la oración de tu siervo, y a la oración de tus siervos, quienes desean reverenciar tu nombre; concede ahora buen éxito a tu siervo, y dale gracia delante de aquel varón. Porque yo servía de copero al rey. (Nehemías 1.5-6, 10-11)

En los tiempos de Nehemías, no mostrarse feliz delante del rey de Persia era una ofensa que podía castigarse con la muerte. Sin embargo, se sintió impulsado a hablarle del rey sobre el estado de Jerusalén. ¿Por qué? Porque sentía la carga de la ciudad y del pueblo de Jerusalén.

EL PODER DE UNA CARGA

Nehemías no descubrió su propósito hasta que confrontó un problema. Así ocurre con la mayoría de los líderes piadosos. No tienen que andar buscando algo que capture sus corazones. El llamado viene como resultado de aprovechar obedientemente una oportunidad que está a la mano. La carga precede a su visión para el liderazgo.

Cuando los líderes tienen una carga antes de recibir la visión hay muchos efectos positivos.

1. UNA CARGA PURIFICA LOS MOTIVOS

La esencia de una carga es el deseo de hacer algo en beneficio de otros. Cuando usted es movido a servir, es difícil que sea egoísta al mismo tiempo. Nehemías tenía una buena posición en la lujosa corte del rey. El viaje de centenares de kilómetros hacia una ciudad en ruinas garantizaba sufrimientos, no una ganancia personal.

2. UNA CARGA CULTIVA PERSISTENCIA

El liderazgo es difícil. Si no tiene persistencia, es probable que se retire de la carrera antes del final. Nehemías enfrentó diversos desafíos y la persistencia le permitió seguir hasta el fin.

3. UNA CARGA FORTALECE LA CONVICCIÓN

Muchas actividades dignas de consideración claman por la atención de un líder. Pero la necesidad no es necesariamente un llamado. La carga ayuda al líder a *saber* que debe emprender una tarea. Nehemías expuso su vida en más de una ocasión para cumplir la visión de reconstruir Jerusalén.

En el caso de Nehemías, la información creó la carga y la carga condujo a la visión. La mayoría de la gente desea tener primero la visión, pero Dios no suele obrar de esa manera en nuestras vidas.

> Muchas actividades dignas de consideración claman por la atención de un líder. Pero la necesidad no es necesariamente un llamado. La carga ayuda al líder a *saber* que debe emprender una tarea.

He descubierto que cuando las personas tienen una carga, experimentan emociones muy particulares. Examine las siguientes preguntas:

- ¿Le viene constantemente a la mente una persona o proyecto en forma de preocupación?

- ¿Se siente incapaz de eludir las necesidades de esta preocupación?

- ¿Trata con frecuencia de desafiar a otros para que tengan la misma preocupación por esta persona o proyecto?

- ¿Busca libros, sermones o personas que concentren su atención en dicha preocupación?

- ¿Contribuye repetidas veces con tiempo y recursos para atender esta necesidad en particular?

- ¿Le conmueve esta preocupación hasta las lágrimas?

- ¿Tiene dones y habilidades para resolver las necesidades asociadas con esta preocupación?

- Su preocupación, ¿crece o disminuye con el tiempo?

Si mira las Escrituras, creo que encontrará que Nehemías respondería sí a todas las preguntas. Es claro que la tarea de reedificar los muros de Jerusalén agitaba su corazón. Actuar según esa carga le reveló el propósito de su vida.

PREGUNTA DE REFLEXIÓN PARA HOY:
¿Qué necesidad en su entorno agita su corazón?

Día 3

Porque ¿quién de vosotros, queriendo edificar una torre, no se sienta primero y calcula los gastos, a ver si tiene lo que necesita para acabarla? No sea que después que haya puesto el cimiento, y no pueda acabarla, todos los que lo vean comiencen a hacer burla de él, diciendo: Este hombre comenzó a edificar, y no pudo acabar (Lucas 14.28-30).

Con todo derecho, se considera a Nehemías uno de los más grandes planificadores y líderes de la Biblia. Se le podría llamar Nehemías el Navegante. Si observa la forma de enfocar la planificación del proyecto de reedificación, puede aprender mucho de la forma en que hizo las cosas.

LA NAVEGACIÓN DE NEHEMÍAS

Antes de comenzar el proceso mismo de construcción, Nehemías dedicó tiempo a prepararse él y a su gente.

1. SE IDENTIFICÓ CON EL PROBLEMA

El primer paso de Nehemías fue averiguar la condición de los judíos y del muro de Jerusalén. Cuando oyó que los muros estaban en ruinas y que el nombre de Dios era motivo de burlas, lloró. El problema del pueblo se convirtió en su problema. Era una carga que él tenía que llevar.

2. DEDICÓ TIEMPO A LA ORACIÓN

Casi de inmediato se puso de rodillas para orar. Confesó sus pecados y el de su pueblo. Intercedió por ellos. Luego pidió la gracia de

Dios. Creo que fue durante el tiempo de comunión con Dios que recibió la visión y el plan para reconstruir los muros.

3. SE ACERCÓ A PERSONAS CLAVES Y CON INFLUENCIA

Hay una frase sorprendente en la Biblia donde Nehemías dice: «Entonces oré al Dios de los cielos. Y dije al rey...» (Nehemías 2.4-5). En toda empresa de liderazgo, las personas influyentes pueden ayudar o quebrar toda la empresa. En este caso fue el rey persa Artajerjes. Nehemías no solo recibió de él la autorización para reedificar los muros, sino también los recursos y el apoyo. Entonces, indudablemente Nehemías seleccionó y abordó a otras personas claves a quienes llevó consigo en el viaje.

4. EVALUÓ LA SITUACIÓN

Cuando por fin llegó a Jerusalén, Nehemías hizo una evaluación de primera mano del desafío que enfrentaba. Lo hizo en silencio durante la noche, evaluando personalmente los daños y planificando el proyecto sin la interferencia indeseable o el consejo inoportuno de otros.

5. SE REUNIÓ CON EL PUEBLO Y LES PRESENTÓ LA VISIÓN

No sabemos exactamente como Nehemías se presentó ante las personas o con quien se reunió primero, pero sí sabemos que se comunicó con los judíos, los sacerdotes, los nobles, los oficiales y con la gente que hizo el trabajo. Compartió su visión de reedificar los muros y las ramificaciones espirituales del proyecto.

6. LOS ALENTÓ CON ÉXITOS DEL PASADO

Con una tarea tan gigantesca como la reedificación de los muros, Nehemías sabía que necesitaba alentar al pueblo. Dijo: «Entonces les declaré cómo la mano de mi Dios había sido buena sobre mí, y asimismo las palabras que el rey me había dicho» (Nehemías 2:18).

7. EL PUEBLO ACEPTÓ EL PLAN

Dos breves oraciones narran lo que ocurrió luego, pero son el punto crucial para todo el proceso de reedificación: «Y dijeron: Levantémonos y edifiquemos. Así esforzaron sus manos para bien» (Nehemías 2.18). La gente se había entregado al proyecto. Estaban deseosos de someterse al liderazgo y visión de Nehemías.

8. ORGANIZÓ AL PUEBLO Y LOS PUSO A TRABAJAR

Cuando el pueblo se puso a trabajar, no lo hizo sin ton ni son. Nehemías los organizó por familias y trabajaron de acuerdo a las prioridades planificadas, comenzando por las puertas de la ciudad.

El enfoque de Nehemías para la realización de su visión requirió mucho trabajo. Fue un gran líder del pueblo, pero sin una cuidadosa planificación el muro nunca se hubiera reedificado.

PREGUNTA DE REFLEXIÓN PARA HOY:
¿Hace un plan antes de dar un paso?

Día 4

PENSAMIENTO SOBRE LIDERAZGO PARA HOY:
*Los líderes no solo saben hacia dónde van;
también llevan a otras personas consigo.*

Edificamos, pues, el muro, y toda la muralla fue terminada hasta la mitad de su altura, porque el pueblo tuvo ánimo para trabajar... Y dijo Judá: Las fuerzas de los acarreadores se han debilitado, y el escombro es mucho, y no podemos edificar el muro. Y nuestros enemigos dijeron: No sepan, ni vean, hasta que entremos en medio de ellos y los matemos, y hagamos cesar la obra. Pero sucedió que cuando venían los judíos que habitaban entre ellos, nos decían hasta diez veces: De todos los lugares de donde volviereis, ellos caerán sobre vosotros. Entonces por las partes bajas del lugar, detrás del muro, y en los sitios abiertos, puse al pueblo por familias, con sus espadas, con sus lanzas y con sus arcos.... Los que edificaban en el muro, los que acarreaban, y los que cargaban, con una mano trabajaban en la obra, y en la otra tenían la espada... y el que tocaba la trompeta estaba junto a mí (Nehemías 4.6, 10-11,13,17-18).

Una cosa es tener una visión para un proyecto. Otra es reunir a toda una ciudad para emprender la tarea a pesar de las amenazas y la fiera oposición de sus enemigos. Sin embargo, eso fue lo que hizo Nehemías.

PRINCIPIOS DE NEHEMÍAS PARA TRATAR CON PERSONAS

Los muros de Jerusalén fueron reedificados debido a las habilidades de Nehemías para trabajar con las personas y dirigirlas hacia donde necesitaban ir. Si observa el proceso de reedificación, se dará cuenta que puso en práctica los siguientes principios al trabajar con las personas:

1. SIMPLIFICACIÓN

Expresó su visión en los términos más sencillos posible. La meta del pueblo era reedificar el muro.

2. PARTICIPACIÓN

Intentó incluir a cuantas personas le fue posible en el proceso y avanzó con los que estaban listos. Los organizó en grupos naturales basándose en el parentesco. Trabajaron reunidos por familias.

3. DELEGACIÓN

Nehemías combinó las tareas con los trabajadores. Cuenta que «la mitad de mis siervos trabajaba en la obra, y la otra mitad tenía lanzas, escudos, arcos y corazas; y detrás de ellos estaban los jefes de toda la casa de Judá» (Nehemías 4.16).

4. MOTIVACIÓN

Nehemías sabía motivar a las personas. Se aseguró que supieran por qué estaban luchando, y les dijo: «Acordaos del Señor, grande y temible, y pelead por vuestros hermanos, por vuestros hijos y por vuestras hijas, por vuestras mujeres y por vuestras casas« (Nehemías 4.14). Entonces para asegurarse que no lo olvidarían, los instaló frente a sus propias casas.

5. PREPARACIÓN

Puesto que corrían el peligro de ser atacados en cualquier momento, Nehemías los preparó para lo peor. Apostó guardas por turnos y retuvo junto a él al trompetista. Le comunicó a la gente lo que había hecho para que se sintieran más seguros. Les anunció a todos: «La obra es grande y extensa, y nosotros estamos apartados en el muro, lejos unos de otros. En el lugar donde oyereis el sonido de la trompeta, reuníos allí con nosotros; nuestro Dios peleará por nosotros» (Nehemías 4.19-20).

6. COOPERACIÓN

Nehemías continuamente cultivó la cooperación entre el pueblo. Detuvo la práctica de la usura y creó la unidad entre los ricos nobles y el pueblo que se había sentido oprimido. Además reunió al pueblo y les dio de comer a sus expensas. Sin cooperación, el muro no se habría restaurado totalmente. Toda esa obra se completó en cincuenta y dos días: es un testimonio de la obra de equipo que Nehemías promovió entre el pueblo.

7. CELEBRACIÓN

Cuando toda la tarea se terminó, Nehemías ayudó al pueblo a celebrar. Ordenó la formación coros de acciones de gracias para que cantaran, la organización de una gran fiesta y la lectura del libro de la Ley. Cuando Esdras terminó de leer y el pueblo lloraba, Nehemías les dijo: «Id, comed grosuras, y bebed vino dulce, y enviad porciones a los que no tienen nada preparado; porque día santo es a nuestro Señor; no os entristezcáis, porque el gozo de Jehová es vuestra fuerza» (Nehemías 8.10). Aun el recuerdo escrito de Nehemías de la reedificación de los muros es una celebración y aliento para quienes participaron.

Ninguna gran tarea se logra sin un pueblo que haga el trabajo y un líder que los guíe. Cuando hay convergencia de la oportunidad del momento, de la necesidad de la gente, el propósito del líder y el llamado de Dios, aun lo imposible se hace posible.

> Ninguna gran tarea se logra sin un pueblo que haga el trabajo y un líder que los guíe.

PREGUNTA DE REFLEXIÓN PARA HOY:
¿A quiénes está reuniendo para su viaje de liderazgo?

Día 5

Cómo dar vida a esta ley

ASIMÍLELA

Repase los cuatro pensamientos del liderazgo para esta semana:

1. Los líderes no solo saben adónde van; también saben cómo llegar.
2. Los líderes encuentran propósito en las necesidades que los rodean.
3. El líder sigue la regla del carpintero: mide dos veces, y aserra una.
4. Los líderes no solo saben hacia dónde van; también llevan a otras personas consigo.

Piense cuál afirmación describe mejor su mayor fortaleza personal como líder. ¿Cuál revela su debilidad? Dedique varios minutos a pensar sobre las razones para cada una.

ORGANÍCELA

Si no está seguro dónde se encuentra cuando se trata de entender y aplicar la Ley de Navegación, visite el sitio en Internet «www.injoy.com/21 Minutes» para contestar un cuestionario de evaluación de veinticinco preguntas que le ayudarán a medir su habilidad.

PÓNGALA EN ORACIÓN

Use las siguientes palabras para comenzar su tiempo de oración:

Amado Dios, sé que tienes un propósito para mi vida. Te pido que me reveles o me confirmes ese propósito cada día. Ayúdame a comprometerme por completo en la situación en que me has puesto en esta etapa de mi vida, para relacionarme con la carga que pongas en mi corazón. Guíame para que progrese en obediencia a tu llamado. Y te ruego que pongas en mí la habilidad de Nehemías para conducir y dirigir a la gente en el cumplimiento de tu visión. Amén.

VÍVALA

¿En qué proyecto o proceso que enfrenta actualmente necesita la capacidad de ayudar a otros en la navegación? Puede tratarse de algo que enfrenta en el hogar, en el trabajo, en el ministerio o en otro lugar. Separe una cantidad adecuada de tiempo para concentrarse por completo en la planificación. Una tarea relativamente sencilla puede requerir unas pocas horas de planificación. Algo mayor podría requerir varios días. Recuerde, la clave de la ley de navegación es la preparación.

DIVÚLGUELA

¿Qué concepto, idea o práctica específica de liderazgo que ha aprendido en esta semana transmitirá a otro líder en los próximos dos días?

Semana 5

LA LEY DE E. F. HUTTON O DE LA CREDIBILIDAD

Cuando el verdadero líder habla, la gente escucha

Una vez aprenda la ley de E. F. Hutton, nunca tendrá problemas para determinar en casi cualquier situación quién es realmente el líder... Vaya a una reunión con un grupo de personas con quienes nunca antes haya estado y obsérvelos por cinco minutos... Cuando alguien formula una pregunta, ¿a quién mira la gente [en espera de una respuesta]? ¿A quién esperan oír? La persona a la cual miran es el verdadero líder...

La gente atiende a lo que alguien tiene que decir, no necesariamente debido a la verdad comunicada en el mensaje, sino debido al respeto que sienten por el que habla... Cuando Martín Luther King vivía... sin importar cuándo ni dónde hablaba, la gente—blancos y negros—todos lo escuchaban. Actualmente Billy Graham recibe un respeto similar debido a su incuestionable integridad y vida de servicio. Por casi cincuenta años su consejo ha sido atendido por líderes mundiales...

Cuando se trata de identificar al líder verdadero... la prueba del liderazgo se encuentra en los seguidores... Cuando el verdadero líder habla, la gente escucha.

DE «LA LEY DE E. F. HUTTON O DE LA CREDIBILIDAD» EN
21 Leyes Irrefutables del Liderazgo.

Día 1

Samuel
y la
Ley de E. F. Hutton

PENSAMIENTO SOBRE LIDERAZGO PARA HOY:
Los líderes se ganan el derecho de ser escuchados.

Lecturas bíblicas
1 Samuel 1.8-28; 3.1-21; 7.2-15; 8.1-4; 10.1; 12.1-25; 13:1-5

Como cualquier otro líder, Samuel no comenzó su vida como un E. F. Hutton. Su capacidad de hablar e influir en la vida de los demás creció y se desarrolló a lo largo del tiempo. Pero comenzó excepcionalmente temprano. La gente empezó a escucharlo cuando todavía era un niño. Y una vez se estableció como una voz con autoridad, retuvo ese nivel de influencia toda la vida.

Samuel fue especial desde su nacimiento porque nació en respuesta a la oración. Cuando aun era muy niño, estuvo bajo el cuidado de Elí, el sumo sacerdote y juez de Israel. El primer relato que tenemos, en que habla como E. F. Hutton, ocurrió cuando Samuel le comunicó a Elí la profecía que había recibido acerca de la familia del sumo sacerdote. Mientras Samuel crecía y su autoridad aumentaba. La Biblia nos dice: «Y Samuel creció, y Jehová estaba con él, y no dejó caer a tierra ninguna de sus palabras» (1 Samuel 3.19).

LIDERAZGO AL NIVEL MÁS ELEVADO

El nivel de influencia de Samuel sobre la gente continuó creciendo a lo largo de su vida. Como profeta, lo respetaban porque hablaba de parte de Dios. Pero con el tiempo, Samuel también llegó a ser juez de Israel, posición similar a la de un rey. Era el líder civil y militar de la nación. Leemos en 1 Samuel 7:15: «Y juzgó Samuel a Israel todo el tiempo que vivió».

Esto puso a Samuel en una posición verdaderamente única. Antes de Cristo, Samuel es la única persona que ejerció los oficios de profeta, sacerdote y rey. No es de extrañarse que la gente lo escuchara y siguiera su liderazgo.

Debido a que Samuel tenía unos oficios tan bien establecidos, uno podría sentirse tentado a pensar que la gente lo escuchaba solo a causa de su posición. Pero, a pesar de sus impresionantes títulos, su liderazgo no era posicional. Sin duda era un E. F. Hutton. Puede asegurarse de esto al observar los hechos que siguieron a la única vez que el pueblo no lo escuchó: cuando le pidieron rey.

Dios dio a Samuel la autoridad de ungir un rey para Israel. En obediencia a Dios, Samuel puso a Saúl en el trono, y de ese modo lo reemplazó como líder civil y militar. Pero aun cuando Samuel no estaba en el trono, el pueblo siguió escuchándolo y reconocían su voz como la del líder. Cuando hablaba, *todos* escuchaban: el común del pueblo y los profetas, líderes y seguidores, campesinos y reyes. Cuando convocó a los guerreros de Israel para la batalla, estos pelearon. Cuando llamó al pueblo de Dios al arrepentimiento, se arrepintieron. Cuando llamó a un rey para que se presentara, el rey vino. Fue el hombre de mayor influencia en su generación. Cuando murió, el pueblo lo lamentó (1 Samuel 25.1). Sabían que habían perdido a un verdadero líder y un gran hombre de Dios.

PREGUNTA DE REFLEXIÓN PARA HOY:
¿Alguien le está escuchando?

Día 2

PENSAMIENTO SOBRE LIDERAZGO PARA HOY:
*Los líderes deben escuchar a Dios antes de pedir a otros
que los escuchen.*

Y Moisés, con los sacerdotes levitas, habló a todo Israel, diciendo:
Guarda silencio y escucha, oh Israel; hoy has venido a ser pueblo de
Jehová tu Dios. Oirás, pues, la voz de Jehová tu Dios, y cumplirás sus
mandamientos y sus estatutos, que yo te ordeno hoy (Deuteronomio
27.9-10).

¿Qué inició a Samuel en el camino del gran liderazgo? ¿Hubo algún
momento cuando la semilla del liderazgo fue sembrada en su vida,
dándole esperanza para ser una influencia positiva sobre los demás?
Creo que sí. Stephen R. Covey dice: «Porque oyes, te haces influenciable; ser influenciable es la clave para influir en los demás». El punto
crucial para Samuel ocurrió cuando era niño, cuando abrió su corazón
a Dios y decidió ponerse bajo su influencia.

CÓMO HACER A UN E. F. HUTTON

Podemos aprender mucho de Samuel, y cómo estar en posición de oír
la voz de Dios es una de esas lecciones. Al observar lo que ocurrió en
el encuentro de Samuel con Dios, vemos tres cosas. Samuel asumió...

1. LA PRÁCTICA ADECUADA

Antes que Dios le hablara, Samuel estaba haciendo lo recto delante de los ojos de Dios. Las Escrituras relatan: «Y el

> «Porque oyes, te haces influencia-
> ble; ser influenciable es la clave
> para influir en los demás».
> —Stephen R. Covey

joven Samuel ministraba en la presencia de Jehová« (1 Samuel 2:18) y prosigue: «Y el joven Samuel iba creciendo, y era acepto delante de Dios y delante de los hombres» (1 Samuel 2:26). Dios lo bendijo por su obediencia.

Como líder, nunca deje de hacer lo recto delante de los ojos de Dios, no importa lo que requieran sus otras responsabilidades.

2. LA POSTURA CORRECTA

Una vez oí decir que alguien le preguntó a Juana de Arco por qué Dios le hablaba solo a ella. Se dice que ella respondió: «Señor, usted se equivoca. Dios le habla a todos. Yo solo escucho».

Una postura correcta de callar y oír es esencial para aprender a reconocer la voz de Dios:

> He aquí Jehová que pasaba, y un grande y poderoso viento que rompía los montes, y quebraba las peñas delante de Jehová; pero Jehová no estaba en el viento. Y tras el viento un terremoto; pero Jehová no estaba en el terremoto. Y tras el terremoto un fuego; pero Jehová no estaba en el fuego. Y tras el fuego un silbo apacible y delicado... lo oyó Elías (1 Reyes 19.11-13).

Cuando Dios le habló a Samuel, era un niño acostado en silencio en medio de la noche. Aun entonces, Samuel no reconoció al principio que la voz pertenecía a Dios. Necesitaba el consejo y la sabiduría de su experimentado mentor, Elí, para comprender quién se comunicaba con él. Pero basándonos en las frecuentes ocasiones en que Samuel oyó la voz de Dios como adulto, es claro que aprendió a identificar, escuchar y obedecer la voz de Dios.

Los líderes suelen ser personas muy ocupadas. Pueden verse fácilmente atrapados en la actividad de sus obligaciones. Si usted es un líder, esa es

> «Los líderes necesitan pedirle a Dios que les dé el oído de Samuel».
>
> —Bill Hybels

la razón por la que es importante apartar tiempo para callar y escuchar las instrucciones de Dios. Mi amigo Bill Hybels afirma: «Los líderes necesitan pedirle a Dios que les dé el oído de Samuel».

3. EL LUGAR DEL PROFETA

La Biblia dice que cuando Samuel escuchó la voz de Dios por primera vez, «estaba durmiendo en el templo de Jehová, donde estaba el arca de Dios» (1 Samuel 3:3). Era un buen lugar para estar, pues esa ubicación era la más cercana a la presencia Dios que una persona podía tener en aquellos días, a menos que fuera el sumo sacerdote que entraba al lugar santísimo una vez al año.

Cada líder debe estar cerca de Dios. Eso no significa que debe estar en un culto formal. Solo significa que necesita tener una actitud de adoración dondequiera que esté. Es una postura del corazón.

Esa lección la aprendí en la universidad, y la llevé conmigo al ministerio. Cuando asistía al Circleville Bible College, solía ir a una casa abandonada al término de mis clases y pasaba un tiempo con Dios cada tarde. Era mi lugar especial para relacionarme con él.

Desde entonces, he tenido siempre un lugar especial que visito para escuchar a Dios. En Hillham, Indiana, durante mi primer pastorado, era una roca gigantesca en el bosque detrás de nuestra casa. En Lancaster, Ohio, era la montaña Rising Park. En la iglesia Skyline de San Diego, era la parte alta del viejo santuario. Hoy día, es una silla especial acojinada en la oficina de mi casa donde me siento con frecuencia para conectarme con Dios. Cuando el Señor me despierta en medio de la noche, salgo del dormitorio para no despertar a Margaret, mi esposa, y bajo a sentarme en esa silla.

Si quiere convertirse en una persona a la que los demás escuchan, familiarícese con Dios. Conéctese con él en forma coherente, y crecerán las posibilidades de conectarse con los demás.

PREGUNTA DE REFLEXIÓN PARA HOY:
¿Dedica tiempo suficiente para escuchar a Dios?

Día 3

Los labios del justo apacientan a muchos (Proverbios 10.21).

¿Cuál es la medida más grande de un E. F. Hutton? La respuesta es: la habilidad de guiar a otros líderes. Ese es el trabajo más arduo de cualquier líder pues a la mayoría de los líderes no le gusta que los dirijan. Quieren andar en su propio camino, y no caer dentro de los límites de otro líder.

> ¿Cuál es la medida más grande de un E. F. Hutton? La respuesta es: la habilidad de guiar a otros líderes..

CUANDO SAMUEL HABLÓ...

Samuel era líder de líderes. Desplegó su influencia sobre nobles y ancianos de Israel. Además exhibió su influencia con el líder más alto, el rey. ¿Qué hacía que la gente quisiera escuchar a Samuel? Lo escuchaban porque...

1. SAMUEL ESTABA SEGURO DE SU LLAMADO

Es más probable que la gente escuche a un líder confiado y seguro. Samuel nunca dudó de su valor ni de su llamado divino. Aunque designó y ungió a Saúl, nunca se sintió intimidado por él, por su posición, su poder, su hermosa apariencia ni su estatura. Samuel no se intimidó cuando Saúl se convirtió en un poderoso guerrero. Cuando Saúl no quiso matar al rey Agag como Dios se lo había ordenado, Samuel mismo lo ejecutó (1 Samuel 15.33).

2. SAMUEL ESTABA DISPUESTO A COMPARTIR SU AUTORIDAD

Como juez de Israel, Samuel era el líder más visible, sin embargo, entregó su autoridad civil y militar a Saúl cuando Dios le ordenó hacerlo. Honró a Saúl públicamente, reservándole comida especial y un lugar exclusivo en la mesa (1 Samuel 9.22-24). Samuel practicó un principio de liderazgo que mi amigo Bill McCartney expresa muy bien: «No estamos aquí para competir entre nosotros, sino para complementarnos».

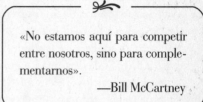

«No estamos aquí para competir entre nosotros, sino para complementarnos».

—Bill McCartney

3. SAMUEL DESEABA AYUDAR A OTROS EN EL DESARROLLO DE SU POTENCIAL

Aunque Samuel reconocía que la petición de un rey por parte del pueblo era una señal de desobediencia a Dios y que estaban exponiéndose a un desastre, trató de dar el mejor consejo al pueblo y procuró que Saúl fuese un rey con éxito. Vio el potencial de Saúl y lo animó. Samuel dijo al nuevo líder: «Entonces el Espíritu de Jehová vendrá sobre ti con poder, y profetizarás con ellos, y serás mudado en otro hombre. Y cuando te hayan sucedido estas señales, haz lo que te viniere a la mano, porque Dios está contigo» (1 Samuel 10.6-7). Samuel trató de convertir a Saúl en el líder espiritual que Dios lo había llamado a ser.

4. SAMUEL HABLÓ LA VERDAD EN LA VIDA DEL PUEBLO

Samuel nunca vaciló en hablar la verdad con amor a quienquiera que necesitara oírla. Cuando el pueblo pidió rey, les dijo cómo los trataría (1 Samuel 8.10-18). Cuando Saúl se puso impaciente y ofreció un sacrificio en vez de esperar como se le había ordenado, Samuel le dijo que había actuado neciamente (1 Samuel 13.13). Y cuando Saúl desobedeció el mandato de Dios de destruir a los amalecitas, Samuel le pidió cuentas e informó a Saúl que Dios lo había rechazado como rey (1 Samuel 15.10-29). Samuel nunca habló por animosidad ni superioridad, pero tampoco se apartó de la verdad.

5. SAMUEL TENÍA UN CORAZÓN PARA DIOS Y PARA EL PUEBLO

Samuel deseaba genuinamente lo mejor para todo el pueblo y trató de dirigirlos de modo que disfrutaran de la bendición de Dios. Ese deseo se extendió a Saúl, el reemplazo de Samuel como líder de la nación. Y aun después que lo denunció, Samuel lloraba por Saúl (1 Samuel 15.35). Todavía tenía un corazón para Saúl y para el pueblo.

A fin de cuentas los líderes que la gente escucha con más atención son los que tienen como objetivo el mejor interés del pueblo, y no el suyo. Eso es lo que se requiere para ser un E. F. Hutton.

PREGUNTA DE REFLEXIÓN PARA HOY:
¿Por qué la gente debe oírle a usted?

Día 4

PENSAMIENTO SOBRE LIDERAZGO PARA HOY:
El carácter del líder acentúa el contenido del mensaje.

O haced el árbol bueno, y su fruto bueno, o haced el árbol malo, y su fruto malo; porque por el fruto se conoce el árbol... Porque de la abundancia del corazón habla la boca. El hombre bueno, del buen tesoro del corazón saca buenas cosas; y el hombre malo, del mal tesoro saca malas cosas (Mateo 12.33-35).

Nunca encontrará discrepancia entre las palabras y las acciones de un E. F. Hutton. Los grandes líderes tienen integridad. Cualquier persona que muestre incoherencia de carácter no permanecerá como una voz de influencia en las vidas de otros. Cuando observa la vida de Samuel, usted ve esa coherencia. Dos cosas surgen resplandecientes: carácter y competencia. Vivió según sus valores y practicó un sólido liderazgo sin vacilaciones. Y como resultado, el pueblo lo escuchó.

> Nunca encontrará discrepancia entre las palabras y las acciones de un E. F. Hutton. Los grandes líderes tienen integridad.

CÓMO GANAR CREDIBILIDAD

Si usted desea ser un E. F. Hutton, primero verifique sus motivos y asegúrese que su deseo no está bajo el impulso del ego o el anhelo de ganancias personales. Luego reconozca que lo siguiente debe estar presente en su mensaje para que tenga credibilidad:

1. PRIMERO DEBE VIVIR SU MENSAJE

La eficacia de su mensaje radica más en el carácter del mensajero que en el contenido del mismo. O como lo expresa el antiguo dicho: «Tu carácter habla tan fuerte que no puedo oír tus palabras».

La gente escuchaba a Samuel porque demostró con su vida todo lo que le pidió a los demás que hicieran. Por eso estaba en condiciones de decir esto al pueblo en la coronación de Saúl:

> Ahora, pues, he aquí vuestro rey va delante de vosotros. Yo soy ya viejo y lleno de canas; pero mis hijos están con vosotros, y yo he andado delante de vosotros desde mi juventud hasta este día. Aquí estoy; atestiguad contra mí delante de Jehová y delante de su ungido, si he tomado el buey de alguno, si he tomado el asno de alguno, si he calumniado a alguien, si he agraviado a alguno, o si de alguien he tomado cohecho para cegar mis ojos con él; y os lo restituiré. Entonces dijeron: Nunca nos has calumniado ni agraviado, ni has tomado algo de mano de ningún hombre. Y él les dijo: Jehová es testigo contra vosotros, y su ungido también es testigo en este día, que no habéis hallado cosa alguna en mi mano. Y ellos respondieron: Así es (1 Samuel 12.2-5).

2. DEBE SER MÁS QUE UN MENSAJERO

Para que todo lo que diga se conecte con otros, el mensaje debe tener un pedacito de usted. No puede dar nada sin antes haberle puesto su corazón. Como profeta, Samuel era mensajero de Dios. Pero era mucho más que eso. Al igual que David, Samuel verdaderamente tenía un corazón para Dios. Los deseos de Dios eran sus deseos.

Al hablarle a la gente, hágalo con pasión. La convicción de su mensaje debe ser obvio en sus palabras y en su vida.

3. SU MENSAJE TIENE QUE SER MÁS QUE SOLO ESO

Una razón por la que la gente escucha a un E. F. Hutton es que sus palabras llevan un mensaje con el potencial de cambiar vidas. No son solo comunicaciones que perpetúan el *status quo*.

Las palabras de Samuel solían tener ese peso. Escuchemos el consejo que dio al pueblo cuando se preparaban para recibir al nuevo rey:

> Si temiereis a Jehová y le sirviereis, y oyereis su voz, y no fuereis rebeldes a la palabra de Jehová, y si tanto vosotros como el rey que reina sobre vosotros servís a Jehová vuestro Dios, haréis bien. Mas si no oyereis la voz de Jehová, y si fuereis rebeldes a las palabras de Jehová, la mano de Jehová estará contra vosotros como estuvo contra vuestros padres (1 Samuel 12.14-15).

Este mensaje de Samuel tenía el potencial de cambiar la vida de cada persona que lo oyera. Además contenía la verdad que podía cambiar el curso de la historia de la nación. Aunque el pueblo oyó el mensaje de Samuel, no tenían el carácter para obedecerle a largo plazo.

4. USTED DEBE TENER INTERÉS EN EL RESULTADO

La gente puede notar la diferencia entre un líder que es solo un espectador y uno que es un participante en el juego. Tienen mayor respeto por alguien que tiene interés en el resultado de su mensaje. El buen líder puede enviar a su gente a la batalla, pero el gran líder los conduce hasta allá, y la gente lo respeta por ponerse en la misma línea que los demás.

Para ser un líder con credibilidad, debe hacer que su vida concuerde con su mensaje. Si su carácter es incoherente con lo que dice, se acentúa la realidad de que es un farsante. En contraste, si su carácter es coherente con su mensaje, se acentúa todo lo que tiene que decir. Y hace que todos quieran oírle.

PREGUNTA DE REFLEXIÓN PARA HOY:
¿Su carácter complementa su mensaje?

Día 5

Cómo dar vida a esta ley

ASIMÍLELA

Es cierto que un grupo de personas oirá al líder con más credibilidad entre ellos. Pero para convertirse en uno del tipo E. F. Hutton, que puede producir un impacto positivo en la vida de la gente, usted debe abrazar las siguientes verdades:

1. Los líderes se ganan el derecho de ser escuchados.
2. Los líderes deben escuchar a Dios antes de pedir a otros que los escuchen.
3. El impacto de la voz se determina por la influencia del líder.
4. El carácter del líder acentúa el contenido del mensaje.

ORGANÍCELA

Si no está seguro dónde se encuentra cuando se trata de entender y aplicar la Ley de E. F. Hutton, visite el sitio en Internet «www.injoy.com/21 Minutes» para contestar un cuestionario de evaluación de veinticinco preguntas que le ayudarán a medir su habilidad.

PÓNGALO EN ORACIÓN

Use las siguientes palabras para comenzar su tiempo de oración:

Amado Dios, dame el oído de Samuel, un oído atento. Ayúdame a callar delante de ti para escuchar tu voz dulce y apacible. Y dame un corazón puro y obediente, que me impulse a vivir una vida coherente delante de

mi gente. Cuando te haya escuchado, cuando tenga algo digno de decir-
se, te ruego que me des gracia delante de mi gente para que pueda añadir
valor a sus vidas. Amén.

VÍVALA

Si la gente desecha sus palabras, puede ser debido a un problema de credibilidad en el área de competencia o de carácter. Haga una lista de las posibles razones por las que la gente puede dudar de sus palabras. ¿En qué área se encuentran? ¿Qué va a hacer para comenzar a fortalecer su credibilidad en estas áreas a fin de mejorar su capacidad de ser un E. F. Hutton?

DIVÚLGUELA

¿Qué concepto, idea o práctica específica de liderazgo que ha aprendido en esta semana transmitirá a otro líder en los próximos dos días?

Semana 6

LA LEY DE LA BASE SÓLIDA

La confianza es el fundamento del liderazgo

La historia de éxitos y fracasos de un líder hace una gran diferencia en su credibilidad. Es algo así como ganar y gastar el cambio que lleva en el bolsillo. Cada vez que usted toma una buena decisión de liderazgo, pone una moneda en su bolsillo. Cada vez que toma una mala, tiene que usar su cambio para pagarle a alguien.

Cada líder tiene una cierta cantidad de cambio en el bolsillo cuando inicia una nueva posición de liderazgo. De allí en adelante su dinero aumenta o disminuye...

Para crear confianza, el líder debe ser ejemplo de las siguientes cualidades: competencia, conexión y carácter. La gente olvidará los errores ocasionales basados en la habilidad, especialmente si pueden ver que todavía está creciendo como líder. Pero no confiarán en alguien que tiene fallas en el carácter. En esa área aun las caídas ocasionales suelen ser fatales...

Ningún líder puede quebrantar la confianza de su gente y esperar seguir influyendo sobre ellos... La confianza hace posible el liderazgo.

DE «LA LEY DE LA BASE SÓLIDA» EN
21 Leyes Irrefutables del Liderazgo.

Día 1

Sansón
y la
Ley de la Base Sólida

PENSAMIENTO SOBRE LIDERAZGO PARA HOY:
La confianza se forma por el carácter y la credibilidad del líder.

Lecturas bíblicas
Jueces 13.1 - 16.31

¿Cómo alguien que tuvo una salida tan enérgica en la vida pudo terminar en tan mala forma? Desde todos los ángulos, Sansón pudo haber sido uno de los más grandes líderes de Israel, sin embargo, cuando todo fue dicho y hecho, resultó ser uno de los peores.

SALIDA ENÉRGICA—LLEGADA DÉBIL

Sansón lo tenía todo. Era un niño especial, anunciado por el ángel de Jehová a sus padres. Tenía un destino y propósito divino. La Biblia narra que el ángel dijo: «El niño será nazareo a Dios desde su nacimiento, y él comenzará a salvar a Israel de mano de los filisteos» (Jueces 13.5). Y aun desde niño, Sansón fue bendecido por Dios, y el Espíritu de Dios estaba sobre él (Jueces 13.24-25).

Sansón realizó muchas hazañas de fuerza durante su vida, y juzgó a Israel durante veinte años. Sin embargo, a pesar de su buena salida, Sansón se metió en problemas muchas veces, y finalmente acabó en mala forma: terminó débil, ciego, y esclavizado por los filisteos de quienes, se suponía, debió librar a su pueblo.

¿Por qué Sansón no llegó a ser el gran líder que su potencial prometía? Su despreciable carácter lo hizo indigno de confianza, y eso destruyó su liderazgo. Era impetuoso, voluble, lascivo, caprichoso, sentimental e imprevisible. Nadie podía descifrar sus intenciones, ni siquiera su nueva esposa, su suegro, ni los israelitas. Su gente lo ató y lo entregó a los filisteos para salvarse ellos mismos.

La falta de confianza en Sansón se extendió a Dios. Antes de estar acabado, rompió su voto de nazareo. Primero, antes del matrimonio, tocó un animal muerto (Jueces 14.9). Segundo, celebró una fiesta de bodas con mucha bebida alcohólica (Jueces 14.10). Y cuando finalmente rompió el tercer voto, al permitir que le cortaran el cabello, Dios quitó la unción de su vida (Jueces 16.19-20). Sansón coqueteó reiteradamente con el desastre, hasta que lo atrapó.

¿CUÁNTOS TERMINARÁN BIEN?

Hace algunos años, ofrecí una conferencia para pastores en Albuquerque, Nuevo México. Mientras estaba allí, hablé con un pastor amigo de Houston, Texas, llamado John Basagno acerca del tema de terminar bien. Mientras conversábamos, me mostró una Biblia muy usada y dijo: «John, recibí el llamado a predicar cuando tenía veintiún años. Se lo conté a mi suegro poco después de recibir el llamado, y ¿sabes qué me dijo? "Esto es así: solo uno de cada diez de los que entran en el ministerio estarán en él a los sesenta y cinco años"».

Noté que John se emocionó al abrir su vieja Biblia para mostrarme el interior de la cubierta. «Escribí en esta Biblia los nombres de veinticinco amigos que fueron mis compañeros en la universidad. Todos teníamos poco más de veinte años. Aun no tengo sesenta y cinco, pero lamento decir que veinte de ellos ya han abandonado el ministerio».

Entonces me miró a los ojos y dijo: «Estoy luchando arduamente por ser uno de los que lo logran. Quiero llegar bien».

Pienso que muchas personas creen que si reciben un comienzo como el de Sansón, hallarán que es fácil dirigir y terminar bien. Pero Dios nos da a cada uno una salida suficientemente buena como para terminar bien. Depende de nosotros vigilar nuestro carácter y edificar la confianza entre los demás para que Dios pueda usar nuestro liderazgo.

La falta de integridad fue la ruina de Sansón. Cuando los líderes pierden eso, también pierden la confianza de las personas. Y cuando no tiene esa confianza, están acabados. Quizás Sansón pudo derrotar a unos pocos cientos de filisteos al final, pero no sin perder su autoridad y liderazgo como juez, así como su vida.

PREGUNTA DE REFLEXIÓN PARA HOY:
¿Las personas le consideran como alguien digno de confianza?

Día 2

El que camina en integridad anda confiado;
Mas el que pervierte sus caminos será quebrantado.

Proverbios 10.9

Sansón tuvo tiempo para cambiar, pero no lo hizo. Jueces 14-15 bosqueja gran parte de su impetuosa conducta y el fruto de su mal carácter, sin embargo, el pasaje termina diciendo de Sansón: «Juzgó a Israel en los días de los filisteos veinte años» (Jueces 15.20).

Observe la vida de Sansón y verá un patrón negativo de conducta que indicaba problemas, en términos de su relación con Dios y su liderazgo ante el pueblo. De hecho, ningún líder se sale de los límites sin pasar primero las señales que indican que anda en terreno peligroso.

> Ningún líder se sale de los límites sin pasar primero las señales que indican que anda en terreno peligroso.

LAS SEÑALES DE UN LÍDER EN PROBLEMAS

Cuando los líderes comienzan a erosionar el terreno sólido de un liderazgo digno de confianza, normalmente exhiben una o más de las siguientes señales de que se están metiendo en problemas. Al igual que Sansón, los líderes en problemas...

1. NO PRESTAN ATENCIÓN A DEBILIDADES EVIDENTES EN SU CARÁCTER

Desde el principio de su vida, Sansón tuvo problemas con la impureza sexual. Y debido a que no trató de refrenar su deseo, se salió continuamente de sus límites. En vez de honrar el mandamiento de Dios de no casarse con una mujer que no fuera hebrea, pidió a sus padres una esposa filistea, porque, como dijo, «ella me agrada» (Jueces 14.3). Después se acostó con prostitutas. La destrucción final vino como resultado de su relación con Dalila.

Cuando el líder no se cuida de reparar las manchas en su carácter, estas empeoran. Las fallas lo llevan sin remedio en una espiral descendente que culmina en la destrucción del fundamento moral del líder.

2. SE APOYAN EN EL ENGAÑO PARA SALVAGUARDARSE

Cuando una persona coquetea con la desobediencia, a menudo se sorprende usando el engaño para defenderse. Esto le ocurrió a Sansón. Era aficionado a las adivinanzas para engañar a los demás. Cuando traspasó completamente la línea de la obediencia para tener sus amoríos con Dalila, mintió repetidas veces. Para protegerse, le mintió tres veces sobre la fuente de su fuerza. Cuando un líder tuerce la verdad en cualquier forma, da una señal segura de que está en problemas.

3. ACTÚAN IMPULSIVAMENTE

Una y otra vez Sansón mostró su impetuosidad. Eligió a su esposa apresuradamente. No consideró las posibles consecuencias al plantear una adivinanza a los asistentes a la boda o al revelar la respuesta a su esposa filistea. En más de una ocasión se encontró en una batalla sangrienta como resultado de su espíritu impulsivo. El líder que no puede controlar su temperamento se pone en peligro él y a sus seguidores.

4. MANEJAN MAL LOS DONES DE DIOS

Sansón poseía una fuerza increíble y la unción divina, pero dio por sentado ambos dones . De hecho, a veces usó su influencia para jugar a fin de entretenerse. Después que el suegro le entregó su esposa al padrino de boda, Sansón abusó de lo que Dios le había dado para liberar a su pueblo, usándolo como venganza personal. Eso provocó la muerte del suegro de Sansón y de la hija del filisteo.

Dios da dones para sus propósitos, y los dones son siempre mayores que la persona que los posee. Pero cuando el líder malgasta los dones y recursos provistos por Dios, siempre vienen consecuencias indeseables.

5. CAEN DEBIDO A ALGÚN PUNTO DE DEBILIDAD

Los que dan rienda suelta a sus pecados a la larga se ven consumidos por ellos. Cuando Sansón conoció a Dalila, finalmente encontró la horma de su zapato. El engañador fue engañado; el seductor, seducido. Jugó con ella, sabiendo que trabajaba para el enemigo. Pero ella se aprovechó de él, y lo sedujo para que le dijera todo lo que tenía en su corazón (Jueces 16.18). Era un juego peligroso, que Sansón perdió y le costó todo.

A algunas personas les gusta creer que sus imperfecciones privadas no van a tener consecuencias públicas, pero siempre las tienen. Los líderes no pueden eludir lo que en verdad, y lo que hacen en las tinieblas saldrá a la luz. Si lo que hacen es bueno, eso edifica el carácter del líder y la confianza de la gente en él. Si es malo, entonces mina todo lo que hace hasta que no queda terreno sólido donde pararse.

PREGUNTA DE REFLEXIÓN PARA HOY:
¿Puede detectar en su vida algunas de estas señales de problema?

Día 3

*Cuando un líder pierde el contacto con Dios y con su pueblo,
pierde la capacidad de aprender.*

Camino a la vida es guardar la instrucción;
Pero quien desecha la represión, yerra (Proverbios 10.17).

Si tomara todas las fallas y problemas de Sansón y señalara la que más problemas le causó, sería esta: perdió la capacidad de aprender. No importa lo que le ocurriera, bueno o malo, nunca pareció crecer en sabiduría. Siguió con su rumbo equivocado hasta su destrucción final.

CUANDO LOS LÍDERES PIERDEN SU CAPACIDAD DE APRENDER

Sansón es prácticamente el prototipo de un líder sin aptitud para el liderazgo. Estaba tan centrado en sí mismo y era tan indisciplinado y arrogante que perdió la aptitud de aprender. Y esa pérdida puede hacer que aun la persona más talentosa se convierta en un líder inútil.
¿Qué ocurre cuando los líderes pierden su capacidad de aprender?

1. SE APOYAN EN SU PROPIA FUERZA Y ENTENDIMIENTO
No buscan la dirección de Dios ni de otros. Un líder sin la capacidad de aprender casi siempre se aleja del contacto con Dios y su pueblo. Proverbios 3:5-6 declara:

Fíate de Jehová de todo tu corazón,
Y no te apoyes en tu propia prudencia.
Reconócelo en todos tus caminos,
Y él enderezará tus veredas.

La vida de Sansón fue en la dirección opuesta.

En repetidas ocasiones Sansón usó la fuerza bruta para luchar con las dificultades. Cada vez que tenía un problema, reaccionaba con violencia en vez de tratar las faltas de su carácter. Cuando lo avergonzaron en la fiesta de su boda, mató a treinta hombres para tomar la ropa de estos (Jueces 14.19). Cuando los hombres de Judá lo entregaron a los filisteos —que es el único relato que tenemos de su interacción con su pueblo— mató a golpes a otro millar de filisteos (Jueces 15.15). Cuando fue sorprendido con la prostituta, arrancó las puertas de Gaza (Jueces 16.3).

Sansón no siguió el consejo de sus padres, no hay ningún relato que indique que haya pedido consejo a su pueblo, ni miró a Dios en busca de dirección. Peor que eso, Sansón nunca reconoció a Dios como la fuente de su poder. Aun cuando las Escrituras afirman claramente que el Espíritu de Jehová era la fuente de su poder, se atribuyó a sí mismo el crédito. De un hombre con unción, paso a ser un hombre arrogante.

2. NO APRENDEN DE SUS ERRORES

La vida de una persona puede ir cuesta arriba o cuesta abajo, dependiendo si el fracaso lo impulsa hacia adelante o hacia atrás. Observe la vida de Sansón y no verá progreso. Iba en un espiral descendente.

Para que el líder aprenda de sus errores, debe ser...

* *Suficientemente grande para reconocer sus errores*. Todo comienza aquí. Sansón acusaba a todo el mundo por sus errores. Nunca reconoció su pecado y se humilló delante de Dios.

* *Suficientemente inteligente para sacarles provecho*. Una cosa es saber que uno está equivocado. Otra es determinar por qué se cometió el error. Pero sin este paso la persona está condenada a repetir sus errores.

- *Suficientemente fuerte para corregirlos*. Para corregir los errores es esencial que sepa por qué erró; pero si no puede *implementar* los cambios necesarios en su vida, no será capaz de mejorar como persona ni su situación.

> Para corregir los errores es esencial que sepa por qué erró; pero si no puede *implementar* los cambios necesarios en su vida, no será capaz de mejorar como persona ni su situación.

Nada es realmente un error a menos que no aprenda algo de ellos. Los líderes deben seguir aprendiendo si quieren seguir siendo líderes.

3. REACCIONAN EN VEZ DE DIRIGIR

Los buenos líderes son positivos. Pero las personas sin la capacidad de aprender pierden casi todo su tiempo reaccionando. Examine el registro de las reacciones de Sansón:

HECHOS	REACCIONES
Ve a una mujer de Timnat.	La pide en matrimonio
Los invitados resuelven su adivinanza.	Mata a treinta para quitarles la ropa.
Su esposa es entregada a su padrino de bodas.	Quema los campos de los filisteos.
Los filisteos queman la casa de Timnat.	Los ataca «cadera y muslo con gran mortandad».
Los varones de Judá lo entregan a los filisteos.	Mata a un millar de filisteos con la quijada de un asno.
Los filisteos esperan para matarlo.	Arranca las puertas de la ciudad y se las lleva.
Lo capturan, le sacan los ojos y lo esclavizan.	Se venga derribando el templo de los filisteos.

Dios tenía un plan para la vida de Sansón, quizás usarlo para liberar a su pueblo de los filisteos (Jueces 13.5). Pero ese propósito nunca se llevó a cabo.

4. SON DERROTADOS CON FACILIDAD

A la larga, la gente que no es capaz de aprender es derrotada. Aun el gran talento (como el de Sansón) solo puede llevar a una persona por corta distancia. Al final, Dalila engañó a Sansón, y así terminó su liderazgo. Irónicamente, cuando más se apoyó en su propia fuerza y entendimiento, fue derrotado y junto con la derrota vinieron los resultados más destructivos. Como afirma G. K. Chesterton: «Cualquier cosa hecha con nuestras propias fuerzas fracasará miserablemente o tendrá éxito aun más miserablemente».

La derrota de Sansón empezó con una falla de carácter. Esa falla, la cual dejó sin atender debido a su incapacidad espiritual de aprender, lo llevó a la erosión moral y al pecado sin confesar. Esto trajo consigo la destrucción. Si durante el curso de su vida se hubiera conectado humildemente con Dios o hubiera buscado la dirección y responsabilidad del pueblo, quizás todo hubiera ocurrido en forma diferente.

> «Cualquier cosa hecha con nuestras propias fuerzas fracasará miserablemente o tendrá éxito aun más miserablemente».

PREGUNTA DE REFLEXIÓN PARA HOY:
¿Cómo está su conexión con Dios y su pueblo?

Día 4

*Las consecuencias del pecado son siempre grandes
para el líder y para el pueblo.*

> Mas la senda de los justos es como la luz de la aurora,
> Que va en aumento hasta que el día es perfecto.
> El camino de los impíos es como la oscuridad;
> No saben en qué tropiezan...
> Examina la senda de tus pies,
> Y todos tus caminos sean rectos.
> No te desvíes a la derecha ni a la izquierda;
> Aparta tu pie del mal (Proverbios 4.18-19, 26-27).

Ningún líder puede abrazar el pecado y seguir guiando a las personas con eficacia. En mi experiencia de más de treinta años como pastor, he observado a muchos líderes ungidos que se enredan en el pecado y se descalifican para el liderazgo. Con frecuencia siguen esta línea de pensamiento: *Este es un caso especial. Dios entiende las circunstancias por las que estoy pasando. Puedo hacerlo.* Pero siempre resulta en lo mismo. Como lo destaca Gary Richmond en *A View from the Zoo* [Un vistazo desde el zoológico]: «Con demasiada frecuencia el pecado viene adorablemente ataviado, y mientras jugamos con él, qué fácil es decir: "En mi caso será distinto". Los resultados son predecibles». La credibilidad del líder se desintegra, pierde la confianza de su pueblo y termina su liderazgo.

LO QUE EL PECADO SIEMPRE HARÁ

El pecado siempre cobra en forma terrible. No importa quienes sean los líderes o qué circunstancia enfrentan, el pecado siempre resulta en lo mismo:

1. EL PECADO SIEMPRE LE LLEVA MÁS LEJOS DE LO QUE USTED QUERÍA

Todo lo que Sansón quería era una esposa. Eligió una filistea, lo que en sí era pecado, pero probablemente pensó: «Cruzo la línea por esta vez. Terminará en un segundo, y regresaré y eso será todo. ¿Qué daño puede hacer? Ella me agrada y eso es lo que quiero».

Pero no terminó así. Una vez traspasó la línea, se encontró en pecado una y otra vez. Organizó una fiesta con mucha bebida, aun cuando se suponía que como nazareo no debía tocar ni siquiera el jugo de uva. Cuando se dio cuenta hacia donde iba, pudo haberse detenido diciendo: «No. Me equivoqué. Necesito volver a mi gente». Pero eso fue lo que no hizo.

En cambio, trató de impresionar a sus treinta compañeros con un enigma para obtener de ellos, por engaño, treinta costosas mudas de vestido. Cuando su esposa lo hizo revelar la solución del enigma, se hundió más todavía. Para pagar la deuda mató a treinta hombres para quitarles sus vestidos. Sabemos que estaba consciente de haber hecho mal porque antes de su siguiente acto de venganza, dijo: «Sin culpa seré esta vez respecto de los filisteos, si mal les hiciere» (Jueces 15.3). Al terminar su boda, Sansón estaba hasta el cuello de problemas.

2. EL PECADO SIEMPRE LE ATRAPA POR MÁS TIEMPO DEL QUE QUERÍA

Sansón puede haber tenido la intención de traspasar por poco tiempo la línea del pecado, pero terminó haciendo el recorrido completo y esto finalmente lo llevó a la destrucción. Después de la primera vez que Dalila trató de engañarlo y conocer el secreto de su poder, un hombre más sabio hubiera regresado a casa y se hubiera mantenido alejado de ella. Pero no Sansón. No pudo resistir, así que se quedó.

Y estuvo allí hasta que Dalila «presionándole ella cada día con sus palabras e importunándole, su alma fue reducida a mortal angustia. Le descubrió, pues, todo su corazón» (Jueces 16.16-17).

Con frecuencia, el pecado tiene una apariencia seductora y promete satisfacción. Pero nunca cumple las promesas que hace. Y esto es lo que provoca que la gente permanezca en el pecado o regrese por más. Siguen esperando que la próxima vez cumpla sus promesas; pero nunca lo hace.

3. EL PECADO SIEMPRE CUESTA MÁS DE LO QUE ESTABA DISPUESTO A PAGAR

No importar lo que los líderes crean les va a costar el pecado, el precio *siempre* es más alto. Esa es parte de la sutileza del pecado. No solo el pecador siempre quiere más, sino que también el pecado exige más en pago, y la persona no lo reconoce hasta que es demasiado tarde.

> No importa lo que los líderes crean les va a costar el pecado, el precio *siempre* es más alto.

Observe lo que ocurrió a Sansón después que le contó a Dalila el secreto de su poder:

> Y ella hizo que él se durmiese sobre sus rodillas, y llamó a un hombre, quien le rapó las siete guedejas de su cabeza; y ella comenzó a afligirlo, pues su fuerza se apartó de él. Y le dijo: ¡Sansón, los filisteos sobre ti! Y luego que despertó él de su sueño, se dijo: Esta vez saldré como las otras y me escaparé. Pero él no sabía que Jehová ya se había apartado de él. Mas los filisteos le echaron mano, y le sacaron los ojos, y le llevaron a Gaza; y le ataron con cadenas para que moliese en la cárcel (Jueces 16.19-21).

Sansón pensaba que aún estaba a salvo y podía irse libremente «como antes», pero quedó atrapado. Su pecado le costó todo: su liderazgo, la vista y finalmente la vida.

La vida de Sansón —una vez llena de promesas y potencial— quedó sumergida en el pantano del pecado. Esto lo llevó a la destrucción. Pero hizo más que eso. El pueblo de Dios siguió esclavizado a los filisteos. Los israelitas no lograron liberarse completamente de la opresión de sus enemigos hasta el reinado de David casi cien años más tarde. Ningún líder puede abrazar el pecado y cumplir su llamado de liderazgo al mismo tiempo.

PREGUNTA DE REFLEXIÓN PARA HOY:
¿Qué pecado está minando su liderazgo?

Día 5

Cómo dar vida a esta ley

ASIMÍLELA

Repase los cuatro pensamientos relacionados con la ley de la base sólida:

1. La confianza se forma por el carácter y la credibilidad del líder.
2. Siempre hay señales cuando un líder no está en terreno firme.
3. Cuando un líder pierde el contacto con Dios y con su pueblo, pierde la capacidad de aprender.
4. Las consecuencias del pecado son siempre grandes para el líder y para el pueblo.

De todas las leyes del liderazgo, la Ley de la Base Sólida podría ser la más crítica. La violación de esta ley suele causar el peor daño a una persona con capacidad de líder. Y exige la mayor cantidad de tiempo para la recuperación.. si es que es posible.

ORGANÍCELA

Si no está seguro dónde se encuentra cuando se trata de entender y aplicar la Ley de la Base Sólida, visite el sitio en Internet «www.injoy.com/21 Minutes» para contestar un cuestionario de evaluación de veinticinco preguntas que le ayudarán a medir su habilidad.

PÓNGALA EN ORACIÓN

Use las siguientes palabras para comenzar su tiempo de oración:

Amado Dios, Jesús nos enseño a orar, «no nos metas en tentación», y esa es ahora mi petición a ti. Protégeme de los deseos de pecar, lo que te deshonraría y me desacreditaría. Perdóname los pecados cometidos. Ayúdame a edificar la confianza con mi pueblo para guiarlo con integridad y con un corazón de siervo. Amén.

VÍVALA

Cuando la Ley de la Base Sólida se hace evidente en la vida del líder —y demuestra su competencia, organiza la comunidad y exhibe su carácter— mientras más tiempo guía, mejor lo hace. Dedique algún tiempo para identificar las principales facetas de su vida y reflexione sobre si su liderazgo se ha fortalecido o debilitado en cada una de ellas.

Si ha visto una disminución en su influencia, busque la razón. Pídale a Dios que le dé visión y sabiduría. Una vez haya identificado la fuente del problema, planifique cómo enfrentarlo. Si no está seguro cómo hacerlo, busque la ayuda de amigos de confianza.

DIVÚLGUELA

¿Qué concepto, idea o práctica específica de liderazgo que ha aprendido en esta semana transmitirá a otro líder en los próximos dos días?

Semana 7

LA LEY DEL RESPETO

**La gente sigue, en forma natural,
a los líderes que son más
poderosos que ellos**

Las personas no siguen a otros por accidente. Siguen a individuos cuyo liderazgo respetan... Los de menos destrezas siguen a los más capaces y mejor dotados. Ocasionalmente, un líder fuerte podría preferir seguir a otro más débil que él. Pero cuando eso ocurre es por una razón... El líder más fuerte puede hacerlo por respeto al oficio de la persona o por logros del pasado. O puede seguir la cadena de autoridad. Aunque, por lo general, los seguidores se sienten atraídos por personas que son mejores líderes que ellos...

Mientras más habilidad de liderazgo tiene una persona, con mayor prontitud reconoce el liderazgo —o la falta del mismo— en otros... Cuando un grupo se reúne por primera vez, observe lo que ocurre. En cuanto comienzan a interactuar, los líderes del grupo inmediatamente se hacen cargo. Piensan en función de la dirección que desean ir y en quiénes quieren llevar consigo. Al principio, la gente puede hacer movidas tentativas en diferentes direcciones, pero cuando la gente llega a conocerse entre sí, no pasa mucho tiempo antes que reconozcan a los líderes más fuertes y los sigan.

De «La ley del respeto» en 21 *Leyes Irrefutables del Liderazgo*.

Día 1

Débora y la Ley del Respeto

PENSAMIENTO SOBRE LIDERAZGO PARA HOY:
Cuando un líder logra el respeto, se hace más fácil dirigir.

Lecturas bíblicas
Jueces 4.1-24; 5.1-9, 31

> Cuando los líderes tienen influencia, la gente comienza a seguirlos. Cuando los respetan, se mantienen siguiéndolos.

Realmente no sabemos mucho sobre Débora. El relato bíblico de su liderazgo es muy breve. Sin embargo, aun cuando su historia puede ser breve, sabemos que su influencia fue grande. Y esto no era algo fácil en su tiempo. Los hombres de su cultura no estaban dispuestos a seguir a una mujer, y a pocas mujeres se les permitía alcanzar posiciones de liderazgo. Pero Débora ostentó la posición de mayor influencia en Israel. Y más que influencia sobre este pueblo; tenía su respeto. Cuando los líderes tienen influencia, la gente comienza a seguirlos. Cuando los respetan, se mantienen siguiéndolos. Ese es el poder de la Ley del Respeto.

EL VIAJE DE UNA LÍDER

La historia de Débora relata el viaje de cualquier líder con éxito. Descubrí esto cuando entré al ministerio en 1969. Cuando asumí mi primer pastorado en Hillham, Indiana, tenía veintidós años, y me encontré dirigiendo una congregación cuyo promedio de edad era el doble de la mía.

Una de mis principales responsabilidades en esa primera iglesia era la consejería. Y durante una sesión al principio de mi pastorado, me senté frente a una pareja de unos cincuenta años que me dijeron: «Pastor, usted es una buena persona, y sabemos que ha estudiado para ser pastor. Pero es tan joven. Creemos que no podemos hablarle de nuestros problemas».

Pasé tres años en Hillham. Me tomó casi seis meses lograr una influencia significativa en la gente de la iglesia. Pero con el tiempo, comencé a tener influencia no solo entre los miembros de mi congregación, sino también con otras personas de la comunidad y entre los líderes de la iglesia.

En el curso de mis veintiséis años como pastor de iglesias, aprendí mucho acerca de la influencia, pero no fue hasta el final de mi carrera en mi tercera y última iglesia, Skyline en San Diego, que entendí realmente lo que es el respeto. Después de catorce años allí, me gané el respeto de mi congregación, incluyendo a sus mejores líderes. Bob Taylor, el maravilloso hombre de negocios que fundó «Guitarras Taylor» y quien sirvió como líder en mi junta de ancianos, compartió conmigo las siguientes palabras que pienso resumen muy bien la idea del respeto:

> Si fuera militar, le llamaría señor.
> Si estuviera en la corte, le llamaría Su Señoría.
> Si fuera su aprendiz, le llamaría Maestro.
> Si estuviera en su equipo, le llamaría Entrenador.
> Si fuera huérfano, le llamaría Padre.
> Si fuera estudiante, le llamaría Profesor.
> Como laico, le he llamado Pastor.
> Para todos nosotros usted siempre será ¡un Líder!

LO QUE APRENDEMOS DE LA VIDA DE DÉBORA

Esas palabras podrían fácilmente aplicarse a Débora, pues ella fue todo eso para su pueblo. Tenía el respeto de todos. Aun el mayor jefe militar de Israel, Barac, la siguió. Tenía tanto respeto por ella que quería que fuese a su lado al ir a la batalla.

Fue honrada como profetisa y respetada como líder. Y restauró la prosperidad del pueblo por cuarenta años debido a su liderazgo. El pueblo le expresó su estima dándole el mejor de los cumplidos que pudieron imaginar: la llamaron «madre» del pueblo de Israel (Jueces 5.7).

PREGUNTA DE REFLEXIÓN PARA HOY:
¿Se hace cada vez más fácil o más difícil que la gente lo siga?

Día 2

El respeto es cuestión de liderazgo; no de posición, título, ni género.

Mi corazón es para vosotros, jefes de Israel,
Para los que voluntariamente os ofrecisteis entre el pueblo.
Load a Jehová (Jueces 5.9, del Canto de Débora).

¿Cómo pudo una mujer alcanzar el respeto en una cultura dominada por el varón, como la de Israel del siglo 12 a.C.? ¿Cómo llegó a ser la líder más grande de su generación, la que hizo reposar a su pueblo por cuarenta años? Lo hizo de la misma manera que cualquier hombre o mujer lo haría en nuestro tiempo.

CÓMO DÉBORA SE GANÓ EL RESPETO

Dele un vistazo al proceso por el que pasa un líder. Lo he bosquejado basado en la palabra R-E-S-P-E-T-O.

RESPÉTESE USTED Y A LOS QUE TRABAJAN CON USTED

Lograr el respeto de los demás siempre comienza con respetarse a sí mismo. Es claro que Débora era una persona de respeto. La gente de todo Israel acudía a ella para dirimir sus disputas. Cuando citó a Barac, él acudió y ella lo constituyó comandante de un ejército, mostrándose dispuesta a dar poder a otros en el ámbito de sus dones. Si desea tener el respeto de los demás, demuestre primero un respeto sano por ellos y por usted mismo.

> Lograr el respeto de los demás siempre comienza con respetarse a sí mismo.

EXCEDA LAS EXPECTATIVAS DE LOS DEMÁS

Pocas personas hubieran esperado que Débora cambiase el modo de vida de los israelitas, sin embargo, eso es lo que hizo. Elevó el estándar de vida de la persona común y devolvió la paz a la nación. Las Escrituras señalan:

> Las aldeas quedaron abandonadas en Israel, habían decaído,
> Hasta que yo Débora me levanté,
> Me levanté como madre en Israel. (Jueces 5.7)

SEA FIRME EN SUS CONVICCIONES

Imagine lo que debe haberle costado a Débora, una mujer del sur de la nación, llamar a Barac, un hombre poderoso de una de las tribus del norte, a su presencia para ordenarle que luchara contra los cananeos que había hacia el norte. Para eso necesitó una gran cantidad de valor, el cual viene de la convicción.

Cuando Barac reveló sus dudas acerca de la batalla y le pidió a Débora que lo acompañara, ella no retrocedió ni vaciló en su creencia de que Dios la había llamado a luchar contra sus enemigos. Aceptó ir, y le dijo que la gloria que él hubiera recibido por la batalla le pertenecería, en cambio, a una mujer.

Los seguidores respetan al líder que demuestra tener convicción. Los líderes más grandes poseen la visión de llegar a su destino, y creen que lo lograrán. Actúan basados en esa convicción. Los seguidores pueden sentir esto, y es una de las razones porque están dispuestos a unirse a un líder y emprender el viaje.

POSEA UNA SEGURIDAD Y MADUREZ FUERA DE LO COMÚN

Aunque la Biblia dice que la tierra tuvo reposo por cuarenta años, realmente no sabemos hasta qué edad o por cuanto tiempo Débora sirvió como juez de Israel, pero sí sabemos que no trató de quedarse con el crédito de la victoria de Israel. Ella cantó: «Mi corazón es para vosotros, jefes de Israel, para los que voluntariamente os ofrecisteis entre el pueblo» (Jueces 5.9). Entonces hace un recuento de todas las personas que participaron en la victoria, y aun menciona al comando de Barac, a pesar de la amonestación que este había recibido de parte de ella de que una mujer, Jael, tendría el honor de matar a Sísara, el general cananeo.

Los líderes respetados por la gente no se apoderan de todo el crédito de una victoria. Le otorgan todo lo que pueden al pueblo. Hacer esto requiere madurez y seguridad.

> Los líderes no pueden ayudar a las personas a experimentar el éxito si ellos no lo han tenido.

EXPERIMENTE EL ÉXITO PERSONAL

Los líderes no pueden ayudar a las personas a experimentar el éxito si ellos no lo han tenido. Débora ya tenía éxito (como profetisa y juez) ante de pedirle al pueblo que fuera a la batalla.

TIENDA LA MANO A OTROS PARA QUE TENGAN ÉXITO

Cuando convocó al pueblo para la batalla, Débora lo hizo bien. Les dio un comandante. Les dio los recursos necesarios: ¡diez mil hombres! Y les dio la palabra del Señor de que ganarían. Y así fue. Bajo su dirección, «la mano de los hijos de Israel fue endureciéndose más y más contra Jabín rey de Canaán, hasta que lo destruyeron» (Jueces 4.24).

ORDENE SUS IDEAS Y PIENSE ANTES QUE LOS DEMÁS

Al igual que Nehemías, Débora puso en práctica la ley de navegación. Le presentó a Barac el plan de batalla y le dijo cómo atacar. Le dio los soldados. Lo acompañó al Monte Tabor, donde se produciría el enfrentamiento. Hasta le dijo en qué momento debía entrar en la batalla. El resultado fue una victoria abrumadora. ¿Cómo podría el pueblo no respetar a una líder con tal estrategia y visión?

Los líderes débiles creen que su posición o título mere-

> Los líderes débiles creen que su posición o título merece respeto. Los líderes fuertes saben que deben ganárselo.

ce respeto. Los líderes fuertes saben que deben ganárselo. Débora entendió esto, se ganó el respeto del pueblo y se destaca como uno de los líderes más notables que se registran en la Biblia.

PREGUNTA DE REFLEXIÓN PARA HOY:
¿En qué se apoya para que le respeten?

Día 3

PENSAMIENTO SOBRE LIDERAZGO PARA HOY:
El respeto es el nivel más elevado de liderazgo.

Que procuréis tener tranquilidad... a fin de que os conduzcáis honradamente para con los de afuera, y no tengáis necesidad de nada (1 Tesalonicenses 4.11-12).

Hay muchas clases de respeto. Existe el respeto que usted muestra hacia otras personas porque tiene buenos modales y porque desea amar a su prójimo como a usted mismo. Existe el respeto que tiene por personas que han alcanzado un nivel de eficiencia en su trabajo, vida familiar o en otras áreas de esfuerzo. Y luego tenemos respeto por el liderazgo, el tipo de respeto que siente por líderes de calidad mundial que han dedicado su vida a conducir al pueblo a otro nivel: el tipo de respeto que se tiene por la madre Teresa, Billy Graham o Martín Luther King.

Durante años he usado y enseñado un instrumento de liderazgo que pone en perspectiva esa clase de respeto. Lo he llamado «Los cinco niveles de liderazgo». Permítame enseñárselo.

LOS CINCO NIVELES DE LIDERAZGO

1. Posición

El nivel más bajo de liderazgo para cualquier persona se basa en un título o descripción de trabajo. Si la gente sigue a un líder solo porque se le ha nombrado jefe o líder de equipo, ese es un líder por posición. La gente solo lo sigue (o piensa que lo sigue) porque tiene que hacerlo. La mejor prueba para saber si usted es un líder por posición, es pedir a la gente que le siga más allá del límite de la autoridad establecida. Si no quieren, usted está en el nivel 1.

LOS CINCO NIVELES DE LIDERAZGO

5. Personalidad

Respeto
La gente le sigue por lo que usted es y lo que representa.

NOTA: Solo los líderes que han pasado años desarrollando líderes y organizaciones alcanzan este nivel.

4. Desarrollo de personas

Reproducción
La gente le sigue por lo que ha hecho por ellos.

NOTA: Aquí es donde ocurre el crecimiento de más largo alcance. La dedicación al desarrollo de líderes asegura el crecimiento continuado de individuos y organizaciones. Luche por permanecer en este nivel.

3. Producción

Resultados
La gente le sigue por lo que ha hecho por la organización (grupo, iglesia o empresa).

NOTA: Es en este nivel que muchos sienten el éxito. Usted les agrada y lo que está haciendo. Debido al impulso, los problemas se resuelven fácilmente y con poco esfuerzo.

2. Permiso

Relaciones
La gente le sigue porque quieren hacerlo.

NOTA: La gente ha comenzado a seguirle más allá del marco de su autoridad. En este nivel el trabajo comienza a ser grato. Sin embargo, quedar por mucho tiempo en este nivel sin avanzar al nivel de la producción hace que personas altamente motivadas comiencen a inquietarse.

1. Posición

Derechos
La gente le sigue porque tiene que hacerlo.

NOTA: En este nivel su influencia no sobrepasará los límites de su descripción de trabajo. Mientras más tiempo esté en este nivel, mayor la rotación de personal en su organización y más baja será la moral.

Todo liderazgo comienza en el nivel de la posición. Allí comenzó Débora: como profetisa. Pero el liderazgo que se queda en este nivel por largo tiempo se debilita en vez de fortalecerse. El líder que quiere que otros lo sigan simplemente porque es el jefe, pronto pierde el respeto de su gente.

2. PERMISO

El siguiente nivel de liderazgo se basa en la relación de un líder con su pueblo. Cuando los seguidores comienzan a tener confianza en un líder, entonces comienzan a seguirle porque quieren. Así ocurrió con Débora. Por que el pueblo la respetaba llegó a ser juez. Y porque la Biblia dice que la gente venía a ella, sabemos que tenía el permiso de la gente para influir sobre ellos.

Cuando usted tiene el beneplácito de la gente para dirigir, todo el proceso de liderazgo se hace más grato para todos. Pero solo las relaciones positivas no son suficientemente fuerte para crear un liderazgo duradero. Para cosechar las recompensas de un liderazgo positivo, tiene que pasar al nivel siguiente.

3. PRODUCCIÓN

En el nivel de producción, la influencia se cimenta y el respeto crece por lo que el líder y la gente logran juntos. La gente comienza a seguir por lo que el líder ha hecho por el equipo u organización. El éxito de Débora como juez fue beneficioso para todo el pueblo.

Todo el mundo quiere resultados. En especial, la gente goza de los resultados cuando participan en su creación. En el nivel de producción, el líder y los seguidores empiezan a disfrutar juntos del éxito. Si alcanza este nivel, usted y su equipo pueden lograr muchas de sus metas. Pero para alcanzar un impacto que cambia vidas y un éxito duradero, tiene que dar el salto al siguiente nivel.

4. DESARROLLO DE PERSONAS

El llamado más alto de todo líder es ayudar a las personas a desarrollar su potencial. Los mejores líderes ayudan a otros *líderes* a alcanzar su potencial. Eso fue lo que hizo Débora. Ayudó a Barac para lograr su propósito dado por Dios. Puesto que hizo eso, los príncipes de Maquir (Jueces 5.14) y los caudillos de Isacar (Jueces 5.15) tuvieron éxito, miles de hombres se convirtieron en instrumentos en las manos de Dios y cientos de miles gozaron del fruto de su liderazgo.

> El líder que avanza hacia el nivel del progreso de las personas cambia su enfoque. De inspirar y dirigir seguidores, pasa a desarrollar y a dirigir otros líderes.

El líder que avanza hacia el nivel de desarrollar personas cambia su enfoque. De inspirar y dirigir seguidores, pasa a desarrollar y a dirigir líderes. Cuando uno se convierte en un líder que desarrolla personas, se esfuerza por reproducir su liderazgo en otros y ayudar a la gente a alcanzar su potencial. El tiempo que pase con personas es una inversión. Como resultado, le respetan no solo por lo que haya hecho por el equipo, sino también por lo que ha hecho por ellos como personas.

5. PERSONALIDAD

El quinto y más elevado nivel de liderazgo es la personalidad. Es el verdadero nivel de respeto. El líder que dedica su vida al desarrollo de personas y organizaciones produce un impacto tan increíble por tan largo tiempo que la gente lo sigue por lo que es y por lo que representa. Es el mejor de los mejores. No tenemos un relato extenso de los logros de Débora, pero creo que su reconocimiento como «madre de Israel» indica que alcanzó el nivel de personalidad.

Como líder, no puede aspirar a alcanzar el nivel cinco. Si lo alcanza, se deberá a la gracia de Dios y al tiempo. Lo más que puede tratar es trabajar para abrirse paso a través de los primeros cuatro niveles con tantas personas como las que pueda con el propósito de agregar valor a sus vidas. Haga de eso el todo de su vida, y el resto llegará solo.

PREGUNTA DE REFLEXIÓN PARA HOY:
¿En qué nivel se encuentra en relación con su gente?

Día 4

Entonces Débora dijo a Barac: Levántate, porque este es el día en que Jehová ha entregado a Sísara en tus manos. ¿No ha salido Jehová delante de ti? Y Barac descendió del monte de Tabor, y diez mil hombres en pos de él. Y Jehová quebrantó a Sísara, a todos sus carros y a todo su ejército. Jueces 4.14-15

Cuando inicié mi carrera en el liderazgo, mi deseo ardiente era caerle bien a las personas. Durante mis primeros dos años en el ministerio, casi todo lo que hice fue motivado por mi meta de agradar a las personas y tenerlas de mi lado.

Pero entonces Dios trató ese asunto conmigo. Comencé a visitar a un hombre en el hospital; era hermano de una mujer de mi iglesia. Durante una semana cada día conversamos acerca del equipo de beisból de los Reds de Cincinnati y otros temas sin importancia. Era un buen muchacho, y me gustaba conversar con él. Pienso que realmente le agradaba.

Un día, pocas horas después de mi visita, recibí una llamada para avisarme que había muerto. Comprendí que se había ido a la tumba sin que me hubiera escuchado hablarle de mi fe. Me sentí devastado. Me había preocupado más su opinión sobre mí que la condición de su alma.

Durante meses luché con el recuerdo de mi indiferencia por aquel hombre. Fue uno de los puntos más bajos de mi vida. Me quebrantó de verdad, y Dios tuvo la oportunidad de tratar conmigo y volver mi corazón hacia él.

Ese incidente cambió mi vida para siempre. Decidí que me dedicaría a lo que era verdaderamente importante. Como en el caso de Débora, la misión de Dios se convirtió en mi misión. Y he dedicado toda mi vida a la edificación del reino de Dios y no a mi reputación.

Han transcurrido casi tres décadas desde que hice esa decisión. Y durante ese tiempo Dios me ha dejado en claro que mi misión particular no es ser reconocido por otros; es levantar líderes para la causa de su reino. Y porque me alineé con las prioridades de Dios para mí, la vida ha sido un viaje increíble.

CUANDO UN LÍDER SIGUE

He descubierto que siempre que un líder se humilla delante de Dios y hace esta clase de ajuste, el respeto que otros líderes tienen por él crece poderosamente. Un amigo en el ministerio me mostró una carta de uno de los líderes que trabajan con él. Es una maravillosa ilustración del tipo de impacto que un líder puede hacer cuando desarrolla a líderes y se gana el respeto de su gente. Dice:

Tenía que escribirle para agradecerle el «sermón» que usted ha modelado para mí en años recientes.

Puedo describir con una sola palabra lo que pienso de usted. Esa palabra es *respeto*. Cuando reflexiono sobre su liderazgo, veo muchos ejemplos de cómo usted se ha ganado el respeto de nuestro personal y de nuestra congregación.

Primero, lo he observado dirigir el grupo pastoral por muchos años con suma integridad. Le vi remover a dos miembros del equipo pastoral que era necesario despedir, y luego enfrentar la crítica de los laicos que estaban en desacuerdo con su decisión. Aunque los dos miembros del equipo pastoral mostraban actitudes destructivas o conducta inmoral, usted nunca defendió su decisión sacando «sus trapos sucios al sol». Usted escuchó y le pidió a la gente que simplemente le tuvieran confianza. Después, cuando se hizo obvio que usted tenía la razón, todos vieron la sabiduría de su decisión. Pero usted nunca dijo: «¿No les decía?» Sus acciones se defendieron por sí solas.

Segundo, le he visto amar a gente difícil mientras les dirigía. Estoy maravillado de que siga abrazando a personas que lo critican o que lo acuchillan por la espalda. Recuerdo que una vez leyó una carta de siete páginas que lo acusaba de todo, menos de homicidio, y luego le vi responder con palabras bondadosas y con amorosa gracia el domingo siguiente en el vestíbulo de la iglesia. Casi siempre su amor y carácter les ganaba.

Tercero, estoy maravillado de la rapidez con que se hace cargo de situaciones y desarrolla estrategias sobre la manera de resolver problemas. En muy raras ocasiones le he visto desanimado por un problema. Ellos son un desafío para usted; nunca lo pusieron nervioso. Y siempre hace lo correcto aun cuando signifique hacer un duro llamado. De hecho, actualmente cuando me meto en problemas, con frecuencia me pregunto: «¿Qué haría el pastor en esta situación?» Usted ha vivido de una manera que le permite decir: «Sed imitadores de mí, como yo de Cristo».

Pastor, usted sabe cómo yo luchaba por agradar a las personas cuando llegué a trabajar a su lado. Deseaba mucho caerle bien a la gente. Después de observarle, mi deseo ahora es ser respetado. Es un llamamiento más elevado. Aprendí la diferencia entre ser agradable como persona y ser seguido como líder. Gracias por encarnar las cualidades que necesitaba ver.

Si usted desea invertir su vida en los demás y ganar su respeto como ocurrió con mi amigo y joven colega, entonces necesita «modelar un sermón» para su pueblo. Sea modelo de una vida de integridad y la gente lo seguirá como siguieron a Débora. Viva una vida de liderazgo, llena de carácter y se hallará liderando no solo a seguidores, sino a líderes.

PREGUNTA DE REFLEXIÓN PARA HOY:
¿Le siguen otros líderes?

Día 5

Cómo dar vida a esta ley

ASIMÍLELA

Considere cómo el respeto impacta el liderazgo:

1. Cuando el líder se gana el respeto de los demás, el liderazgo se hace más fácil.
2. El respeto es cuestión de liderazgo, no de posición, título ni género.
3. El respeto es el nivel más elevado de liderazgo.
4. El mayor cumplido para un líder: otros líderes le siguen.

¿Es su prioridad otorgar y ganar respeto? Si alguien le pidiera a media docena de personas de las más cercanas a usted que describan lo que piensan de usted, ¿sería el respeto un tema recurrente? ¿Cuántas personas le siguen aparte de su posición de líder establecida?

ORGANÍCELA

Si no está seguro dónde se encuentra cuando se trata de entender y aplicar la Ley del Respeto, visite el sitio en Internet «www.injoy.com/21 Minutes» para contestar un cuestionario de evaluación de veinticinco preguntas que le ayudarán a medir su habilidad.

PÓNGALA EN ORACIÓN

Use las siguientes palabras para comenzar su tiempo de oración:

Amado Dios, ayúdame a tener una actitud correcta hacia las personas que están bajo mi influencia. Conviérteme en un dador, no un recibidor. Ayúdame a ver el potencial que tú has dado a cada persona, según sus dones y talentos, y dame la capacidad y el deseo de ayudarles a alcanzar su potencial. Enséñame a respetar a las personas en un nivel más profundo a fin de llevarlos al nivel más elevado, no para provecho mío, sino para el de ellos y por tu causa. Amén.

VÍVALA

La Ley del Respeto dice que las personas seguirán naturalmente a los líderes que son más fuertes que ellos. Eso significa que no puede conseguir que la gente le siga aplicándoles presión. Más bien, debe aplicarla a usted. Puesto que ya está familiarizado con la Ley del Proceso, debería trabajar con toda intención para mejorar su liderazgo. La otra cosa que puede hacer para mejorar su liderazgo es concentrarse en cómo guiar a otra persona.

> No puede conseguir que la gente le siga aplicándoles presión. Más bien, debe aplicarla a usted.

Use la siguiente pauta con todas las personas que quiera dirigir (tenga o no tenga una posición de autoridad sobre ellas):

- *Cultive una relación positiva.* Acérquese a ellos para iniciar la relación. Conózcalos como individuos. Encuentre una terreno común y desarrolle la armonía.

- *Ayúdeles a ser más productivos.* Nada impulsa con más fuerzas una relación que la ganancia mutua. Ayúdeles con estímulo, aliento, recursos... lo que sea necesario. Se estará ayudando a usted mismo, a ellos y a su organización.

- *Desarrolle el potencial de ellos.* Una cosa es ayudar a una persona por amor a usted mismo; otra muy distinta es ayudarlos por amor a ellos. Ayude a que las personas sean lo que Dios quiere que sean, aun cuando eso no lo beneficie a usted personalmente.

Este patrón requiere tiempo, pero si lo sigue, todos ganarán y conseguirá el respeto de las personas cuyas vidas usted toque.

DIVÚLGUELA

¿Qué concepto, idea o práctica específica de liderazgo que ha aprendido en esta semana transmitirá a otro líder en los próximos dos días?

Semana 8

LA LEY DE LA INTUICIÓN

LOS LÍDERES EVALÚAN TODO BAJO LA INFLUENCIA DEL LIDERAZGO

La intuición de liderazgo suele ser el factor que separa a los grandes líderes de los que son simplemente buenos... Algunas personas nacen con una gran intuición de liderazgo. Otros tienen que trabajar duro para desarrollarla y aguzarla. Pero no importa la forma como se desarrolla, el resultado es una combinación de habilidad natural y destrezas adquiridas. La intuición informada hace que salten a la vista los problemas de liderazgo. La mejor manera de describir esta inclinación es una habilidad para asir los factores intangibles, entenderlos y trabajar con ellos para lograr las metas del liderazgo...

Los líderes con éxito... ven cada situación en función de recursos disponibles: dinero, materia prima, tecnología y, lo más importante, personas... Los líderes intuitivos pueden sentir lo que ocurre entre las personas y casi instantáneamente conocen sus esperanzas, temores y preocupaciones... Y los líderes tienen la habilidad de dar un paso atrás de lo que está ocurriendo en el momento y ver no solo dónde se encuentran ellos y su gente, sino también la dirección que han tomado hacia el futuro. Es como si pudieran oler un cambio en el viento.

DE «LA LEY DE LA INTUICIÓN» EN
21 Leyes Irrefutables del Liderazgo.

Día 1

Jetro
y la
Ley de la Intuición

Cuando enseño la Ley de la Intuición en conferencias de líderes, alguno de los asistentes viene a mí durante algún receso y me dice algo como esto: «John, usted puede hablar cuanto quiera acerca de la intuición, pero yo no soy intuitivo».

Cuando una persona me dice esto, sé que lo que realmente trata de comunicar es

> *Todos* somos intuitivos en el área de nuestros dones naturales.

que siente que no es intuitivo cuando se trata del liderazgo. Eso podría ser cierto pues todas las personas no poseen una fuerte intuición de liderazgo. Sin embargo, todos tenemos intuición. *Todos* somos intuitivos en el área de nuestros dones naturales.

LA INTUICIÓN FLUYE DE SUS DONES

Permítanme un ejemplo. Ocasionalmente le piden a Margaret, mi esposa, que hable en una conferencia. Y esto siempre me asusta. No porque ella no pueda hablar en público. Es muy buena para eso. Lo que temo es la pregunta que siempre me hace unos pocos días antes de la conferencia: «¿Cómo debo empezar?»

Esa pregunta no tiene una respuesta sencilla. Cuando tengo que dirigirme a un grupo de personas, cientos de diferentes factores pueden entrar en juego para determinar cómo comenzar: el tamaño de la sala, el número de personas presentes, sus antecedentes o trasfondo, la actitud, el tiempo que han permanecido sentados, quién habló antes, lo que dijo, la iluminación, lo que han comido, y así sucesivamente. Decido cómo empezar basado en mi intuición pues hablar en público es un área en la que tengo dones de Dios.

Por otra parte, Margaret tiene otros dones. Nunca en mi vida he conocido a alguien con un ojo tan sagaz para el color y el estilo. Cuando voy a vestirme por las mañanas, soy un caso perdido. No tengo idea qué camisa va con tal pantalón o aquella corbata, o con tal traje. Los días que me levanto temprano y salgo después de elegir yo mismo la ropa, al regresar a casa y entrar en la cocina, Margaret me mira absolutamente mortificada.

Me pregunta: «Ah, John, ¿no saliste así a la calle, verdad?» Luego pregunta jadeante: «¿Quiénes te vieron?»

La mayor parte de las mañanas me paro ante el ropero con la mirada en blanco, hasta que Margaret se asoma y dice: «¿Te puedo ayudar?» En tres segundos ella arma un elegante atuendo. Al regresar en la tarde, pongo todo ese atuendo en un mismo colgador a fin de reservarlo para otra ocasión. Entonces, un par de semanas después me lo pongo orgulloso, y cuando Margaret me ve, dice: «No vas a usar eso otra vez, ¿verdad?» Simplemente no tengo por dónde ganar.

MOISÉS Y JETRO: LIDERAZGO APRENDIDO Y DON DE LIDERAZGO

Si usted piensa en sus dones, creo que podrá afirmar lo que digo. Si su don es misericordia, entonces puede sentir cuando alguien necesita consuelo y sabe cómo darlo. Si su don es servir, entonces sabrá por instinto cuándo y cómo ayudar a la persona en necesidad. Y si su don natural es el liderazgo, entonces verá todo bajo la influencia del liderazgo.

Cuando Jetro vio cómo Moisés dirigía al pueblo, debe haber captado su atención como una bofetada. La Escritura dice que cuando los dos hombres se encontraron, Moisés le dijo a Jetro acerca de las cosas que Dios había hecho por lo hebreos, y Jetro se regocijó y ofreció un holocausto en honor a Dios. Pero al día siguiente, Jetro observó cómo Moisés trataba de hacerlo todo por sí mismo, e inmediatamente le dijo a su yerno: «No está bien lo que haces» (Éxodo 18.17).

Jetro vio el problema de inmediato, supo cómo afectaría al líder y a su pueblo, detectó la fuente del problema y supo cómo resolverlo. En lo que respecta al liderazgo, fue una excelente movida: no dejó nada pendiente.

Moisés era un buen líder, pero no era un líder natural. Cuando se encontró con Jetro no hacía mucho que era el caudillo de los hijos de Israel. (Los hijos de Israel *acababan* de salir de Egipto). Pero a lo largo de los años en el desierto, el liderazgo de Moisés mejoró, lo mismo que su intuición.

Por otra parte, Jetro era líder natural. ¿Cómo lo sabemos? Porque miró una situación de liderazgo distinta de lo que había visto antes —guiar a más de un *millón* de personas descontentas, desplazadas— y supo exactamente qué hacer. Esa es la intuición en acción. Lo que era determinó lo que vio. Jetro era un líder, de modo que todo lo vio bajo la influencia del liderazgo.

PREGUNTA DE REFLEXIÓN PARA HOY:
*¿Cómo sus dos principales dones o talentos influencian
su manera de ver la vida?*

Día 2

El sabio de corazón es llamado prudente,
Y la dulzura de labios aumenta el saber.
Manantial de vida es el entendimiento al que lo posee;
Mas la erudición de los necios es necedad (Proverbios 16.21-22).

De todas las leyes del liderazgo, la ley de la intuición es la más difícil de enseñar. En el *Pequeño Larousse Ilustrado* se define intuición como «conocimiento inmediato de una cosa, idea o verdad, sin el concurso del razonamiento» o «visión aguda y pronta». Cuando hablo de intuición, no me refiero a algo que excluye el pensamiento. Pero cuando se trata de intuición, el pensamiento ocurre tan rápido que uno no puede captar el proceso.

La mejor analogía para ayudarle a entender la intuición es la lectura. Los líderes intuitivos son lectores. Si piensa en la intuición de esa manera, puede aprender a ser más intuitivo.

JETRO, EL LÍDER LECTOR

Consideremos cómo Jetro manejó la situación con Moisés. Como todo líder intuitivo, Jetro era un lector de...

1. SITUACIONES

Un líder intuitivo ve una situación y puede analizarla muy rápido. Esto ocurrió con Jetro. Observó a Moisés en acción por un día y reaccionó inmediatamente. La Escritura describe lo que ocurrió:

LA LEY DE LA INTUICIÓN

Viendo el suegro de Moisés todo lo que él hacía con el pueblo, dijo: ¿Qué es esto que haces tú con el pueblo? ¿Por qué te sientas tú solo, y todo el pueblo está delante de ti desde la mañana hasta la tarde? No está bien lo que haces. (Éxodo 18.14, 17)

Jetro no tuvo que contratar un consultor, formar un comité ni hacer una detallada investigación. Supo al instante que había un problema de liderazgo. Quizás no todos los líderes puedan encontrar una solución con la rapidez de Jetro, pero cuando se apoyan en su intuición, se dan cuenta que una situación necesita su atención.

2. TENDENCIAS

El líder intuitivo ve lo que ocurre en el presente y entiende hacia donde se dirige una organización el futuro si se mantiene en el curso presente. Jetro podía ver que Moisés iba a tener problemas. Dijo a su yerno: «Desfallecerás del todo, tú, y también este pueblo que está contigo; porque el trabajo es demasiado pesado para ti; no podrás hacerlo tú solo» (Éxodo 18.18).

Quizás Moisés haya estado realizando la tarea de arreglar disputas en forma eficaz; quizás no. Pero aun cuando pudiera ir adelante con su actual sistema de hacerlo todo, no iba a ser capaz de sostenerlo. A medida que la población creciera, la situación empeoraría. Jetro sabía que si Moisés no cambiaba, el desastre sería inevitable.

3. RECURSOS

El líder intuitivo sabe cómo proveer recursos para su visión. No da nada por sentado, y maximiza todo lo que tiene a la mano para lograr sus metas. Jetro comprendió que el principal activo de Israel eran el corazón de Moisés, el favor de Dios y el pueblo mismo. Guió a Moisés a buscar el consejo de Dios, a enseñar al pueblo los estatutos y leyes de Dios, y a alentar a las personas para ayudarle con su carga. En el plan de Jetro se utilizaría todo lo de valor que el pueblo poseía.

4. GENTE

Quizás la mayor habilidad de un líder intuitivo es su habilidad con la gente. Esto separa a una persona que puede entender lo necesario para dirigir de alguien que realmente lo hace. Jetro entendía a la gente y el liderazgo lo suficiente como para saber habilitar el liderazgo de Moisés, aun cuando no tenía experiencia personal con el pueblo que había escapado de Egipto. Jetro sabía que el liderazgo tenía que basarse en la habilidad, no en la posición, e intuitivamente entendió allí había personas adecuadas para dirigir millares, centenas, de cincuenta y de diez. Solo tenían que ser puestos en su lugar.

5. SÍ MISMO

El líder intuitivo se lee a sí mismo. Entiende sus puntos fuertes, sus debilidades y su llamado personal. Jetro pudo hacer eso consigo mismo. Primero, leyó y entendió el problema de liderazgo que Moisés enfrentaba. Segundo, debe de haber comprendido que no era el hombre para hacer el trabajo de dirigir a los hebreos. Comprendió que ese era el llamado de Moisés. Entonces leyó y evaluó la capacidad de liderazgo de Moisés y planificó consecuentemente.

Observe a cualquier líder que tiene una aguda intuición, y verá la capacidad de leer una situación de liderazgo. Cuando Nehemías observó los muros de Jerusalén, supo lo que había que hacer. Cuando José interpretó el sueño de Faraón, supo que había que prepararse para el hambre. La intuición, natural o desarrollada intencionalmente, ayuda al buen líder a convertirse en un gran líder.

PREGUNTA DE REFLEXIÓN PARA HOY:
¿Otros ven los problemas de liderazgo antes que usted?

Día 3

La intuición del líder puede agregar valor a otros.

El rey con el juicio afirma la tierra;
Mas el que exige presentes la destruye (Proverbios 29.4).

Los líderes pueden impactar de inmediato a su gente y organizaciones debido a que ven el mundo bajo la influencia del liderazgo. Esto hace posible que agreguen valor a la vida de los demás.

Cuando Jetro entró en la vida de Moisés y le ayudó a mejorar su liderazgo, sus esfuerzos produjeron una gran diferencia no solo en Moisés, sino también en todos los hijos de Israel. Le dijo a Moisés: «Si esto hicieres, y Dios te lo mandare, tú podrás sostenerte, y también todo este pueblo irá en paz a su lugar» (Éxodo 18.23).

PROVEER LO QUE OTROS NO PUEDEN

Dé un vistazo a cinco características de líderes que usan su intuición y cómo estas características les ayudan a proveer para su gente cosas que otros no pueden:

1. VEN EN FORMA DIFERENTE: CORRIGEN

Casi todo el mundo puede ver los problemas, pero los líderes saben corregirlos. Debido a que ven una situación en función de la dinámica del liderazgo, los líderes pueden ayudar a que una organización haga ajustes fundamentales.

Es claro que Moisés veía los problemas del pueblo. Le dijo a Jetro: «Cuando tienen asuntos, vienen a mí; y yo juzgo entre el uno y el otro, y declaro las ordenanzas de Dios y sus leyes» (Éxodo 18.16). Moisés veía solo la necesidad humana; Jetro vio las necesidades del liderazgo. Corrigió la inclinación de Moisés a hacerlo todo por sí mismo en vez de dirigir a otros.

2. VEN GLOBALMENTE: DIRIGEN

Como mencioné ayer, Jetro podía ver que Moisés iba a tener problemas si seguía el modo de trabajar que llevaba. Los buenos líderes siempre tienen presente el cuadro completo. Por eso tiene la habilidad de ver más lejos que sus seguidores.

Jetro supo intuitivamente que la meta a largo plazo del pueblo era «todo este pueblo irá en paz a su lugar» (Éxodo 18.23). Supo que la solución al problema de Moisés tenía que ayudar a todos a avanzar en esa dirección.

3. VEN CLARAMENTE: PROVEEN ESTRUCTURA

El liderazgo consiste en hacer que la gente siga. Por eso este es mi proverbio favorito sobre el liderazgo: «El que piensa que guía pero no tiene seguidores solo ha dado un paseo». No obstante, los buenos líderes hacen más que motivar a la gente para que los sigan por un momento. Proveen una estructura que permite que el liderazgo florezca.

Cuando Jetro sugirió que Moisés creara un sistema en que los hombres serían «jefes de millares, de centenas, de cincuenta y de diez» (Éxodo 18.21), Jetro estaba sugiriendo una estructura que estimularía el buen liderazgo, y no lo inhibiría.

> Los buenos líderes hacen más que motivar a la gente para que los sigan por un momento. Proveen una estructura que permite que el liderazgo florezca.

Los líderes podrían trabajar, contribuir y florecer según su capacidad. Los mejores dotados impactarían a una gran cantidad de personas, y los menos dotados no se verían sobrepasados.

4. VEN LAS RELACIONES: APOYAN

Los líderes siempre toman en cuenta las relaciones de la gente que impactan. Jetro sabía que Moisés y los líderes por él designados estaban en condiciones de apoyarse mutuamente. Cada líder resolvería los problemas que pudiera a su nivel. Eso ayudaría a cada uno a no quemarse, incluyendo a Moisés. Moisés escucharía los casos más difíciles, los que ningún otro pudiera resolver, lo que sería un apoyo para los líderes y para el pueblo del que ellos se preocupaban.

5. VEN CON EXPECTACIÓN: PROVEEN CONFIANZA

Con la intuición viene la confianza. Los líderes que han desarrollado sus habilidades intuitivas y han aprendido a descansar en ellas producen una sensación de logro en su liderazgo. Se vuelven seguros de sí, y esa confianza en sí mismos infunde confianza en los demás.

Moisés confió en el consejo de Jetro. La Biblia nos dice: «Y oyó Moisés la voz de su suegro, e hizo todo lo que dijo... despidió Moisés a su suegro, y éste se fue a su tierra» (Éxodo 18.14, 27). Jetro se quedó el tiempo preciso para que Moisés implementara su sugerencia, luego se retiró confiado en que todo se llevaría a cabo según lo planeado.

Jetro nada ganó al ayudar para que Moisés se convirtiese en un líder. No recibió una recompensa. No recibió bienes. No se escribieron canciones acerca de su liderazgo. Toda su historia ocupa un breve capítulo en la Biblia. La idea que dio a partir de la intuición fue un don suyo dado gratuitamente para agregar valor a la vida del pueblo hebreo. Es lo que todo gran líder hace.

PREGUNTA DE REFLEXIÓN PARA HOY:
¿Usa su intuición para agregar valor a otros?

Día 4

PENSAMIENTO SOBRE LIDERAZGO PARA HOY:
Usted puede aumentar su intuición en el liderazgo.

En el rostro del entendido aparece la sabiduría;
Mas los ojos del necio vagan hasta el extremo de la tierra
(Proverbios 17.24).

Toda esta charla sobre la intuición probablemente haya tenido uno de dos efectos en usted: (1) si usted es un líder natural, tiene que haberse sentido animado porque se ha visto identificado con el liderazgo de Jetro; o (2) si usted no es un líder natural, se ha sentido desanimado porque ha comprendido que su intuición de líder es mucho más débil de lo que le gustaría que fuese.

Si se identifica con Jetro, eso es fantástico. Siga desarrollando y usando su intuición, especialmente con el propósito de agregar valor a otros. Pero si está en la segunda situación, por favor permítame animarle con este pensamiento: usted puede ser como Moisés. A diferencia de su suegro, Moisés no era un líder natural, sin embargo, terminó siendo una de los más grandes líderes de la Biblia.

CÓMO COMPETIR CON EL MEJOR

¿Cómo puede un líder, sin importar lo talentoso que pueda ser, competir con los mejores líderes? Permítame responder con una ilustración que he usado en conferencias de liderazgo. Puedo competir *y derrotar* a los mejores velocistas del mundo en los cien metros planos. Quizás puede hallar que esa pretensión es notable puesto que tengo más de cincuenta años y nunca he sido veloz. ¿Cuál es mi secreto? Una ventaja de cincuenta metros. Deme cincuenta metros y derrotaré al que tiene el récord mundial.

Poseer intuición es exactamente como tener ventaja en una carrera de velocidad. Eso es lo que la intuición hace por cualquier líder: le da una ventaja. Jetro dio a Moisés una ventaja al participarle su intuición. Hizo que Moisés cambiara su modo de pensar y su método de trabajo. Para ser un mejor líder Moisés hizo lo siguiente:

1. SE CONVIRTIÓ EN UN HOMBRE DE ORACIÓN

El primer consejo de Jetro a Moisés fue: «Está tú por el pueblo delante de Dios, y somete tú los asuntos a Dios» (Éxodo 18.19). Quizás Moisés comenzó a orar en favor del pueblo, pero creció hasta ser un gran hombre de oración: el más grande de la Biblia.

2. SE COMUNICÓ PERSONALMENTE CON EL PUEBLO

Cuando Dios reclutó a Moisés como líder, éste tenía temor de hablarle al pueblo. En efecto, Dios permitió que hablase por medio de Aarón. Pero los buenos líderes no renuncian a la responsabilidad de comunicar. Cuando Moisés comenzó a hablar por sí mismo, se acercó más al pueblo, y su capacidad de líder alcanzó un nuevo nivel.

3. EXPUSO LA VISIÓN

Jetro instruyó a Moisés: «Enseña a ellos las ordenanzas y las leyes, y muéstrales el camino por donde deben andar, y lo que han de hacer» (Éxodo 18.20). Cuando Moisés dio a conocer al pueblo los caminos de Dios, estaba dándoles a conocer la visión de un nuevo modo de vida. También estaba comunicándoles su responsabilidad.

4. SELECCIONÓ LÍDERES Y LOS PREPARÓ

La clave para el éxito del plan de Jetro fue la designación de líderes adicionales. La Escritura afirma que «escogió Moisés varones de virtud de entre todo Israel, y los puso por jefes sobre el pueblo, sobre mil, sobre ciento, sobre cincuenta, y sobre diez» (Éxodo 18.25). No era una tarea sencilla. Éxodo 12:37 narra que 600.000 varones salieron de Egipto. Encontrar los líderes, enseñarles y ponerlos en el nivel correcto debe haber exigido un tremendo liderazgo de parte de Moisés.

5. LES DIO LA LIBERTAD PARA DIRIGIR

El cambio final en el enfoque de Moisés hacia el liderazgo fue su disposición para dejar de hacerlo todo por sí mismo. Después que Moisés designó los líderes ellos «juzgaban al pueblo en todo tiempo; el asunto difícil lo traían a Moisés, y ellos juzgaban todo asunto pequeño» (Éxodo 18.26). Desde ese momento en adelante, Moisés dio autoridad a su gente para hacer la obra del liderazgo, y él hizo *solamente* lo que ellos no podían resolver. Eso es buen liderazgo.

Aprender a ser un buen líder —un líder más intuitivo— es un proceso. Requiere tiempo y pruebas. Pero cualquiera puede hacerlo. Hacia el final de su vida, Moisés supo intuitivamente que el pueblo necesitaba otro líder para conducirlo después de su muerte. Cuando

> Moisés dio autoridad a su gente para hacer la obra del liderazgo, y él hizo solamente lo que ellos no podían resolver. Eso es buen liderazgo.

le pidió a Dios que le proveyera uno, Dios le dio a Josué, un hombre que había estado aprendiendo el liderazgo de Moisés durante más de cuarenta años.

PREGUNTA DE REFLEXIÓN PARA HOY:
¿Qué está haciendo para aumentar su intuición en el liderazgo?

Día 5

Cómo dar vida a esta ley

ASIMÍLELA

Una prueba para la intuición en el liderazgo es examinar si usted ve venir las cosas antes que los demás o lo superan las personas, situaciones y problemas. Si otros en su organización captan las cosas en forma precisa antes que usted (especialmente las personas que están bajo su liderazgo), entonces necesita trabajar en el desarrollo de su intuición. Y recuerde:

1. Usted ve lo que usted es.
2. Los líderes intuitivos son lectores.
3. La intuición del líder puede agregar valor a otros.
4. Usted puede aumentar su intuición en el liderazgo.

ORGANÍCELA

Si no está seguro dónde se encuentra cuando se trata de entender y aplicar la Ley de la Intuición, visite el sitio en Internet «www.injoy.com/21 Minutes» para contestar un cuestionario de evaluación de veinticinco preguntas que le ayudarán a medir su habilidad.

PÓNGALA EN ORACIÓN

Use las siguientes palabras para comenzar su tiempo de oración:

Amado Dios, el Salmista oró: «Enséñame buen juicio y sabiduría, porque creo tus mandamientos». Te hago la misma petición. Ayúdame a

mejorar mi liderazgo y agudiza mi intuición. Y que tenga un buen crite-
rio para beneficio de la gente que tú has puesto bajo mi cuidado. Amén

VÍVALA

Si desea tener la ventaja que provee la intuición de liderazgo, entonces dé los siguientes pasos:

- *Aprenda todo lo que pueda sobre liderazgo.* La intuición debe
  edificarse sobre una base de entendimiento. Estudie liderazgo.
  En particular, lea biografías de líderes intuitivos
  sobresalientes.

- *Observe a un líder intuitivo.* El día que Moisés escuchó el
  consejo de Jetro, su liderazgo comenzó a ascender a un nuevo
  nivel. Usted necesita pasar tiempo con líderes intuitivos para
  aprender su modo de pensar. Obsérvelos y haga preguntas
  acerca de las razones para ciertas decisiones de liderazgo.

- *Practique lo que aprende.* No puede desarrollar la intuición
  solo estudiando el liderazgo. Eso solo surge con la
  experiencia. A medida que aprenda nuevos principios de
  liderazgo, póngalos en práctica.

- *Aprenda de sus errores para mejorar.* Todos fallamos. Todo
  líder comete errores. El mejoramiento del liderazgo no se
  produce por tratar y fracasar. Se produce al tratar, fracasar y
  aprender de la experiencia.

DIVÚLGUELA

¿Qué concepto, idea o práctica específica de liderazgo que ha aprendido en esta semana transmitirá a otro líder en los próximos dos días?

Semana 9

LA LEY DEL MAGNETISMO

USTED ATRAE LO QUE USTED ES

Los líderes eficaces están siempre en busca de buenas personas. Pienso que cada uno de nosotros lleva una lista mental del tipo de persona que nos gustaría en nuestra organización... Lo crea o no, lo que usted *quiere* no determina las personas que atrae. Esto lo determina lo que usted es... En la mayoría de las situaciones, usted atrae personas que poseen sus mismas cualidades...

Es posible que un líder reclute personas diferentes a él... pero es fundamental reconocer que las personas que son diferentes no se sentirán atraídas hacia él en forma natural... Las personas que usted atraiga probablemente tienen más similitudes que diferencias... La calidad de ellos no depende de un proceso de selección, de un departamento de recursos humanos, ni siquiera de lo que usted considera la calidad necesaria de los solicitantes. Depende de usted... Si piensa que la gente que atrae podría ser mejor, entonces es tiempo que usted mismo mejore.

DE «LA LEY DEL MAGNETISMO» EN
21 Leyes Irrefutables del Liderazgo.

Día 1

Elías
y la
Ley del Magnetismo

PENSAMIENTO SOBRE LIDERAZGO PARA HOY:
Los líderes no atraen a quienes quieren, sino a quienes son como ellos.

Lecturas bíblicas
1 Reyes 16.29-17.24; 18.20-46; 19.11-21;
2 Reyes 1.1-2.25; 4.1-37

La gente lo odiaba o lo amaba. El rey Acab lo llamó «el que turba a Israel» y «mi enemigo». Jezabel, la esposa de Acab, lo quería ver muerto. Pero la gente que amaba a Dios se reunió alrededor de este hombre y buscó su liderazgo. Hablo de Elías, el líder considerado por algunos como el más famoso y dramático de los profetas del antiguo Israel.

El liderazgo de Elías se caracterizó por el fuego. Tenía una fogosa pasión por Dios y la verdad. Su acción más memorable como líder ocurrió cuando se enfrentó con los falsos profetas de Baal en el Monte Carmelo y pidió fuego de Dios para consumir el sacrificio que ofreció. Cuán apropiado es que su tiempo en la tierra terminara siendo arrebatado en un carro de fuego enviado por Dios para llevarlo al cielo.

La vida de Elías también se caracteriza por el magnetismo. Cuando humilló a los profetas de Baal, se ganó al pueblo. Pero hizo más que eso. Atrajo a personas que eran como él. Grupos de profetas lo siguieron, incluyendo a su principal protegido, Eliseo, que finalmente pidió «una doble porción» del espíritu de Elías. Como resultado, Eliseo llevó la antorcha después que Elías se fue y continuó el mismo liderazgo de fuego, con resultados aun mayores que los de se predecesor.

LA VERDAD DE LA ATRACCIÓN

¿Qué provocó que Elías atrajese a personas semejante a él? La respuesta se encuentra en la Ley del Magnetismo. Usted atrae a los que son como usted. He aquí algunas verdades sobre el magnetismo y cómo impacta al liderazgo.

1. TODO LÍDER TIENE UNA MEDIDA DE MAGNETISMO

Todos los líderes atraen personas. Los altamente carismáticos suelen atraer a muchas personas, pero aun los líderes modestos tienen seguidores. Si no los tuvieran, no serían líderes, ¿verdad? Después de todo, el liderazgo es influencia.

2. EL MAGNETISMO DE UN LÍDER PUEDE IMPACTAR A OTROS INTELECTUAL, EMOCIONAL Y VOLITIVAMENTE

No todos los líderes afectan a las personas de la misma manera, ni usan los mismos medios de influir sobre los demás. Lo más grandes líderes se conectan en múltiples niveles: con la mente, el corazón y la voluntad de los seguidores.

Ese fue el caso de Elías. Su magnetismo afectó a las personas en todo nivel. Un ejemplo perfecto es la derrota de los falsos profetas de Baal. Primero se conectó con el pueblo pidiendo fuego del cielo. Aun los escépticos empedernidos de la muchedumbre recibieron una prueba de la realidad de Dios.

Pero eso solo no fue suficiente. Para dar a su mensaje un impacto más emocional, Elías mojó su sacrificio con litros y litros de agua. Como resulta-

> El magnetismo es como el dinero. No es bueno ni malo. Es una herramienta.

do, declararon: «¡Jehová es el Dios!» (1 Reyes 18.39). La conexión de Elías con el nivel volitivo se puede ver en su grito: «¡Prended a los profetas de Baal!» (1 Reyes 18.40), lo que la gente hizo para ejecutarlos.

3. EL MAGNETISMO EN SÍ NO ES BUENO NI MALO... DEPENDE DE LO QUE EL LÍDER HAGA CON ÉL

Los líderes carismáticos vienen en todas las formas y tamaños. Son Adolfos Hitleres o Madres Teresas, Acabs o Elías. El magnetismo es como el dinero. No es bueno ni malo. Es una herramienta. Elías utilizó su habilidad para atraer a personas semejantes a él en su pensamiento a fin de cumplir su misión y extender su influencia más allá de su liderazgo y tiempo en la tierra.

4. AUNQUE TODOS LOS LÍDERES ATRAEN SEGUIDORES SIMILARES, LOS LÍDERES SEGUROS ATRAEN SEGUIDORES SIMILARES Y COMPLEMENTARIOS

Su tendencia natural como líder será atraer personas similares a usted: en valores, edad y actitud, entre otras cosas. Ese fue el caso de Elías. Su liderazgo atrajo personas que amaban a Dios y que eran dotados en profecía. Pero los líderes seguros —quienes reconocen y aceptan tanto sus debilidades como sus fortalezas— también atraen personas que complementan su ministerio.

Por ejemplo, los líderes seguros y que ven el cuadro en forma global atraen a gente detallista. Los líderes estrategas atraen gente talentosa en términos de relaciones. Cuando un líder no se siente amenazado por personas que brillan en áreas

> Si observa a las personas que ha atraído como líder, descubrirá mucho sobre usted mismo.

en las que él es débil, puede atraer y retener a tales personas.

5. EL MAGNETISMO DE UN LÍDER NO ES ESTÁTICO

El magnetismo de un líder se puede cultivar, formar y madurar. Como cualquier otra cualidad de un buen líder, el magnetismo se puede desarrollar. La capacidad de entregar una visión y de conectarse con la gente se puede mejorar. Antes que Elías atrajera multitudes, trabajó en las sombras ayudando a la viuda y a su hijo. Nada sabemos de su vida anterior, pero sabemos que Dios le dio tiempo para cultivar una visión para su vida, aclarar su propósito y darle confianza. Todas esas cosas aumentaron su nivel de magnetismo.

Si observa a las personas que ha atraído como líder, descubrirá mucho sobre usted mismo. Lo que vea podría agradarle. Pero si no —si no tiene la clase o cantidad de líderes que le gustaría— hay buenas noticias para usted. No necesita quedarse atascado donde está. Usted puede crecer y cambiar en esta área de su liderazgo.

PREGUNTA DE REFLEXIÓN PARA HOY:
¿Qué clase de personas atrae?

Día 2

El que anda con sabios, sabio será;
Mas el que se junta con necios será quebrantado
(Proverbios 13.20).

Quizás conozca la antigua broma que quienes han estado casados por mucho tiempo comienzan a parecerse. O esta otra: todos los perros se parecen a sus amos y actúan como ellos. Pienso que la razón por la que la gente ha perpetuado estos dichos es que instintivamente saben que hay un grado de verdad en ellos. Nos juntamos con otros debido a nuestra mutua atracción.

Así ocurrió con Elías y Eliseo. Es una historia de atracción mutua. Es cierto que al principio Elías llegó hasta Eliseo porque Dios lo dirigió para que lo ungiese en el lugar donde estaba. Pero Elías no se alejó después de ungirlo, como Samuel hizo con David. Permitió que su protegido trabajara y viajara con él. Y por su parte, Eliseo mostró su atracción por Elías en su disposición de convertirse en su servidor y seguirlo donde fuera.

ES MÁS QUE PURA QUÍMICA

La atracción mutua es más que pura química. Tiene un fundamento que viene de diversas cosas. He aquí cuatro de ellas:

1. VISIÓN MUTUA

Los seguidores no se alinean con líderes si no respeta la visión de estos. Elías y Eliseo poseían la visión de servir a Dios por amor al pueblo de Israel. Cuando Eliseo tuvo la oportunidad de participar en la

obra de Elías, se apartó de su
antigua vida campesina y
adoptó como suya la visión de
liderazgo de Elías. Para probar
su dedicación, «tomó un par
de bueyes y los mató, y con el
arado de los bueyes coció la car-

Los seguidores no se alinean con líderes si no respeta la visión de estos.

ne, y la dio al pueblo para que comiesen. Después se levantó y fue tras Elías, y le servía» (1 Reyes 19.21). Para Eliseo, no había marcha atrás.

2. EXPECTATIVAS MUTUAS

El resultado natural de la visión mutua es la expectación mutua. Elías y Eliseo esperaban hacer grandes cosas para Dios. Eliseo esperaba recibir la doble porción de la unción que había en Elías. Cuando la recibió, su expectativa de un gran liderazgo se cumplió.

3. CONTRIBUCIÓN MUTUA

La gente sigue a los líderes porque creen que estos pueden llevarlos donde quieren ir. Por su parte, los líderes reclutan seguidores porque entienden que estos les ayudan a realizar su visión. Juntos contribuyen en algo para cumplir las expectativas mutuas.

Elías era el líder y mentor que dio la oportunidad a Eliseo de permanecer cerca de él y aprender a ser un líder piadoso. Cuando Eliseo estuvo listo, Elías le pasó el manto a su discípulo. La parte de Eliseo en el arreglo requirió que se humillara, siguiera al profeta mayor y aprendiera. Este «arreglo» hizo que ambos fueran mejores líderes.

4. COMPROMISO MUTUO

Sin un fuerte compromiso mutuo, ni los líderes ni los seguidores pueden lograr sus metas. Cuando Elías llegó al final de su tiempo de liderazgo, Eliseo renovó su compromiso con su mentor. Cuando Elías ofreció tres veces dejar en libertad a su protegido, Eliseo respondió: «Vive Jehová, y vive tu alma, que no te dejaré». Estaba decidido a estar son su señor hasta el fin.

El compromiso de Elías hacia Eliseo fue igualmente fuerte, y culminó con el ofrecimiento de hacer lo que fuera necesario por su siervo, incluyendo la oferta de una doble porción de su espíritu.

Al evaluar su habilidad para atraer personas, piense en lo que tiene para ofrecerles. ¿Es mutua la atracción? Si no está tratando de conectarse con las personas y guiarlas para obtener beneficios mutuos, entonces algo falta en su liderazgo.

PREGUNTA DE REFLEXIÓN PARA HOY:
¿Hacia qué tipo de personas se siente atraído?

Día 3

PENSAMIENTO SOBRE LIDERAZGO PARA HOY:
Liderazgo es lo que usted es antes que lo que usted hace.

El fruto del justo es árbol de vida;
Y el que gana almas es sabio (Proverbios 11.30).

Creo que la mayoría de las personas tiende a pensar en el liderazgo en términos de acción. Pero el liderazgo es mucho más que eso. El liderazgo no es algo que usted hace; es algo que usted es. Y esa es una razón por la que los buenos líderes tienen un magnetismo tan fuerte. La gente es atraída por *quiénes ellos son* (hablaré más sobre esto en la Ley de la Aceptación).

Todo liderazgo eficaz es resultado de quién es el líder. Allí es donde todo comienza. Pero la idea es diferente del modo en que la mayoría enfoca el liderazgo. La mayoría se concentra en sus metas, dedicando tiempo y energía a lograrlas. Todo líder desea resultados, pero el *ser* debe preceder al *hacer*. Lo que sea capaz de hacer como líder es el resultado de lo que usted es. Para lograr metas más elevadas, debe ser un líder más eficiente. Para atraer a mejores personas, debe *ser* una mejor persona. Para lograr mayores resultados, debe *ser* una persona de gran carácter.

> El liderazgo no es algo que usted hace; es algo que usted es. Y esa es una razón por la que los buenos líderes tienen un magnetismo tan fuerte. La gente es atraída por *quiénes ellos son*.

LIDERAZGO ENCARNADO

Todo este concepto es algo que llamo *liderazgo encarnado*. La idea es que primero usted tiene que *ser* el líder que es capaz de ser antes de poder alcanzar los resultados que desea.

La siguiente tabla ilustra que lo que usted *es* determina lo que usted *hace*. Y lo que usted *hace* determina los resultados que obtiene.

Quién soy	Qué hago	Resultado
Persona de carácter	Lo correcto	Credibilidad
Relacional	Me preocupo	Amor
Animador	Creo en la gente	Moral alta
Sensible	Soy flexible	Apertura para la renovación
Visionario	Establezco metas	Dirección
Capaz de aprender	Aplico lo que aprendo	Crecimiento
Carismático	Motivo	Inspiración
Humilde	Me apoyo en Dios	Poder
De convicción	Me mantengo firme	Compromiso
Desinteresado	Me enfoco en los demás	Expansión
Seguro	Tomo decisiones	Seguridad
Lleno del Espíritu	Testifico	Fruto

Todo fluye de la persona que usted es. Los líderes se meten en dificultades cuando anteponen sus deseos de resultados a la disposición de desarrollarse en las áreas de competencia y carácter.

Un problema común se produce cuando la identidad real de un líder y los resultados que desea no encajan. Si se le da suficiente tiempo, si hay una diferencia entre lo que el lí-

> Los líderes se meten en dificultades cuando anteponen sus deseos de resultados a la disposición de desarrollarse en las áreas de competencia y carácter.

der dice que quiere hacer y lo que realmente es, la gente se dará cuenta y ese descubrimiento los repelerá. Por otra parte, el líder que es coherente en carácter, competencia y propósito hace una declaración poderosa a la gente que lo rodea, y atrae gente hacia él.

Usted puede ver esa clase de coherencia en la vida de Elías. Sin importar lo que Dios le pidiera, Elías lo hacía, así fuera denunciar las acciones del rey, enfrentar a una multitud airada de falsos profetas, viajar hacia el desierto sin provisiones o ungir un sucesor. Quien era, lo que hacía y los resultados que lograba estaban en línea. Esa coherencia atraía hacia él a la gente como si fuera un imán.

NO ES LA META LO QUE HACE AL LÍDER

Cuando enseño liderazgo, suelo decir que no podría enseñar un seminario sobre establecer metas. Digo esto no porque no haya alcanzado metas, sino porque si hubiera vivido en función de las metas, habría apuntado demasiado bajo. Dios ha sido bondadoso conmigo. Me ha llevado a lugares que nunca habría puesto en mi agenda, y me ha ayudado a lograr cosas que nunca habría soñado. Siempre me ha dado la disposición de obedecerle, ha cultivado mi carácter y ha desarrollado el potencial que me dio. Esto ha dado mayores resultados que lo que hubiera esperado.

Si desea lograr grandes cosas en su vida, procure convertirse en mejor persona y mejor líder. Nada grande se puede lograr solo. Toda tarea digna de hacerse requiere la ayuda de otros. Si quiere atraer a buenas personas, tiene que llegar a ser una mejor persona. Si está dispuesto a hacerlo, entonces puede dejarle los resultados a Dios.

PREGUNTA DE REFLEXIÓN PARA HOY:
¿Se enfoca en lo que ha hecho o en quien se está convirtiendo?

Día 4

El que procura el bien buscará favor;
Mas al que busca el mal, éste le vendrá (Proverbios 11.27).

Ahora que le he animado a crecer para lograr su potencial y convertirse en la mejor persona que puede ser, quiero darle un consejo fundamental: sea usted mismo. En su deseo por mejorar y crecer, mirará en forma natural hacia los modelos que le ayuden. Eso es bueno. Después de todo, Eliseo tenía a Elías como su modelo, y se convirtió en un líder notable. Pero tiene que aprender a convertirse en esa persona para la que fue creada y no tratar de ser como alguna otra.

LOS LÍDERES SABEN

Esto puede parecer un consejo simplista, pero es importante. Los buenos líderes se entienden a sí mismos: sus puntos fuertes y débiles, talentos y habilidades, sus dones y puntos ciegos. Para que Elías desafiara a los profetas de Baal y se enfrentara a ellos, necesitó conocerse así mismo, conocer a Dios y saber dónde estaba parado con Dios. De otro modo se pudo haber metido en graves problemas. Habría fracasado como líder y habría pagado con su vida.

¿Qué tan bien se conoce? ¿Es esto algo en lo que no había pensado antes? En realidad, toda persona tiene que tratar con cuatro niveles de entendimiento cuando se trata de la imagen de sí mismos. Examine el siguiente diagrama y verá lo que quiero decir.

¿QUIÉN ES USTED REALMENTE?

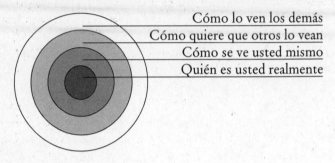

Cómo lo ven los demás
Cómo quiere que otros lo vean
Cómo se ve usted mismo
Quién es usted realmente

1. CÓMO LO VEN LOS DEMÁS

La capa más superficial es la imagen que los demás tienen de usted. Para bien o para mal, la gente tiene opiniones de usted: como persona, como líder, como padre o como hijo. Lo ven bajo una luz particular. La imagen se deriva en parte de usted mismo, pero también se ve filtrada por medio de los valores y las ideas de los demás.

Por ejemplo, piense en la forma que otros percibieron a Elías. Acab y Jezabel lo vieron como enemigo. Por otra parte, el grupo de profetas de Betel lo veían como un gran profeta y maestro. Eliseo que estaba más cerca de Elías, lo veía como su líder, maestro y mentor.

2. CÓMO QUIERE QUE OTROS LO VEAN

No todos se conforman con dejar que sencillamente la gente piense de ellos lo que quieran. Algunas personas pasan mucho tiempo preocupándose por lo que los demás piensan, y algunos dedican enormes cantidades de tiempo, energía y dinero para ocultar lo que son para que los demás tengan una mejor opinión de ellos. Los líde-

> Mientras más débil e inseguro es un líder, más trata de hacer que otros perciban que es diferente de lo que realmente es.

res políticos, los que trabajan en espectáculos y los atletas profesionales se distinguen por tener este enfoque, y para eso contratan consultores de imagen y firmas de relaciones públicas para manejar estos asuntos.

Mi experiencia ha sido que mientras más débil e inseguro es un líder, más trata de hacer que otros perciban que es diferente de lo que realmente es. No hay vestigios de una imagen fabricada en la narración del liderazgo de Elías. No le preocupaban tales cosas.

3. CÓMO SE VE USTED MISMO

Toda persona tiene en su mente una imagen de sí. Algunas personas están naturalmente conscientes de sí mismos, y la imagen personal es muy exacta. En otros casos, nada se aleja más de la verdad que lo que piensan que son.

El exacto conocimiento de sí lleva tiempo y esfuerzo intencional. Requiere crecer, explorar y asumir riesgos. Y aun un buen líder que se entiende bastante bien a veces necesita hacer ajustes en su autopercepción. Cuando Elías escapó de Jezabel hacia el desierto, se vio a sí mismo como el único que amaba a Dios. Dijo: «Solo yo he quedado, y me buscan para quitarme la vida» (1 Reyes 19.14). Pero Dios lo corrigió informándole que había otros siete mil que permanecían fieles. Después de eso, el sentido exagerado que tenía de su importancia disminuyó, y una vez más estuvo en condiciones de servir a Dios de manera eficaz.

4. QUIÉN ES USTED REALMENTE

Puede que usted se acerque bastante a percibirse como es, pero nunca se verá en forma tan precisa como Dios lo ve. El salmista dice:

Porque tú formaste mis entrañas;
Tú me hiciste en el vientre de mi madre.
Te alabaré; porque formidables, maravillosas son tus obras;
Estoy maravillado,
Y mi alma lo sabe muy bien.
No fue encubierto de ti mi cuerpo,
Bien que en oculto fui formado,
Y entretejido en lo más profundo de la tierra.

Mi embrión vieron tus ojos,
Y en tu libro estaban escritas todas aquellas cosas
Que fueron luego formadas,
Sin faltar una de ellas. (Salmos 139.13-16)

Cada uno de nosotros debe buscar descubrir cómo Dios nos hizo. Y debemos procurar aceptar nuestras fortalezas y debilidades, y luego crecer para alcanzar nuestro potencial. Ese procedimiento nos ayuda a convertirnos en los mejores líderes que podemos ser. (Y nos equipa para ayudar a los demás en el mismo proceso). Si lo hacemos, nuestra imagen personal se alineará con nuestra verdadera identidad, y la gente descubrirá quienes somos: seres humanos genuinos con fallas tratando de hacer lo mejor que podemos. Eso nos gana el respeto de las personas con un pensamiento similar y los atrae hacia nuestro liderazgo.

PREGUNTA DE REFLEXIÓN PARA HOY:
¿Qué tan bien coinciden la percepción que tengo de mí mismo, la que otros tienen de mí y mi verdadera identidad?

Día 5

Cómo dar vida a esta ley

ASIMÍLELA

¿Qué clase de gente está atrayendo a su organización? ¿Son personas de carácter fuerte? ¿Son altamente competentes en sus destrezas fuertes? ¿Son personas positivas? ¿Tienen un alto sentido de ética de trabajo? ¿Son líderes de primera? Al considerar estas preguntas, recuerde estas verdades acerca de la Ley del Magnetismo:

1. Los líderes no atraen a quienes quieren, sino a quienes son como ellos.
2. A todos nos gusta la gente que se parece a nosotros.
3. Liderazgo es lo que usted es antes que lo que usted hace.
4. El liderazgo eficaz comienza en ser usted mismo.

Cualquier descontento con la gente que está bajo su liderazgo es un mensaje para usted de que necesita cambiar.

ORGANÍCELA

Si no está seguro dónde se encuentra cuando se trata de entender y aplicar la Ley del Magnetismo, visite el sitio en Internet «www.injoy.com/21 Minutes» para contestar un cuestionario de evaluación de veinticinco preguntas que le ayudarán a medir su habilidad.

PÓNGALA EN ORACIÓN

Use las siguientes palabras para comenzar su tiempo de oración:

Amado Dios, el apóstol Pedro entendió lo que significaba crecer para convertirse en alguien que pudieras usar en el liderazgo. Quiero hacer eco de las palabras que escribió en 2 Pedro 1.5-9:

> *Poniendo toda diligencia por esto mismo, añade a mi fe virtud; a la virtud, conocimiento; al conocimiento, dominio propio; al dominio propio, paciencia; a la paciencia, piedad; a la piedad, afecto fraternal; y al afecto fraternal, amor. Porque si estas cosas están en [mí] vosotros, y abundan, no [me] os dejarán estar ociosos ni sin fruto en cuanto al conocimiento de nuestro Señor Jesucristo. Pero el que no tiene estas cosas tiene la vista muy corta; es ciego, habiendo olvidado la purificación de sus antiguos pecados.*

Señor, muéstrame quien soy realmente y hazme la persona que tú quieres que sea para que pueda dirigir a otros de manera eficaz y que puedan hacer la diferencia. Amén

VÍVALA

Convertirse en un poderoso y atrayente líder no ocurre de la noche a la mañana. Piense en las tres cualidades más importantes que quiere que posean las personas que desea atraer. Luego piense en las personas que atrae. Si no atrae a su organización el número y tipo de personas que le gustaría, siga las siguientes directrices:

1. CONÓZCASE Y ACEPTE LOS TALENTOS Y DEBILIDADES QUE DIOS LE HA DADO

Use una serie de pruebas como DISC, Personality Plus y Myers-Briggs para iniciar el viaje de autodescubrimiento. Estudie los dones espirituales. Converse con amigos que pueden darle una retroalimentación honesta acerca de sus puntos fuertes y débiles. Pida a Dios que le guíe a lo largo del proceso.

2. CONVIÉRTASE MÁS EN EL TIPO DE PERSONA QUE DESEA ATRAER

Puesto que usted atrae a gente que es como usted, el modo de lograr mejores personas es mejorar personalmente. Concéntrese en edificar talentos fuertes y mejore las debilidades de carácter.

3. DESARROLLE UN FUERTE SENTIDO DE ACEPTACIÓN Y SEGURIDAD

Una vez que es eficaz en atraer buenas personas como usted, el próximo gran paso en el liderazgo es atraer personas para apoyo complementario. Reconozca que tiene poco talento en algunas áreas importantes y deje que otros brillen en ellas. Entonces apóyelos y recompénselos por su trabajo. Si puede hacer esto con sinceridad, hallará que usted y su equipo avanzan a un nivel completamente nuevo.

DIVÚLGUELA

¿Qué concepto, idea o práctica específica de liderazgo que ha aprendido en esta semana transmitirá a otro líder en los próximos dos días?

Semana 10

LA LEY DE LA CONEXIÓN

LOS LÍDERES TOCAN EL CORAZÓN ANTES DE PEDIR UNA MANO

Hay un antiguo dicho: Para guiarte, usa la cabeza; para guiar a otros, usa tu corazón... [Los líderes eficientes saben que] no se puede poner en acción a las personas a menos que primero los mueva con la emoción...

La conexión con las personas no es algo que solo tiene ocurrir cuando un líder se comunica con grupos de personas. Es necesario que ocurra con individuos. Mientras más fuerte la relación y conexión entre individuos, mayor es la probabilidad de que el seguidor quiera ayudar al líder... Algunos líderes tienen problemas porque creen que la conexión es responsabilidad de los seguidores... Pero los líderes de éxito... siempre toman la iniciativa. Dan el primer paso con los demás y luego se esfuerzan por seguir fortaleciendo las relaciones...

Cuando un líder ha hecho el trabajo de conectarse con su personal, lo notará en la forma que funciona la organización. Entre los empleados hay una lealtad increíble y una firme ética laboral. La visión del líder se convierte en la aspiración de la gente. El impacto es increíble.

De «LA LEY DE LA CONEXIÓN» en
21 Leyes Irrefutables del Liderazgo.

Día 1

Roboam
y la
Ley de la Conexión

PENSAMIENTO SOBRE LIDERAZGO PARA HOY:
*Todos los grandes líderes tienen una cosa en común:
se conectan con la gente.*

Lecturas bíblicas
1 Reyes 11.41-43; 12.1-33; 14.21-31

Los grandes líderes saben que para ser eficaces, tienen que poner constantemente a su gente en primer lugar. Esto es especialmente cierto en el caso de los nuevos líderes que quieren ganarse la confianza y apoyo de las personas. Pero también es cierto en los líderes de experiencia que desean guiar a su gente hacia nuevos territorios. La verdad es que esa conexión con las personas no es una opción para el líder. Si usted no se toma el tiempo para conectarse con su gente, no podrá guiarlos en forma eficaz. Un líder no es realmente *el* líder hasta que no se haya conectado con su gente.

Cuando era el pastor principal de la Iglesia Skyline en San Diego, California, era requisito que me reuniera cada año con la junta de directores de mi denominación para responder una pregunta: «¿Hay alguien mejor que usted para dirigir esta iglesia?» No era fácil tener que responder año tras año a esta pregunta. Y hubiera sido especialmente difícil para un líder que no se hubiese conectado con su gente. Sé de pastores que se sentían acorralados en tales reuniones porque algunos miembros de la iglesia habían llegado hasta la junta de directores con quejas. Pero yo no tenía problemas con las reuniones. Sentía que dirigía la iglesia de la manera que Dios me lo había pedido, y estaba confiado que la gente de mi iglesia me presentarían sus quejas directamente porque había dedicado tiempo para conectarme con ellos.

UNA PREGUNTA QUE TODO LÍDER DEBE RESPONDER

Roboam nunca aprendió la Ley de la Conexión. Su vida es un vivo ejemplo de cómo es imposible que un líder se conecte con su gente mientras persigue fines egoístas. Roboam tenía hambre de poder y estaba más preocupado en mostrar su musculatura política que en conectarse con el pueblo. Aun cuando el pueblo prometió seguirle para siempre si aliviaba la carga que había sobre ellos, él rechazó la oferta y siguió con su línea de acción. Como resultado, selló su destino como líder ineficaz.

Es difícil conectarse con la gente mientras uno sigue su propia agenda. Por naturaleza, la conexión es una experiencia de dar. Si desea conectarse con otros, examine sus motivos según las siguientes directrices:

> Es difícil conectarse con la gente mientras uno sigue su propia agenda. Por naturaleza, la conexión es una experiencia de dar.

1. VAYA MÁS ALLÁ DE USTED MISMO

El Dr. Albert Schweitzer afirmó: «Todo lo que has recibido por sobre los demás, en salud, talentos capacidad, éxito… no debes darlo por sentado. En gratitud por tu buena fortuna, debes ofrecer algún sacrificio de tu vida en favor de otra vida». La gente que no logra ir más allá de sí mismos generalmente son egoístas, inseguros o ambas cosas. Es claro que Roboam nunca miró más allá de sí mismo. Sus motivos eran egoístas desde el principio y fue atrapado como centro de atención de su posición. Pensaba que su bravata produciría más respeto, pero le produjo solo desprecio. Para conectarse con la gente, siga pensando en los demás, y recuerde que el liderazgo es un privilegio.

2. CREZCA MÁS ALLÁ DE USTED MISMO

Mahatma Gandhi una vez señalo: «La diferencia entre lo que hacemos y lo que somos capaces de hacer bastaría para resolver la mayoría de los problemas del mundo». Si Roboam hubiese bebido de la experiencia de los ancianos, probablemente habría comprendido qué poco sabía acerca de dirigir a Israel. Pero era presumido y no aceptaba que le enseñaran. Desperdició una gran oportunidad para crecer, y destruyó la nación. Si quiere crecer más allá de usted, tiene que permanecer humilde y enseñable. Es la única forma de aprovechar su potencial y conectarse con la gente.

3. DÉ MÁS ALLÁ DE USTED MISMO

Las personas con baja estima casi siempre están preocupadas por sí mismas. Por otra parte, una vez leí un estudio hecho en la Universidad de Michigan que revela que la gente que da regularmente tiempo para trabajos voluntarios elevan su entusiasmo por vivir y aumentan sus expectativas de vida.

A Roboam no le interesaba lo que podía dar. Estaba dispuesto a recibir todo lo que pudiera. La pregunta más urgente y persistente de la vida para el líder es: «¿Qué hace usted por los demás?» Para impactar a su gente, usted debe ser un río, no un estanque.

> La pregunta más urgente y persistente de la vida para el líder es: «¿Qué hace usted por los demás?»

4. VAYA MÁS ALLÁ DE USTED MISMO

Hay un dicho en el Medio Oriente que dice: «Cuando naciste, lloraste y el mundo se alegró. Vive de tal manera que cuando mueras, el mundo llore y tú te regocijes». La esencia de ir más allá de usted mismo es conectarse con otros de manera tan trascendental que marque una diferencia en la vida de personas que nunca ha conocido. La Escritura indica que el único legado de Roboam fue la guerra. Tuvo la distinción de ser el rey que destruyó la nación que Dios había elegido como suya.

En contraste, los líderes que tocan genuinamente la vida de su pueblo por un período extenso pueden hacer un impacto que va más allá de ellos mismos. Cuando en su vida la conexión con la gente es una prioridad continua, será casi inevitable que vaya más allá de usted mismo.

La capacidad de conectarse es una cualidad que encuentra en *todo* gran líder. No importa cuánto talento o habilidad de liderazgo posea, si quiere ser un mejor líder, debe aprender a conectarse con la gente en forma eficaz, no solo para su propio beneficio, sino para beneficio de ellos. Hágalo bien y elevará dramáticamente su nivel de liderazgo. Hágalo bien y la gente le seguirá a cualquier parte.

PREGUNTA DE REFLEXIÓN PARA HOY:
¿Con cuánta prontitud se conecta usted con la gente?

Día 2

Así que, hermanos míos amados y deseados, gozo y corona mía, estad así firmes en el Señor, amados (Filipenses 4.1).

Como lo menciono en mi libro *Seamos personas de influencia*, el líder que se conecta con la gente es en gran medida como una locomotora que conecta vagones. Cuando era niño, me gustaba ir al patio de la General Electric, que estaba cerca de mi casa en Circleville, Ohio y observar las locomotoras. Los vagones nunca avanzaban para conectarse con las locomotoras. La locomotora siempre retrocedía hasta que se enganchaba con los vagones. Lo mismo vale para los líderes. Los grandes líderes no esperan que su gente avance y enganche con ellos. Al revés, ellos alcanzan a la gente, no importa dónde estén, y trabajan para hacer la conexión.

CUANDO USTED SE CONECTA CON LAS PERSONAS...

Conectarse con la gente no es complicado pero requiere mucho esfuerzo. He notado ciertos principios de conexión en esto. Observe cómo Roboam los violó:

1. CUANDO MUEVE A LA GENTE CON EMOCIÓN PRIMERO, ESTÁN MÁS DISPUESTOS A ENTRAR EN ACCIÓN

Roboam tenía un corazón frío y duro. Aun cuando los ancianos del rey Salomón le aconsejaron sabiamente que el pueblo serviría a Roboam para siempre si les aliviaba la carga de trabajo, él se hizo el sordo. Puesto que nunca mostró ninguna preocupación por el bienestar físico o emocional de su pueblo, ellos buscaron otro líder que los escuchara.

Cuando usted está abierto a las necesidades de su gente, ellos se abrirán a su visión. Cuando hace algo para satisfacer sus necesidades, ellos harán algo para cumplir su visión. Una de las inversiones más sabias que puede hacer un

> Una de las inversiones más sabias que puede hacer un líder es discernir y hacer frente a las necesidades del pueblo.

líder es discernir y hacer frente a las necesidades del pueblo. De esa manera, cuando llegue el momento de ponerlos en acción, usted tendrá una historia positiva a la cual recurrir.

2. CUANDO USTED DA PRIMERO, SU GENTE DARÁ A CAMBIO

Los ancianos tuvieron razón cuando aconsejaron a Roboam que sirviera a su pueblo. Según la Biblia, Roboam tuvo múltiples oportunidades de servir a su gente. Pero dar no estaba en su programa. Su deseo era ser servido, pero su codicia obró en su contra.

Una paradoja del liderazgo es que usted recibe más cuando da más. Cuando da su tiempo, talento y posesiones a otros, los recibe multiplicados. Y cuando está dispuesto a hacer sacrificios por una organización, le retornará mucho más.

3. CUANDO SE CONECTA CON INDIVIDUOS, PRONTO GANARÁ LA ATENCIÓN DE LA MULTITUD

Roboam fue un líder impersonal. Demasiado arrogante para andar en medio de su pueblo, trató de guiar a Israel desde la parte de atrás de los muros del palacio. Pensaba que su título lo liberaba de la responsabilidad de conectarse con individuos.

La naturaleza del liderazgo suele exigir que se hable ante grupos de personas. Pero los líderes eficientes entienden que la verdadera conexión no ocurre en las masas... ocurre de uno en uno (aun cuando se hable ante una gran concurrencia). A la gente le gusta formar equipo con un líder que conocen y respetan.

4. CUANDO SE PONE EN CONTACTO CON SU GENTE, ESTOS LE TENDERÁN LA MANO

La confrontación inicial entre Roboam y su pueblo ocurrió debido a que el pueblo vino a él. Aunque había un gran problema dentro del reino —la gente estaba al borde de la rebelión— Roboam estaba tan desconectado que falló en iniciar una comunicación con el pueblo. Cuando se hizo claro que sus acciones (o falta de ellas) eran la causa del disgusto de su pueblo, apuntó su dedo contra el pueblo en vez de rectificar la situación. Roboam era un líder *reactivo* en vez de ser *proactivo*, y sus reacciones eran negativas. Como resultado, el reino se dividió.

Sea que acabe de asumir una posición de liderazgo o esté bien establecido en su organización, la conexión con su gente es vital para su éxito como líder. Recuerde que el signo revelador de un gran líder no es lo que ha logrado por sí mismo, sino lo que ha logrado por medio de la gente. Esto viene solo como resultado de la conexión.

PREGUNTA DE REFLEXIÓN PARA HOY:
¿Inicia usted la conexión con su gente?

Día 3

La conexión comienza con el corazón.

Los pensamientos son frustrados donde no hay consejo;
Mas en la multitud de consejeros se afirman (Proverbios 15.22).

Demasiados líderes subestiman la importancia de la conexión. Creen que la gente los seguirá por lo que se supone que son. Aunque esto pueda funcionar en un principio, no sostendrá su liderazgo. En otras palabras, ser el líder puede darle una pequeña ventaja inicial al recibir el beneficio de la duda. Pero no puede depender de eso para una influencia duradera. Con el tiempo, si no gana su derecho a ser seguido por su conexión *con* las personas, le será cada vez más difícil alcanzar algo que sea de valor *a través* de su gente.

Para ganarse el derecho de ser seguido, tiene que tocar el corazón de la gente. Eso requiere más que ser gerente, jefe o supervisor. Exige que usted sea su amigo, maestro y entrenador. ¿Puede verlo? Su gente es lista: no abrazarán en su mente lo que sus corazones no puedan explicar. Si no se ha tomado el tiempo de mostrarle a su gente que se preocupa por su bienestar, no tendrá mucho éxito al guiarlos, aun cuando sus motivos sean genuinos. Sin embargo, cuando la gente ve que usted se preocupa por ellos como individuos, y que sus preocupaciones marcan una diferencia entre lo que hace o no hace, ellos escucharán lo que tenga que decir.

LOS CAMBIOS QUE ROBOAM PUDO HABER HECHO PARA CONECTARSE

Al principio Roboam tuvo varias oportunidades para conectarse a los corazones de su pueblo. En más de una ocasión, su gente le declaró cómo podría ganar sus corazones. Si hubiera escuchado, habría tenido su ayuda en todo lo que quería lograr. En cambio, trató de forzarlos a seguirle sin ninguna conexión y su reino se dividió.

Quizás ha leído hasta este punto y se ha dado cuenta que ha cometido el error de pedirle una mano a su gente antes de conectarse con sus corazones. Roboam pudo haber hecho cuatro cambios para conectarse con los corazones de su pueblo. ¿Se aplica algunos de ellos a su caso?

1. ESCUCHAR, EN VEZ DE SERMONEAR

Roboam no escuchó, primero al pueblo, y luego a los ancianos que le dieron el consejo adecuado. Se preocupó más por que oyeran su voz antes de oír al pueblo.

Si lucha con el hecho de hablar mucho y no escuchar tanto, puede estar perdiendo las oportunidades de conectarse. La próxima vez que esté en una reunión, haga el esfuerzo consciente de permitir que otros hablen primero. Si tiene la oportunidad, ofrezca una reunión en la que usted no hará otra cosa que escuchar el corazón de su pueblo.

2. EN LUGAR DE PROYECTAR IMAGEN, PROYECTE INTEGRIDAD

Demás está decir que a Roboam le importó poco la integridad. Estaba más preocupado por afirmar su recién recibida autoridad sobre el pueblo para que no descubrieran que era un líder débil. Estaba dispuesto a hacer todo lo necesario para asegurarse que el pueblo supiera que él era quien mandaba.

Siempre he sostenido que si alguien tiene que decirle a su gente que él es el líder, en realidad no lo es. ¿Tiene que explicarle a la gente que usted es el que manda? Si es así, es necesario que se detenga y primero dedique algún tiempo a edificar con ellos una relación digna de confianza.

3. EN VEZ DE EXIGIR CONTROL, DEMUESTRE COMPASIÓN

No cabe duda que Roboam estaba obsesionado con el control. Desde el momento que lo coronaron rey, gobernó el pueblo con una mano sin misericordia.

Si usted ha establecido una conexión sana con su gente, no hay necesidad de hacer alarde de su control sobre ellos. Observe cómo maneja los errores de su gente. ¿Les cuelga el error sobre las cabezas y los trata como fracasados? O ¿se toma tiempo para mostrarles cómo mejorar y les da una segunda oportunidad para tener éxito?

4. En vez de fulminar a los demás, vea a través de sus ojos

Si Roboam hubiese mirado a través de los ojos de su pueblo, habría visto sus penurias y el deseo genuino que tenían de servirle. Y hubiese visto la oportunidad de ganar la lealtad de toda una nación.

¿Está su gente entusiasmada con el trabajo que su organización realiza? ¿Se ha tomado el tiempo de preguntarles? ¿Qué piensan de su liderazgo? Siempre tómese el tiempo para ponerse en los zapatos de ellos. Las ideas de ellos pueden ser herramientas valiosas para determinar en qué dirección debe guiarlos.

Todo líder enfrenta la perspectiva de hacer cambios para mejorar la conexión con su pueblo. El modo de enfrentar los cambios dice mucho acerca de la eficacia del líder. Los líderes ineficaces, como Roboam, suelen temer a los cambios a toda cosa y nunca se liberan del status quo. Resultado: se pierde el ímpetu, y el liderazgo se estanca. Por otra parte, los líderes eficaces son enseñables: sus ojos y oídos están siempre abiertos para aprender más, y abrazan el cambio como catalizador para crecer y mejorar. Al llegar al punto de desarrollar relaciones productivas, es esencial la flexibilidad.

PREGUNTA DE REFLEXIÓN PARA HOY:
*¿Qué cambios está dispuesto a hacer para mejorar
su capacidad de conectarse?*

Día 4

El alma generosa será prosperada;
Y el que saciare, él también será saciado (Proverbios 11.25).

La conexión no es algo que ocurre con solo establecer una relación con alguien. Se necesita más que decir «hola» en los pasillos o enviar una postal a cada persona de la organización. Exige una inversión en la vida de la otra persona. Pero, a diferencia de la inversión que hace en un banco, su conexión con otros no crecerá haciendo un solo depósito. Para una conexión productiva, debe hacer depósitos regulares en la vida de otros.

La verdad es que el trabajo de conectarse nunca termina. La verdadera conexión es un esfuerzo continuo. Pero los grandes líderes saben que ningún trabajo es más importante que su continua inversión en las personas.

> La verdad es que el trabajo de conectarse nunca termina. La verdadera conexión es un esfuerzo continuo.

CÓMO CONECTARSE CONTINUAMENTE CON LAS PERSONAS

La siguiente es una lista de siete acciones que creo cada líder debe ejecutar en forma continua. Puede utilizarla como lista de cotejo para conectarse con alguien por primera vez, o como un recordatorio cotidiano para preservar y fortalecer las conexiones presentes.

1. CONÉCTESE CONSIGO MISMO

¿Conoce sus puntos fuertes y puntos débiles? Entiéndase primero a usted mismo antes de tratar de entender a los demás. Una autoimagen positiva ayuda a que otros se sientan seguros con usted.

2. COMPARTA CON FRANQUEZA Y SINCERIDAD

¿Está dispuesto a ser vulnerable ante los demás? La vulnerabilidad es un ecualizador e inmediatamente ayudará a otros a relacionarse con usted al nivel de ellos.

3. VIVA SU MENSAJE

¿Hace usted lo que pide a otros que hagan? Asegúrese que sus acciones siempre sean coherentes con sus palabras. La integridad promueve la confianza.

4. CONOZCA SU AUDIENCIA

¿Entiende las necesidades de su gente? Cuando conoce lo que su gente necesita, puede concentrar sus acciones en satisfacer esas necesidades.

5. COMUNÍQUESE AL NIVEL DE LOS DEMÁS

¿Cómo se comunica cuando habla con su gente? Si les habla en forma condescendiente, como a inferiores, su gente se resentirá. Pero cuando les habla como amigos, llegarán a respetarles.

6. CREA TOTALMENTE EN SU GENTE

¿Cree en la capacidad de su gente para tener éxito? Como líder, tiene el trabajo de edificar a su gente para el éxito. Esto requiere que les demuestre su confianza.

7. OFREZCA DIRECCIÓN Y ESPERANZA

¿Está inspirando a su gente? En toda forma de comunicación, sea de palabra o acciones, debe ser un estímulo positivo para ellos.

La capacidad de conectarse con la gente es esencial si quiere un liderazgo fuerte y de éxito. Unos años atrás, pensaba en los aspectos más importantes en los que debía invertir cada día para tener éxito como líder. Este fue el resultado:

- Creatividad

- Conexión

- Red de conexiones

- Comunicación

Como puede ver, tres de los cuatro puntos tienen que ver con la conexión. Dedico el setenta y cinco por ciento de cada día en la conexión con personas. Lo hago porque he aprendido—como creo que todo líder debe hacerlo—que mientras más tiempo dedique para establecer y fortalecer las conexiones con la gente, más oportunidades tendré de dirigir.

PREGUNTA DE REFLEXIÓN PARA HOY:
¿En qué aspectos necesita mejorar sus conexiones con los demás?

Día 5

Cómo dar vida a esta ley

ASIMÍLELA

Repase los siguientes pensamientos sobre liderazgo relacionados con la Ley de Conexión:

1. Todos los grandes líderes tienen una cosa en común: se conectan con la gente.
2. Conectarse con la gente es responsabilidad del líder.
3. La conexión comienza con el corazón.
4. La conexión requiere un esfuerzo intencionado.

¿Cómo le va en su conexión con otros? Como líder, ¿ha asumido la responsabilidad de conectarse con su gente? O, ¿se sienta a esperar que ellos tomen la iniciativa? ¿Tiene usted un don natural para tratar la gente? Si es así, quizás se apoye demasiado en su carisma en vez de buscar la conexión intencionada. Si no es así, quizás necesite comenzar con su corazón y dar a otros la oportunidad de conocerle mejor.

ORGANÍCELA

Si no está seguro dónde se encuentra cuando se trata de entender y aplicar la Ley de la Conexión, visite el sitio en Internet «www.injoy.com/21 Minutes» para contestar un cuestionario de evaluación de veinticinco preguntas que le ayudarán a medir su habilidad.

PÓNGALA EN ORACIÓN

Use las siguientes palabras para comenzar su tiempo de oración:

*Amado Dios, quiero impactar significativamente la vida de las perso-
nas. Dame un corazón que esté en verdad preocupado por los demás.
Ayúdame a edificar relaciones firmes, sinceras, y muéstrame oportunidades en las que pueda dar de mí para mejorar a otros. Amén.*

VÍVALA

¿Existe en su vida alguna persona particular con la que ha tenido problemas para conectarse? Basándose en lo que ha leído en este capítulo, ¿cuál ha sido la principal fuente de su incapacidad para conectarse?
¿Qué acción puede emprender esta semana para promover la conexión con esa persona?

DIVÚLGUELA

¿Qué concepto, idea o práctica específica de liderazgo que ha aprendido en esta semana transmitirá a otro líder en los próximos dos días?

Semana 11

LA LEY DEL CÍRCULO ÍNTIMO

EL POTENCIAL DE UN LÍDER LO DETERMINAN LOS QUE ESTÁN MÁS CERCA DE ÉL

No hay líderes Llaneros Solitarios. Piénselo: si está solo no está *guiando* a nadie, ¿verdad?

El experto en liderazgo Warren Bennis tiene razón cuando sostiene: «El líder halla su grandeza en el grupo, y ayuda a los miembros a encontrarla en sí mismos». Piense en cualquier líder altamente eficaz y se encontrará con alguien que está rodeado por un firme círculo íntimo...

Contrate al mejor grupo de personas que encuentre, desarróllelos tanto como pueda, y encárgueles todo lo que pueda... Cuando tenga el equipo adecuado, el potencial se elevará hasta los cielos...
Ya lo verá, el potencial de cada líder se determina por la genta que está más cerca de él. Si esas personas son fuertes, el líder puede hacer un gran impacto. Si son débiles, no lo logrará.

DE «LA LEY DEL CÍRCULO ÍNTIMO» EN
21 Leyes Irrefutables del Liderazgo.

Día 1

David
y la
Ley del Círculo Íntimo

PENSAMIENTO SOBRE LIDERAZGO PARA HOY:
El trabajo de equipo hace que el sueño se haga realidad.

Lecturas bíblicas
2 Samuel 8.1-8, 15-18; 10.6-14; 23.8-38; 1 Crónicas 12.1-40

¿Qué hizo de David un gran hombre? Eso es fácil de contestar: un corazón conforme al corazón de Dios. ¿Qué lo hizo un gran líder? Eso es más difícil de responder. David tenía muchas cosas que lo favorecían: talento, humildad, valor, visión. Pero estoy seguro que después de su deseo de amar y servir a Dios estaba su capacidad de rodearse de personas fuertes y formar equipo con ellos para alcanzar la grandeza. Como el potencial de cualquier otro gran líder, los que estaban más cerca de David determinaron su potencial. Ese es el poder de la Ley del Círculo Íntimo.

David fue un hombre de muchos talentos y pudo lograr muchas cosas por sí mismo. Era un músico bien dotado. Fue un prolífico escritor de canciones. Fue un guerrero valeroso, como lo demuestra su victoria única sobre Goliat. Pero el destino de David era tener mayores hazañas de las que podía alcanzar por sí mismo. Iba a influenciar a una nación entera. Su liderazgo afectaría a generaciones de personas después de su vida. Al examinar su vida, verá que sus notables hazañas solo fueron posibles por el círculo de personas que lo rodeó.

SU CÍRCULO COMENZÓ CON UNO

David no esperó a estar en la posición de liderazgo para comenzar a edificar su círculo íntimo. Mucho antes de ascender al trono de Israel, mientras Saúl lo perseguía, David comenzó a atraer personas

> David no esperó a estar en la posición de liderazgo para comenzar a edificar su círculo íntimo.

hacia sí. Primera de Samuel 22.1-2 relat lo que ocurrió después que David huyó de Saúl: «Cuando sus hermanos y toda la casa de su padre lo supieron, vinieron allí a él. Y se juntaron con él todos los afligidos, y todo el que estaba endeudado, y todos los que se hallaban en amargura de espíritu, y fue hecho jefe de ellos; y tuvo consigo como cuatrocientos hombres».

Irónicamente, los próximos miembros del círculo íntimo de David fueron su padre y sus hermanos; personas que lo habían desechado e ignorado cuando Samuel procuraba ungir un nuevo rey de la casa de Isaí. Los demás seguidores de David eran gente inadaptada: los angustiados, endeudados y descontentos. Sin embargo, David transformó a la gente que le llegó en un equipo ganador. Ese primer grupo de hombres le ayudó a mantenerse fuera del alcance de Saúl, lo ayudó a salvar la ciudad de Keila (1 Samuel 23), y peleó a su lado en diversas victorias, incluyendo aquellas contra los gesuritas, los gezritas y los amalecitas (1 Samuel 27.8). Esos hombres constituyeron el núcleo que estaría con David en sus peores tiempos.

DE INADAPTADOS A HOMBRES PODEROSOS

A medida que David ganó experiencia y creció en su liderazgo, continuó atrayendo a personas cada vez más poderosas. Además moldeó a quienes se acercaron a él y los convirtió en grandes guerreros y líderes. Las Escrituras hablan de los valientes de David, un grupo como no hay otro en toda la Biblia. Los hombres eran fuertes cuando se unieron a David, pero este los hizo más fuertes. Fue su mentor, los inspiró y los llevó a convertirse en tan buenos o mejores que lo que él era. David, el que mató al gigante en su juventud, los desarrolló y condujo para que se convirtieran en matadores de gigantes. Otros cuatro hombres, Abisai, Sibecai, Elhanán y Jonatán (hijo de Simá), se transformaron en guerreros que mataron gigantes mientras servían a David.

LA EDIFICACIÓN DE UN REINO

Hacia el tiempo que David ascendió al trono de Judá, había desarrollado un poderoso círculo íntimo. Cuando se convirtió en rey de todo Israel, ya estaba listo para edificar una nación poderosa. Se puso a trabajar de inmediato para subyugar a los enemigos. Él y sus hombres conquistaron los territorios que los circundaban, comenzando por los más débiles: los filisteos. Luego siguieron a la inversa de los punteros del reloj derrotando a Moab, Soba y Siria. Ellos aseguraron a Israel.

Luego David desarrolló una estructura para dar estabilidad a su reinado. Exigió a las naciones conquistadas que le sirvieran y pagaran tributo. Puso guarniciones en el territorio de ellas para fortalecer la seguridad de la nación. Una vez que tuvo esa estructura en su lugar, pudo volver su atención a establecer su administración con énfasis en la justicia (2 Samuel 8.15).

Se ha dicho que un buen ejecutivo nunca deja para mañana lo que puede hacer que otro haga hoy. David no tuvo problemas para delegar en sus líderes. La Biblia contiene varias listas de personas que eran parte del círculo íntimo de David. En tres ocasiones separadas, se registran los nombres de los hombres que le sirvieron como administradores (2 Samuel 8.16-18; 20.23-26; 1 Crónicas 18.14-17) y dos veces se dan listas de los valientes de David por nombres (2 Samuel 23.8-39; 1 Crónicas 11.10-47).

> Se ha dicho que un buen ejecutivo nunca deja para mañana lo que puede hacer que otro haga hoy.

Gracias al firme liderazgo de David y la ayuda de su círculo íntimo, el rey pudo cumplir muchas hazañas increíbles durante su reinado:

- Consolidó y unificó el reino de Israel.

- Venció a los enemigos de los hebreos e hizo a Israel más fuerte que nunca antes.

- Estableció una administración duradera para dispensar justicia.

- Conquistó la ciudad de Jerusalén y la hizo capital de la nación.

- Llevó el arca del pacto a la ciudad y restauró el culto.

- Estableció su dinastía y pasó la corona a su hijo Salomón.

David fue un increíble líder y formador de equipo, pero en muchos sentidos era una persona ordinaria con tachas, problemas y fracasos. Gracias a su círculo íntimo, se convirtió en un notable rey y gobernante. Hizo grande su círculo íntimo,

> David hizo grande su círculo íntimo, y su círculo íntimo lo hizo grande a él. Y eso es cierto de los mejores líderes.

y su círculo íntimo lo hizo grande a él. Y eso es cierto de los mejores líderes.

PREGUNTA DE REFLEXIÓN PARA HOY:
¿Puede hacer realidad sus sueños con su equipo actual?

Día 2

PENSAMIENTO SOBRE LIDERAZGO PARA HOY:
Un equipo es más que un puñado de personas.

Estos son los que vinieron a David en Siclag, estando él aún encerrado por causa de Saúl hijo de Cis, y eran de los valientes que le ayudaron en la guerra. Estaban armados de arcos, y usaban de ambas manos para tirar piedras con honda y saetas con arco... También de los de Gad huyeron y fueron a David, al lugar fuerte en el desierto, hombres de guerra muy valientes para pelear, diestros con escudo y pavés; sus rostros eran como rostros de leones, y eran ligeros como las gacelas sobre las montañas... capitanes del ejército... El menor tenía cargo de cien hombres, y el mayor de mil... hicieron huir a todos los de los valles al oriente y al poniente... Entonces el Espíritu vino sobre Amasai, jefe de los treinta, y dijo: Por ti, oh David, y contigo, oh hijo de Isaí. Paz, paz contigo, y paz con tus ayudadores, pues también tu Dios te ayuda. Y David los recibió, y los puso entre los capitanes de la tropa... Porque entonces todos los días venía ayuda a David, hasta hacerse un gran ejército, como ejército de Dios (1 Crónicas 12.1-2, 8, 14-15, 18, 22).

Gracias a su poderoso círculo íntimo, David pudo derrotar a sus enemigos y edificar a Israel como una nación poderosa y distinta de lo que los hebreos habían conocido hasta entonces. Mientras ascendía al trono el círculo de seguidores se convertía en un gran ejército. Al momento en que llegaron hasta él guerreros de todas las tribus ¡ya tenía más de 230 mil hombres de guerra que lo seguían! Pero el tamaño del equipo (o ejército) no es lo que hace grande al líder. Es el núcleo del equipo... el círculo íntimo del líder. David formó un círculo íntimo notable.

EL CRECIMIENTO DEL CÍRCULO ÍNTIMO DE DAVID

Examine la forma en que David cohesionó el núcleo de personas que lo hicieron grande:

1. COMENZÓ A FORMAR UN CÍRCULO ÍNTIMO PODEROSO ANTES DE NECESITARLO

Como mencioné antes, David comenzó a formar su círculo íntimo mucho antes que fuera coronado rey. Primera de Samuel 22 describe cómo los guerreros fueron atraídos a David ya en el tiempo que era fugitivo. Pero el pasaje de 1 Crónicas que describe cómo la gente venía a él es mucho más específico. Enfatiza cuántos de ellos eran líderes. Por ejemplo, los once hombres alistados de Gad eran «capitanes del ejército de los hijos de Gad. El menor tenía cargo de cien hombres, y el mayor de mil» (1 Crónicas 12.14). No atrajo a cualquiera. Atrajo a líderes poderosos.

2. ATRAJO A PERSONAS CON DIVERSIDAD DE DONES

Las Escrituras también captan la diversidad de habilidades que poseía la gente que David atraía, primero en Siclag antes de ser rey, luego en Hebrón después de ascender al trono. En la lista aparecen guerreros de mucha experiencia con una gran variedad de habilidades (ambidiestros, honderos y lanceros), muchos hombres poderosos de valor y centenares de capitanes. Con la ayuda de estos hombres, David estaba preparado para todo.

3. ENGENDRÓ LEALTAD

A lo largo de la vida de David sus seguidores demostraron una lealtad increíble. Antes que David fuera rey, cuando declaró que tenía gran deseo de beber del agua del pozo de Belén, tres de sus hombres arriesgaron su vida para llevarle algo de esa agua. Décadas después cuando Absalón, el hijo de David, le traicionó y parecía que David podía ser derrotado, sus hombres más cercanos permanecieron a su lado. Itai geteo habló por todos ellos cuando dijo: «Vive

Dios, y vive mi señor el rey, que o para muerte o para vida, donde mi señor el rey estuviere, allí estará también tu siervo» (2 Samuel 15.21). Las personas más cercanas a David parecían siempre estar dispuestas a arriesgar sus vidas por él.

4. DELEGÓ RESPONSABILIDAD BASÁNDOSE EN LA HABILIDAD

David continuamente dio autoridad a la gente. Designó a Joab como comandante del ejército después de dirigir la batalla que conquistó a Jerusalén. Cuando llegaron a él capitanes experimentados, les dio poder para continuar ejerciendo en esa calidad. Estaba igualmente seguro de dar a otros autoridad civil en su administración (1 Crónicas 18.14-17).

Para el líder es siempre arriesgado delegar autoridad. Puede provocar problemas, particularmente errores de juicio y abuso de poder. Eso fue lo que pasó cuando Joab decidió tomar la justicia en su mano y matar a Abner (2 Samuel 3.22-30). Pero los grandes líderes se arriesgan a delegar autoridad para alcanzar los niveles más elevados de liderazgo. A diferencia de Saúl, su antecesor, David no trató de hacerlo todo solo, y como resultado, pudo hacer cosas que ningún líder antes de él había hecho.

Un grupo de personas no se convierte en equipo sin liderazgo, y un círculo íntimo firme no se forma solo. Se necesita un líder para hacerlo. David era un edificador de equipo, ¿y usted?

PREGUNTA DE REFLEXIÓN PARA HOY:
¿Cómo está formando su equipo?

Día 3

PENSAMIENTO SOBRE LIDERAZGO PARA HOY:
*Las cualidades internas del líder determinan
quién está dentro del círculo.*

No erréis; las malas conversaciones corrompen las buenas costumbres (1 Corintios 15.33).

Personas de gran talento rodeaban a David. (Esto tiene sentido, pues era un hombre de grandes talentos: Ley del Magnetismo). Pero el círculo íntimo de David no tenía valor por lo que podían hacer. Tenían valor por quiénes eran.

Cuando piense en la formación de un círculo íntimo, quiero animarle a considerar las cualidades internas de la persona en vez de mirar sus habilidades o capacidades. Esto suele ser difícil pues tenemos la tendencia a enfocar la productividad y los resultados. Pero recuerde, lo que realmente importa es lo que hay dentro.

> El círculo íntimo de David no tenía valor por lo que podían hacer. Tenían valor por quiénes eran.

CUALIDADES DEL CÍRCULO ÍNTIMO

Las siguientes son las cualidades del círculo íntimo. Si la persona en la cual confía como líder posee la mayoría de estas cualidades será de gran valor para usted.

INFLUENCIA

Todo comienza con la influencia. Si desea extender su alcance, debe atraer y dirigir a otros líderes, no tan solo a seguidores. Es lo que hizo David. En la lista de guerreros que se unieron a David 1 Crónicas 12.23-37, menciona a más de mil doscientos líderes.

TRABAJO EN RED

Lo que la gente sabe no es lo único que importa. Lo importante es a quién conocen. Más de una vez David se escondió de Saúl; pudo escapar del ofuscado rey por las personas que le cuidaron y le avisaron.

SE PREOCUPA POR OTROS

La persona que se preocupa por otros cuida de otros. Su círculo íntimo debiera ser su apoyo. Desde luego, Jonatán es el mejor ejemplo en la vida de David de alguien que se preocupa. Amó a David incondicionalmente, lo animó y le cuidó la vida.

HABILITADOR

Las personas de su círculo íntimo no deben frenarle; deben estimularle. Deben hacer posible que logre más de lo que usted pudiera hacer solo. Los poderosos hombres de David eran increíblemente habilitadores.

INVENTIVA

Los miembros del círculo íntimo deberían siempre agregar valor. David animó la inventiva entre su gente, y solía recibir beneficios de ello. Por ejemplo, cuando David quería conquistar Jerusalén, ofreció al hombre que lo hiciera que ocuparía el cargo de capitán de su ejército (2 Samuel 5.6-10). Así Joab llegó a ser el jefe del ejército.

CARÁCTER FIRME

Sin duda, el carácter es la cualidad más importante que se necesita en un miembro del círculo íntimo. La gente de carácter débil en el círculo íntimo de David, como su hijo Absalón, le resultó muy cara. Pero gente de carácter firme, como el profeta Natán, ayudaron a sacar a David de sus problemas. Natán nunca se acobardó cuando su rey hizo mal. En vez de eso, habló. David sentía gratitud por eso. Sabía que el arrepentimiento le abría la puerta hacia la restauración delante de Dios.

INTUITIVO

Como expliqué en la Ley de la Intuición, cada persona es intuitiva en el área de su don. Pero eso no significa que todas las personas usan su intuición. Cuando busque personas para su círculo íntimo, apóyese en personas que han aprendido a confiar en sus instintos.

RESPONSABILIDAD

Las personas más cercanas a usted nunca deben dejarlo colgado. Si le pide a uno de ellos que lleve el balón del equipo, debe ser capaz y estar dispuesto a hacerlo. Los compañeros de David se destacaban en esta área. Su causa era la de ellos.

COMPETENTE

No logrará nada si su gente no es capaz de hacer su trabajo. No todos deben ser de clase mundial—aunque es bueno contar con personas de alta eficiencia en el equipo—pero toda la gente de su círculo íntimo debe hacer las cosas con excelencia. La habilidad de la gente de David es uno de los elementos que lo hicieron grande.

LEALTAD

Como mencioné antes, la gente de David era fiel hasta la muerte. La lealtad sola no hace que las personas sean candidatos para su círculo íntimo. Pero la falta de lealtad los descalifica. No conserve cerca de usted a nadie en quien no pueda confiar.

> La lealtad sola no hace que las personas sean candidatos para su círculo íntimo. Pero la falta de lealtad los descalifica. No conserve cerca de usted a nadie en quien no pueda confiar.

ENERGÍA

Un elevado nivel de energía es lo que redondea esta lista. No toda persona que es un ejecutor calificado posee energía sin límites, aunque algunos parecen poseerla. La energía cubre una multitud de errores porque permite que la persona se corrija después de cada fracaso. La tenacidad es valiosa para el equipo. Sin tenacidad, David y sus hombres no hubieran sobrevivido en el desierto ni hubieran hecho que su nación estuviera segura en medio de sus enemigos.

Cuando Dios desea que un líder haga algo de valor, le provee las personas necesarias para hacer el trabajo. Esto ocurrió en el caso de David, y así será en su caso. Todo lo que necesita es mirar a su alrededor.

PREGUNTA DE REFLEXIÓN PARA HOY:
En su equipo, ¿quién posee cualidades para estar en el círculo íntimo?

Día 4

PENSAMIENTO SOBRE LIDERAZGO PARA HOY:
Los compañeros de equipo no compiten entre sí, se complementan.

Donde no hay dirección sabia, caerá el pueblo;
Mas en la multitud de consejeros hay seguridad (Proverbios 11.14).

John Wooden, entrenador de UCLA y miembro del Salón de la Fama, dijo una vez: «El principal ingrediente del estrellato es el resto del equipo». Si alguien sabía de esto era John Wooden, el entrenador que mejor hacía la selección de un equipo. Sus cuadros de baloncesto ganaron diez campeonatos nacionales durante su carrera.

> «El principal ingrediente del estrellato es el resto del equipo».
> JOHN WOODEN

El autor de Eclesiastés, que muy probablemente fue Salomón, expresa un pensamiento similar:

Mejores son dos que uno; porque tienen mejor paga de su trabajo. Porque si cayeren, el uno levantará a su compañero; pero ¡ay del solo! que cuando cayere, no habrá segundo que lo levante... si alguno prevaleciere contra uno, dos le resistirán; y cordón de tres dobleces no se rompe pronto (4.9-10, 12).

Es posible que Salomón haya aprendido este principio observando a su padre, pues David era un hombre que se apoyaba en otros. He aquí una lista de algunas de las responsabilidades cumplidas por muchos seguidores de David:

• Profeta: Natán

- Sacerdotes: Sadoc y Abimelec

- Canciller: Josafat

- Secretario: Savsa

- General del Ejército: Joab

- Comandante de los cereteos y peleteos: Benaías

- Sobre los tributos: Adoram

- Príncipes: Los hijos de David y después Ira

¡Y esta lista no incluye a los valientes de David!

¿QUIÉN ESTÁ EN SU LISTA?

Es fácil entender la Ley del Círculo Íntimo basándonos en la vida de David. Pero puede ser difícil aplicarla a su vida basándose en la lista de asociados de David. Por ejemplo, es posible que no necesite un comandante de ejército que trabaje bajo su liderazgo. Por lo tanto, permítame ayudarle a adaptar el principio a su vida.

Durante años he tenido el privilegio de tener maravillosas personas a mi alrededor que me han llevado a un nivel más elevado de liderazgo. De hecho, cuando cumplí cuarenta años, hice mi más alta prioridad formar un equipo de gente buena pues comprendí que solo no podría ir muy lejos. No me alcanzaba el tiempo que tiene el día.

Hace algunos años, dí una lección sobre la idea del círculo íntimo e hice una lista de los tipos de personas que me ayudan, según la forma en que agregan valor a mi vida. Me gustaría compartir esa lista con ustedes, y sugerir que comiencen a formar un círculo similar de compañeros:

• *Alguien que interceda*. Necesita que alguien ore por usted. Sin el favor y la bendición de Dios, no puede hacer nada de valor.

• *Alguien que escuche*. Necesitamos una oreja amiga; alguien en quien confiar, con quien desahogarse y discutir ideas.

• *Alguien que anime*. Aun las personas con buenas actitudes suelen desanimarse. El estímulo es el oxígeno del alma.

• *Alguien creativo*. La persona creativa amplía su mente, corrige su dirección, aumenta su visión y multiplica sus dones.

• *Alguien que discierna*. No importa cuán bueno sea, siempre olvidará algún detalle al tomar decisiones. Asóciese con personas que puedan ver lo que a usted se le escape.

• *Alguien que dé*. Su vida debe concentrarse en dar a los demás. Pero para seguir dando, usted también necesita tener su «tanque» lleno. Conéctese con alguien que le ame incondicionalmente.

• *Alguien que le defienda*. Todos necesitamos personas en nuestro rincón. Pero a veces necesita más que esto. Los días en que está muy cansado de pelear sus propias batallas, es una bendición tener a alguien que entre en el cuadrilátero por usted.

• *Alguien que implemente*. De todas las personas en mi círculo íntimo, los que implementan son mi tipo de gente. ¿Por qué son tan importantes los que implementan? La observación de Marshall McLuhan lo dice: «Después que todo se ha dicho y hecho, se habrá *dicho* más de lo que se ha *hecho*». Los implementadores son lo que llamo «cerradores de puerta».

- *Alguien que celebre*. Cuando logre sus metas, no continúe como si nada. Tómese un momento para celebrar. Hágalo con las personas que le ayudaron a ganar, y pida la colaboración de alguien que *realmente* sepa hacer una fiesta.

- *Alguien que investigue*. Cada año le hablo a 250.000 personas y escribo por lo menos un libro. Esto exige mucho pensamiento y recolección de material. Estoy agradecido de las personas que están dispuestas a ayudarme con estas actividades.

- *Alguien que patrocine*. No es necesario que escoja un patrocinador, él tiene que escogerlo a usted. Pida a Dios que ponga a alguien en su vida que crea en usted y use su influencia para ayudarle.

- *Alguien que piense*. Algunas personas tienen el talento de resolver problemas. Todos necesitan a alguien que pueda hacer eso.

- *Alguien que trabaje en red*. Se dice que usted está a cinco personas de distancia para contactar a cualquiera en el mundo. Encuentre un buen trabajador en red y estará a solo dos.

- *Un mentor*. No importa cuán avanzado esté en su liderazgo, otros que van por delante pueden ayudarle a lo largo del camino.

- *Un protegido*. Si tiene habilidad de liderazgo, no la recibió para que la guarde solo para usted. Encuentre una persona adecuada en la que pueda vaciar su vida.

«Después que todo se ha dicho y hecho, se habrá *dicho* más de lo que se ha *hecho*».
MARSHALL McLUHAN

¡Puff! ¡Qué lista larga! Pero no podría funcionar sin las personas que cumplen estos roles en mi vida. Algunas personas, como mi esposa Margaret, cumplen múltiples funciones. Ella escucha, analiza, celebra e implementa, además de ser mi mejor amiga. Dedique algún tiempo para decifrar lo que necesita para ser un mejor líder.

PREGUNTA DE REFLEXIÓN PARA HOY:
¿Su círculo íntimo le hace más completo?

Día 5

Cómo dar vida a esta ley

ASIMÍLELA

Repase las siguientes afirmaciones de la Ley del Círculo Íntimo:

1. El trabajo de equipo hace que el sueño se haga realidad.
2. Un equipo es más que un puñado de personas.
3. Las cualidades internas del líder determinan quién está dentro del círculo.
4. Los compañeros de equipo no compiten entre sí, se complementan.

¿Cuánto valor le da a su equipo? ¿Ha cultivado un enfoque firme del trabajo en equipo? O ¿ha tenido la tendencia a ser más bien un espectáculo de una sola persona? Si no está transmitiendo su misión, su responsabilidad, ni delega su autoridad, entonces es solo cuestión de tiempo para que choque con un gran muro en su liderazgo.

ORGANÍCELA

Si no está seguro dónde se encuentra cuando se trata de entender y aplicar la Ley del Círculo Íntimo, visite el sitio en Internet «www.injoy.com/21 Minutes» para contestar un cuestionario de evaluación de veinticinco preguntas que le ayudarán a medir su habilidad.

PÓNGALA EN ORACIÓN

Use las siguientes palabras para comenzar su tiempo de oración:

Amado Dios, enséñame a pensar en función de la dirección de un equipo
ganador. Dame las personas que desees que tenga como compañeros de
equipo. Dame un gran círculo íntimo de personas. Dame el potencial
para ser un contribuyente en el círculo íntimo de otro líder. Amén.

VÍVALA

La gente de David trabajaba continuamente como equipo. Un buen
ejemplo de su trabajo de equipo se puede ver en su batalla contra los
sirios y amonitas registrado en 2 Samuel 10. Cuando Joab, el comandante del ejército, enfrentó a los enemigos de ambos lados, dividió las
fuerzas entre él y Abisai su hermano, y dijo: «Si los sirios pudieren
más que yo, tú me ayudarás; y si los hijos de Amón pudieren más que
tú, yo te daré ayuda» (v. 11). Esa clase de trabajo de equipo hizo que el
régimen militar de David fuese el de más éxito en la historia de Israel.

¿Qué meta está tratando de lograr solo y podría enfocar mejor con
una mentalidad de equipo? Reevalúe su método de trabajo, y comience a armar un equipo para lograrlo. Luego use su experiencia con sus
compañeros de equipo para comenzar a trabajar en la formación de su
círculo íntimo.

DIVÚLGUELA

¿Qué concepto, idea o práctica específica de liderazgo que ha aprendido en esta semana transmitirá a otro líder en los próximos dos días?

Semana 12

LA LEY DE LA AUTORIDAD

SOLO LOS LÍDERES SEGUROS DAN AUTORIDAD A OTROS

Solo las personas con autoridad pueden alcanzar todo su potencial. Cuando un líder no puede o no quiere dar autoridad a otros, crea barreras dentro de la organización que la gente no puede superar. Si las barreras permanecen por largo tiempo, la gente se desanima, o se van a otra organización donde puedan maximizar su potencial...

Si quiere tener éxito como líder, tiene que dar autoridad. Teodoro Roosevelt comprendió que «el mejor ejecutivo es el que tiene suficiente sentido para escoger buenos hombres para que hagan lo que quiere hacer, y suficiente dominio propio para guardarse de interferir mientras están ocupados haciéndolo...»

Solo los líderes seguros son capaces de delegar... La verdad es que la única forma en que puede llegar a ser indispensable es que se haga dispensable. En otras palabras, si usted es capaz de dar autoridad a otros continuamente y les ayuda a desarrollarse para que hagan su trabajo, llegará a ser tan valioso para la organización que se hará indispensable.

DE «LA LEY DE LA AUTORIDAD» EN
21 Leyes Irrefutables del Liderazgo.

Día 1

Bernabé
y la
Ley de la Autoridad

PENSAMIENTO SOBRE LIDERAZGO PARA HOY:
No hay límites para el éxito cuando no limita a las personas.

Lecturas bíblicas
Hechos 9.1-31; 11.19-30; 12.25-13.52

La emoción más grande de ser un líder es ver a las personas tener éxito. Pero hay algo aun mejor: ser parte del éxito de otras personas. Cuando eso ocurre, el éxito de ellos se convierte en nuestro. Nada es más satisfactorio para un líder.

Cuando busco a alguien que en la Biblia dio autoridad a otros, primero pienso en Bernabé. De todos los líderes de las Escrituras, parecía ser un maestro en la tarea de llevar a las personas a otro nivel. Hasta el sobrenombre que le pusieron es un reconocimiento de ese don. Su nombre verdadero era José, pero todos lo llamaban «Bernabé», que significa «hijo de consolación» (Hechos 4.36).

MENSAJE INESPERADO

Alentar puede ser increíblemente estimulante. Recordé esto al recibir una carta de una joven pareja, llamados Dan y Dana Denton. Los conocí el otoño de 1998 en una conferencia sobre liderazgo que dirigí en San José, California. En ese tiempo, dirigían una iglesia que habían plantado dos años antes y que había crecido a más de cien miembros, y habían venido a la conferencia con diez de sus líderes claves.

Antes de almuerzo, el primer día de la conferencia, pedí que todos los pastores se pusieran de pie para reconocerles por su arduo trabajo. Desde la plataforma vi que Dan y Dana parecían desalentados por lo que caminé hasta donde estaban y los rodeé con mis brazos. Le pedí a Dios que bendijese sus esfuerzos. Le dije a su grupo que veía el gran potencial que había en ellos pues veía un interés genuino en ser líderes piadosos. En ese tiempo no conocía su situación, pero tenía mucho deseo de sembrar la semilla de aliento en sus vidas.

Pocas semanas después recibí una carta de ellos. En ella decían que habían llegado a la conferencia con entusiasmo, pero su entusiasmo pronto se convirtió en desaliento. Dan decía que cuando comencé a enseñar, era como si hubiera leído su correspondencia y los hubiera estado mirando cómo dirigían a su gente. Pronto se dieron cuenta de algunas de las razones por las que tenían dificultades en su iglesia. Y comprendieron que si continuaban por el mismo camino, se iban a encontrar al borde de una división. Su carta tocó mi corazón, y todo lo que pudimos hacer fue orar que Dios diera satisfacción a sus necesidades.

NUNCA SUBESTIME EL PODER DE
UNA PALABRA DE ALIENTO

En marzo del 2000, en la ciudad de Los Ángeles, tuve la oportunidad de ver otra vez a Dan y Dana, esta vez con dieciocho líderes. Nuevamente tuve la oportunidad de orar con ellos, pero esta vez no se veían desalentados. Como un mes más tarde, recibí otra carta. Esto es lo que decían:

Cuando llegamos a la conferencia quisimos verle. Una vez más, ustd se acordó de nosotros. Otra vez, nos abrazó. En esta ocasión miró al nuevo grupo y dijo: «Estos muchachos son especiales»... Usted invirtió en nosotros. Nos dio credibilidad y amor. El equipo vio esto y ello cambió la manera como esta iglesia nos ve. Dios le usó para formar un núcleo de líderes que ahora nos ven a mi esposa y a mí como líderes que tienen estatura, valor y credibilidad... Nosotros podríamos haber pastoreado aquí durante veinte años y nunca hubiéramos logrado la credibilidad que usted nos ha dado en pocos meses.

Dan y Dana me dieron demasiado crédito. Todo lo que hicimos fue practicar algo que mi padre me enseñó durante mi adolescencia: caminar lentamente entre la gente. Esto significa amar a las personas, ponerlas en primer lugar en mi agenda, y ayudarles a ellos y a otros a ver el potencial que Dios ha puesto en ellos.

Esa es la esencia de lo que Bernabé hizo en la vida de otros líderes. Echó su propia agenda al fuego y ayudó a las personas a ascender a un nivel más alto en su liderazgo. Tenía una seguridad personal tal que no le preocupaba que alguien lo superara y se convirtiera en mejor líder que él.

Cada líder puede levantar a las personas o limitarlas. Si limita a su gente, no los limita a ellos; se limita usted mismo. Pero si los levanta, no se puede predecir cuán lejos van a llegar ellos... o usted.

PREGUNTA DE REFLEXIÓN PARA HOY:
¿Usted levanta o limita a su gente?

Día 2

Dar autoridad a los líderes lleva a la gente a un nivel superior.

Cuando llegó a Jerusalén, trataba de juntarse con los discípulos; pero todos le tenían miedo, no creyendo que fuese discípulo. Entonces Bernabé, tomándole, lo trajo a los apóstoles, y les contó cómo Saulo había visto en el camino al Señor, el cual le había hablado, y cómo en Damasco había hablado valerosamente en el nombre de Jesús (Hechos 9.26-27).

El plato del líder puede sobrecargarse muy rápido. En medio de sus muchos negocios, no es difícil que se olvide de la gente. Pero el líder eficaz sabe que cuando da menos de lo que corresponde, su liderazgo se quebranta. Y con ello se limi-

> Para lograr impactar a otros, debe agregar valor a su gente pues el único modo de tener un éxito verdadero es ayudar a otros.

tan a sí mismos. Para lograr impactar a otros, debe agregar valor a su gente pues el único modo de tener un éxito verdadero es ayudar a otros.

¿PODRÍA LLEVARME?

Bernabé era sin lugar a dudas un «animador de gente». Parece que no dejaba escapar ninguna oportunidad para agregar valor a los demás. Su principal contribución en función de añadir potencial se puede ver en su interacción con Pablo.

1. CREYÓ EN PABLO ANTES QUE CUALQUIER OTRA PERSONA

Es fácil dar una opinión positiva sobre una persona controversial después que otros líderes le han dado su apoyo. Es diferente anticiparse y hablar antes que los demás. Eso hizo Bernabé. No esperó hasta que los apóstoles respaldaran a Pablo para creer en él. En realidad, creyó en Pablo cuando Pedro y los demás le temían.

Para ser un líder que alienta, tiene que estar dispuesto a arriesgarse con las personas. Tiene que ver el potencial que hay en ellos y animarles a creer en sí mismos. Y pueden ser un riesgo pues puede que apoye a

> Para ser un líder que alienta, tiene que estar dispuesto a arriesgarse con las personas.

personas que no den resultado. Pero si resultan, la recompensa puede ser gigantesca. Podría ser responsable de inspirar a un nuevo líder a lograr cosas que nunca pensó que le fuera posible lograr. Y los líderes nunca olvidan a la primera persona que creyó en ellos.

2. RESPALDÓ EL LIDERAZGO DE PABLO A OTROS LÍDERES

Al describir las acciones de Bernabé la Escritura dice: «Bernabé, tomándole, lo trajo a los apóstoles, y les contó cómo Saulo había visto en el camino al Señor, el cual le había hablado, y cómo en Damasco había hablado valerosamente en el nombre de Jesús» (Hechos 9.27).

Puedo imaginarme como estaban las cosas en Jerusalén en aquellos días. Pablo llegó a la ciudad, y llegó a los apóstoles la noticia que él pretendía ser un seguidor de Cristo. Ellos deben de haber pensado que se trataba de una artimaña. Era el mismo hombre que había aprobado que Esteban, el primer mártir cristiano, fuera apedreado.

Bernabé debe de haber llegado a una de las reuniones de los apóstoles con Pablo detrás. Puedo imaginar un incómodo silencio sobre todo el grupo a medida que se fueron percatando quién era el acompañante de Bernabé. Entonces Bernabé les dio a conocer la historia de Pablo. Pablo no tuvo que hablar. Todos los creyentes conocían a Bernabé. Conocían su reputación, su integridad. Era todo lo que se necesitaba. La Escritura dice: «Estaba con ellos en Jerusalén; y entraba y salía» (Hechos 9.28). Pablo fue aceptado.

Una de las mejores cosas que usted puede hacer como líder, es elogiar a los demás. Cuando hacen un buen trabajo, dígaselo a todos. Pero también llévelo ante otros líderes. Ayúdeles para que establezcan una conexión por medio del poder de su credibilidad.

3. DIO AUTORIDAD A PABLO PARA QUE ALCANZASE SU POTENCIAL

La conexión de Bernabé con Pablo no terminó en Jerusalén. Después que el respaldo de Bernabé le permitió a Pablo moverse con libertad por Jerusalén enseñando a la gente y defendiendo la verdad de la Escritura, no pasó mucho tiempo antes que Pablo se convirtiera en enemigo de los incrédulos. Sabiamente los apóstoles lo enviaron de regreso a Tarso por su seguridad. Pero después, cuando Bernabé fue asignado a ayudar a la iglesia de Antioquía, aprovechó la oportunidad para hallar a Pablo y convertirlo en su compañero.

Esa acción dio autoridad a Pablo para emprender su primera tarea como líder, y le dio la oportunidad de participar en la obra misionera con Bernabé, rol para el cual Dios lo había elegido.

Para ser un líder que da autoridad y estimula, usted tiene que hacer más que creer en los líderes emergentes. Necesita dar los pasos para ayudarles a convertirse en los líderes que pueden llegar a ser. Debe invertir en ellos si quiere estimularlos para convertirse en lo mejor que hay dentro de ellos.

Dar autoridad a las personas requiere una inversión personal. Requiere energía y tiempo. Pero vale la pena. Si lo hace bien, tendrá el privilegio de ver que alguien asciende a un nuevo nivel. Y como beneficio adicional, usted crea poder en su organización cuando da autoridad a otros.

PREGUNTA DE REFLEXIÓN PARA HOY:
¿Con quién hace el compromiso de darle poder?

Día 3

Y considerémonos unos a otros para estimularnos al amor y a las buenas obras... exhortándonos (Hebreos 10.24-25).

Los líderes que dan autoridad a otros nunca dejan de buscar oportunidades para elevar a las personas a un nivel más alto. Crecen cuando ven que otros logran su potencial y aprovechan cualquier ocasión para agregar valor a la vida de otros. Para ellos, dar autoridad no es un hecho aislado; es un estilo de vida.

EL MINISTERIO DE AUTORIDAD DE BERNABÉ

Aunque su protegido más famoso fue Pablo, Bernabé dio autoridad a unas cuantas personas más. En su vida era evidente un patrón de dar autoridad.

1. ALENTABA A PERSONAS NECESITADAS
La primera mención de Bernabé en las Escrituras describe un hecho que fue característico de su verdadera naturaleza: dar. Leemos en Hechos 4.36-37: «Entonces José, a quien los apóstoles pusieron por sobrenombre Bernabé (que traducido es, Hijo de consolación), levita, natural de Chipre, como tenía una heredad, la vendió y trajo el precio y lo puso a los pies de los apóstoles». Cuando sus condiscípulos tenían una necesidad, Bernabé estaba pronto a suplirla.

2. DABA AUTORIDAD A LAS PERSONAS CUANDO TENÍAN ÉXITO
Cuando Bernabé se encontraba con personas que estaban haciendo buen trabajo, las estimulaba y les daba autoridad para que lo hicie-

ran mejor. La Biblia describe su acción al llegar a la iglesia de Antioquia: «Este, cuando llegó, y vio la gracia de Dios, se regocijó, y exhortó a todos a que con propósito de corazón permaneciesen fieles al Señor. Porque era varón bueno, y lleno del Espíritu Santo y de fe. Y una gran multitud fue agregada al Señor» (Hechos 11.23-24).

3. Estimulaba a las personas cuando fracasaban

La mayoría de los líderes se acerca a las personas en una de dos formas:

1. Prueban el valor de la persona, entonces la estimulan.
2. Estimulan primero a la persona, entonces descubren su valor.

El segundo método de tratar con las personas es el que usan los líderes que dan autoridad. Así trabajaba Bernabé con las personas. Aun cuando alguien lo defraudaba, como Juan

Estimulan primero a la persona, entonces descubren su valor.

Marcos, quien abandonó a Pablo y Bernabé en Panfilia, todavía creyó en él. Si Pablo hubiera prevalecido, Juan Marcos no habría tenido una segunda oportunidad. Pero Bernabé todavía creía en Juan Marcos, le dio una segunda oportunidad, y antes que todo hubiera sido dicho y hecho, Pablo también creyó en él (2 Timoteo 4.11).

Si puede creer en las personas, no importa lo difícil de las circunstancias que estén pasando, realmente podrá marcar la diferencia en sus vidas.

4. Estimulaba a los líderes a dirigir

Una tarea importante que Bernabé cumplió en las nuevas iglesias fue la designación de líderes para ayudar a la gente: «Constituyeron ancianos en cada iglesia, y habiendo orado con ayunos, los encomendaron al Señor en quien habían creído» (Hechos 14.23).

Nada estimula más a una organización que una infusión de liderazgo. Cuando estimula a los líderes, ayuda a esos individuos y además ayuda a todos las personas que ellos pueden tocar dentro de la organización.

Si importar dónde Bernabé fuera, o cual fuese su responsabilidad, a lo largo de su camino estimulaba a las personas. Aun cuando regresó a Antioquia después de su gira por Listra, Iconio y Derbe, no pudo dejar de animar a las personas y darles fuerzas para perseverar. La Escritura narra que iba «confirmando los ánimos de los discípulos, exhortándoles a que permaneciesen en la fe, y diciéndoles: Es necesario que a través de muchas tribulaciones entremos en el reino de Dios» (Hechos 14.22).

El aliento da autoridad a las personas y fortalece el impulso. Si puede aprender a creer en las personas y a vivir una vida de estímulo, usted ayudará a otros a lograr mucho más y la gente siempre recibirá con agrado su liderazgo.

PREGUNTA DE REFLEXIÓN PARA HOY:
¿Es el estímulo a otras personas un estilo de vida natural y continuo para usted?

Día 4

Después fue Bernabé a Tarso para buscar a Saulo; y hallándole, le trajo a Antioquia. Y se congregaron allí todo un año con la iglesia, y enseñaron a mucha gente; y a los discípulos se les llamó cristianos por primera vez en Antioquia. (Hechos 11.25-26)

A medida que Bernabé viajaba y tomaba bajo sus alas a nuevos líderes, parecía crear un ambiente de estímulo dondequiera que iba. Los grandes líderes hacen eso. No solo saben transmitir habilidades a otros para ayudarles a tener éxito, además crean una atmósfera donde el logro parece llegarle naturalmente a cada uno.

ÉXITO EN EL AMBIENTE

Hace poco encontré un estudio de la profesora de la Universidad del Sur de California, Gretchen Spreitzer, en un libro de Robert E. Quinn titulado *Deep Change: Discovering the Leader Within* [Un cambio profundo: Cómo descubrir el líder que tiene dentro]. Spreitzer estudió a los gerentes de una empresa Fortune 500 y halló cuatro condiciones que dan a una organización un ambiente de estímulo:

1. UNA VISIÓN CLARA Y DESAFIANTE
Spreitzer descubrió que las personas sienten más estímulo cuando entienden la visión del líder con claridad. Creo que esa era la situación de la gente que trabajaba con Bernabé. Desde el día que él y Pablo fueron llamados en la iglesia de Antioquía (Hechos 13.2), tenía un firme sentido de propósito. Comunicó su propósito a otros. A los judíos que le rechazaron en Antioquía de Pisidia les dijo:

He aquí, nos volvemos a los gentiles. Porque así nos ha mandado el Señor, diciendo:
Te he puesto para luz de los gentiles, a fin de que seas para salvación hasta lo último de la tierra (Hechos 13.46-47).

Los líderes que no tienen una visión clara ni la comunican bien tienen dificultades para estimular a otros, pues su gente no puede determinar cuáles son sus metas ni cómo servir a la organización.

> Los líderes que no tienen una visión clara ni la comunican bien tienen dificultades para estimular a otros.

2. Una atmósfera de trabajo en equipo

Spreitzer reportó que la gente estimulada tiene además un sentido de participación, flexibilidad y creatividad entre sus compañeros y trabajan juntos como un equipo. De hecho, Bernabé demostró claramente que valorizaba el trabajo en equipo. Compartió con Pablo su autoridad sin vacilación. Estaba feliz de designar ancianos en cada iglesia para participar en el equipo de dirección. Siempre llevó consigo a personas como Juan Marcos para ser parte de su ministerio. La atmósfera de trabajo en equipo hace que cada uno se sienta valorizado y apreciado.

3. Roles claramente definidos

El tercer factor que Spreitzer encontró en un ambiente estimulante fue la clara definición de roles. Cuando la persona sabe su responsabilidad y qué autoridad posee, tiene mejores posibilidades de trabajar con confianza y demuestra creatividad dentro de su área. Parece que tan pronto como Bernabé y Pablo comenzaron a trabajar juntos como equipo, después de su llamamiento en Antioquia, Bernabé estimuló a Pablo para que asumiera el rol de comunicador. De allí en adelante, cuando Lucas narra su discurso en Hechos, atribuye las palabras de Pablo a «Pablo y Bernabé».

Si quiere que su gente alcance la excelencia, permítales conocer dónde y cómo quiere usted que ellos contribuyan. Si los estimula en el ámbito de sus dones, recibirán un gran estímulo.

4. APOYO CON SENTIDO DE SEGURIDAD

Finalmente, el estudio de Spreitzer demostró que la gente en un ambiente de estímulo tiene un fuerte sentido de seguridad en sus relaciones y sabe que pueden confiar en los demás y contar con la confianza de ellos.

Sabemos que Bernabé era un líder seguro pues cedía rápido su poder. Cuando Pablo creció como líder y lo opacó, no dio muestras de que le importara. El único indicio de conflicto entre los dos hombres ocurrió cuando Pablo quería evitar que Juan Marcos recibiera el estímulo y autoridad de Bernabé, pues Pablo ya no lo consideraba digno de promover su desarrollo. Si usted es una persona segura y puede comunicar ese sentido de seguridad a su gente, entonces ellos están en terreno firme y tienen un porvenir de éxito.

Crear un ambiente estimulante no es demasiado complicado. Entonces, ¿por qué no hay más líderes que lo hagan? Primero, es mucho trabajo. Segundo, es por naturaleza un acto generoso, pues en ese tipo de ambiente los beneficios son para la gente, no para el líder. Y finalmente, requiere seguridad. Solo los líderes seguros estimulan a otros. Mientras más estímulo recibe la gente más autoridad proyectan. Los líderes débiles se sienten amenazados por esto. Los fuertes lo disfrutan.

PREGUNTA DE REFLEXIÓN PARA HOY:
¿Qué está haciendo para crear un ambiente estimulante?

Día 5

Cómo dar vida a esta ley

ASIMÍLELA

Cuando trabaja con la gente, ¿usted acumula el poder o lo reparte? Las personas que están bajo su liderazgo, ¿crecen en fuerza y capacidad, o parecen estar en un período de estancamiento? Cuando un líder en su área se vuelve particularmente fuerte, ¿suele quedarse ahí o sigue? Recuerde, las claves de la Ley de la Autoridad son las siguientes:

1. No hay límites para el éxito cuando no limita a las personas.
2. Dar autoridad a los líderes lleva a la gente a un nivel superior.
3. Los líderes viven una vida de estímulo.
4. Los líderes crean un ambiente de estímulo.

Cuando está dispuesto a compartir su autoridad, ayuda a los otros y a usted mismo.

ORGANÍCELA

Si no está seguro dónde se encuentra cuando se trata de entender y aplicar la Ley de la Autoridad, visite el sitio en Internet «www.injoy.com/21 Minutes» para contestar un cuestionario de evaluación de veinticinco preguntas que le ayudarán a medir su habilidad.

PÓNGALA EN ORACIÓN

Use las siguientes palabras para comenzar su tiempo de oración:

Amado Dios, deseo que me uses como instrumento de estímulo en la vida de otros. Te ruego que me ayudes a sentir continuamente tu amor por mí de modo que pueda tener seguridad en mi relación con los demás. Y dame un ojo que discierna las necesidades de los demás, para poder servirles así como lo hizo Bernabé. Amén

VÍVALA

Piense en la persona que ha sido la principal fuente de estímulo en su vida. Dedique un momento a escribirle una nota de aprecio por lo que ha hecho por usted.

Ahora piense en alguien a quien quiera estimular. ¿Qué puede hacer para ayudarle a sentirse estimulado y amado? ¡Hágalo!

DIVÚLGUELA

¿Qué concepto, idea o práctica específica de liderazgo que ha aprendido en esta semana transmitirá a otro líder en los próximos dos días?

Semana 13

LA LEY DE LA REPRODUCCIÓN

SE NECESITA UN LÍDER PARA PRODUCIR OTRO LÍDER

He dedicado algún tiempo a hacer una encuesta informal para descubrir qué es lo que motiva a los hombres y mujeres que asisten a las conferencias a ser líderes. Los resultados son los siguientes:

CÓMO SE CONVIRTIERON EN LÍDERES

Don natural	10%
Resultado de una crisis	5%
Influencia de otro líder	85%

Es cierto que pocas personas entran en el liderazgo porque sus organizaciones sufren una crisis, y son impulsados a hacer algo al respecto. Otro grupo pequeño lo comprenden personas con un don e instinto natural tan grande que se pueden abrir paso hacia el liderazgo por sí mismos. Pero más de cuatro de cada cinco de todos los líderes que encuentre habrán surgido como líderes debido al impacto que han tenido en ellos líderes establecidos que les sirvieron de mentores...

Todo comienza desde arriba... solo los líderes son capaces de desarrollar otros líderes... Los seguidores no pueden. Tampoco lo logran los programas institucionales. Se necesita a alguien que conozca a uno, lo dirija y lo desarrolle… Si una empresa tiene líderes deficientes, el pequeño liderazgo que tiene solo irá de mal en peor. Si una empresa tiene líderes sólidos, y se reproducen, entonces su liderazgo irá de mejor en mejor.

DE «LA LEY DE LA REPRODUCCIÓN» EN
21 Leyes Irrefutables del Liderazgo.

Día 1

Moisés y Josué
y la
Ley de la Reproducción

PENSAMIENTO SOBRE LIDERAZGO PARA HOY:
La gente enseña lo que sabe, pero reproducen lo que son.

Lecturas bíblicas
Éxodo 17.8-16; 3.7-11; Deuteronomio 31.1-8;
Números 27.12-23

¿**H**a pensado en lo que habría ocurrido a Josué si Moisés como líder no hubiera sido su mentor? ¿Ha pensado en lo que le hubiera ocurrido a los hijos de Israel? Todo se levanta o cae con el liderazgo. Toda situación mejora o decae según el liderazgo, si es bueno o malo. Si hay un vacío de liderazgo, el pueblo realmente sufre. Piénsese en lo que ocurrió cuando Moisés se ausentó durante cuarenta días para encontrarse con Dios en el Monte Sinaí. Se corrompieron y prepararon un becerro de oro para adorarlo. En Proverbios dice:

«Cuando la tierra está en caos, todos tienen soluciones; mas para estabilizarla se necesita un líder entendido y sabio».
PROVERBIOS 28.2 (paráfrasis)

«Cuando la tierra está en caos, todos tienen soluciones; mas para estabilizarla se necesita un líder entendido y sabio» (Proverbios 28.2, paráfrasis).

Josué fue un líder de verdadero entendimiento. Pudo enderezar las cosas para los hijos de Israel. Pero nunca hubiera podido hacerlo si no hubiera sido por Moisés. Se necesitó un líder del calibre de Moisés—el que pudo sacar a los hebreos de Egipto—para ser mentor de Josué y llevarlo a ser un líder de categoría mundial capaz de introducir al pueblo en la tierra prometida.

SE NECESITA A ALGUIEN PARA QUE CONOZCA, ENSEÑE Y DESARROLLE A OTRO

Debido a la influencia de la televisión, el internet y otros medios masivos de nuestra cultura, creo que hemos perdido de vista lo que significa ser mentor de una persona a fin de reproducir nuestro liderazgo en otros. Tenemos la tendencia a hacer las cosas rápidamente y a la distancia. Pero eso no resulta. No solo se necesita un líder para levantar otro líder; además se necesita tiempo y proximidad. Si examina la relación entre Moisés y Josué, usted puede ver en función esa dinámica.

La persona que se quiere reproducir en otros generalmente lo hace por una de estas tres vías:

NIVEL 1: IMPRESIONAR

En nuestra cultura comercializada, mucha gente tiene la meta de impresionar a los demás. Esto es especialmente cierto en la industria del espectáculo. La gente va al cine y cuando salen dicen: «Me gusta ese actor». Sienten como si pensaran que lo conocen y les agrada como persona, pero solo han captado una imagen que podría ser o no ser parecida a la persona que realmente hay tras el rol.

No hay nadamalo en querer causar una buena impresión en los seguidores. Los buenos líderes quieren lograr eso. Pero el liderazgo en el nivel de impresionar es superficial y débil. ¿Por qué? Porque no requiere que el seguidor se abastezca de algo real. Tampoco se incluye una relación. El líder proyecta una imagen que el seguidor recibe pasivamente.

Cuando los hijos de Israel oyeron que Moisés había vuelto a Egipto y se confrontaba con Faraón por la causa de Dios, deben de haber sido impresionados. Cuando Dios realizó los milagros por medio de Moisés, probablemente se haya entusiasmado. Pero eso solo no cambió sus vidas.

NIVEL 2: INFLUENCIA

El siguiente nivel de reproducción es la influencia, y es allí donde comienza la verdadera relación de mentor, porque exige un grado de adquisición de parte del seguidor. Reacciona por lo que hace el que influye sobre él. Por ejemplo, cuando una actriz de televisión se corta el cabello de cierta manera, miles de televidentes hacen lo mismo. Cuando un atleta hace publicidad a un producto en particular, millones de personas lo compran. O cuando un líder enseña usando libros, cintas u otros materiales, la gente aprende nuevas habilidades.

Aunque la influencia es un paso importante en el proceso de reproducción, no lo es todo. Se ha iniciado el lazo entre líder y seguidor, pero es unilateral. No hay verdadera interacción entre ambos. El seguidor recibe información o inspiración, pero casi nada más.

En el caso de los hijos de Israel, comenzaron verdaderamente a ser influenciados por Moisés cuando comenzaron a reaccionar al liderazgo y a obedecer sus instrucciones. Como resultado, huyeron de Egipto y de la opresión de la esclavitud. Puesto que tenían la voluntad de seguir, les cambió la vida. Pero aun entonces, Moisés no causó un impacto personal sobre ellos. Tratándose de la vida de las personas, usted no puede hacer un impacto a la distancia.

NIVEL 3: INVERTIR

El nivel más elevado en la tarea del mentor es la inversión, y el resultado es impacto genuino sobre la vida del seguidor. Se requiere una estrecha proximidad. Se requiere una estrecha relación. Y se requiere una dedicación mutua.

La interacción entre Moisés y Josué ilustra ese tipo de arreglo. Josué acompañó a Moisés dondequiera que iba. Sabemos que los dos hombres estaban muy cerca pues Moisés cambió el nombre de su protegido de Oseas a Josué (otra forma del nombre Jesús). La duración de su relación es un testamento de su dedicación mutua.

De todos los hijos de Israel solo Moisés podía levantar a Josué para ser un gran líder, pues la gente reproduce lo que son. Afortunadamente Moisés tenía la voluntad y el tiempo de hacerlo. Y al final los hebreos pudieron entrar en la tierra prometida.

PREGUNTA DE REFLEXIÓN PARA HOY:
Si usted se reprodujese en otro líder, ¿estaría contento con el resultado?

Día 2

El discípulo no es más que su maestro... Bástale al discípulo ser como su maestro (Mateo 10.24-25).

¿Qué ha pasado con los líderes? Estados Unidos es un país que en un momento se destacó por producir líderes. Recordemos la historia. Cuando Estados Unidos nació, el número de líderes fuertes en la pequeña población era notable. Personas como George Washington, Thomas Jefferson, Benjamín Franklin y Thomas Paine, eran algunos de ellos. Pero en la actualidad, la cantidad de líderes de calidad en proporción a la población parece muy pequeña. ¿Por qué? Porque tenemos un modo de pensar de microondas.

La gente quiere que todo sea instantáneo. Quieren la comida en la ventanilla del automóvil en segundos. Piden libros por el computador y se los despachan de modo que a la mañana siguiente ya lo tienen, sin salir de la casa. Piden películas al instante. La gente es impaciente. Pero los líderes no se desarrollan de la noche a la mañana. No se pueden cocinar en un microondas. Tienen que hervir a fuego lento.

> Los líderes no se desarrollan de la noche a la mañana. No se pueden cocinar en un microondas. Tienen que hervir a fuego lento.

CUARENTA AÑOS DE FIDELIDAD

La gente siempre está apurada, pero Dios no. Cuando Dios hace algo especial, se toma su tiempo, sea que se trate de una encina o un líder.

Si observa la relación entre Moisés y Josué, verá la clásica tabla crono-
lógica de la piedad. Josué tardó ochenta años en su formación, la mitad de los cuales los pasó al lado de Moisés en el desierto. Durante
cuatro décadas, los dos hombres estuvieron fielmente comprometidos en el proceso de desarrollo del liderazgo.

Piense en lo que ocurrió en el proceso de desarrollo de Josué:

1. MOISÉS FUE FIEL A JOSUÉ

Todo comienza con un mentor. Debe estar dedicado al proceso de
levantar un nuevo líder. Esta es la manera en que Moisés mostró su fidelidad a su protegido:

* *Moisés dio a Josué experiencia y aplicación*. El aprendizaje de
  Josué no fue una transferencia de información. Requirió
  poner manos a la obra. Moisés compartió su vida y sus
  responsabilidades con Josué. Cuando los hebreos se
  enfrentaron con los amalecitas en la batalla, Moisés puso a
  Josué por comandante. Cuando se necesitó un espía de la
  tribu de Efraín, Josué fue el enviado. Cuando Moisés necesitó
  un ayudante personal, el cargo le fue dado a Josué.

* *Moisés le dio a Josué estímulo y afirmación*. Un líder puede
  ofrecer tiempo y acceso para animar a la persona de quien es
  mentor. Moisés dio ambas cosas. Reconoció el valor de Josué
  repetidamente permitiéndole que lo acompañara donde nadie
  más podía hacerlo.

* *Moisés dio a Josué poder y autoridad*. Llegado el momento,
  Moisés impuso sus manos sobre Josué y públicamente lo
  comisionó delante del pueblo. Dio a Josué autoridad y poder.

2. JOSUÉ FUE FIEL A MOISÉS

Como líderes, a veces somos impacientes en nuestro deseo de ver
que nuestros protegidos crezcan, tomen responsabilidad y se con-
viertan en jugadores estrellas del cuadro. Las únicas personas más im-

pacientes por la consumación de ese proceso son nuestros protegidos. Ese deseo a veces los provoca a tratar de dejar el nido y volar por sí mismos prematuramente.

No fue así en el caso de Josué. Durante cuarenta años, fue leal, fiel y paciente mientras trabajaba bajo la dirección de Moisés. Sirvió a Moisés. Hacía de corazón todo lo que Moisés le pedía. Cuando Josué pensó que el pueblo trataba a Moisés en forma irrespetuosa, su fuerte amor y lealtad por Moisés resplandeció (Números 11.24-30). Era el perfecto receptor de la tarea de Moisés como mentor.

3. AMBOS FUERON FIELES A DIOS

Finalmente, Moisés y Josué fueron fieles a Dios. Cumplieron el llamado de Dios en sus vidas, lo que comprendía no solo la liberación de los hijos de Israel de Egipto, y la entrada en la tierra prometida, sino también la relación de uno con el otro. Deuteronomio 34.9 dice: «Josué hijo de Nun fue lleno del espíritu de sabiduría, porque Moisés había puesto sus manos sobre él; y los hijos de Israel le obedecieron, e hicieron como Jehová mandó a Moisés».

Cuando se involucra a Dios y la persona es obediente, ocurren cosas increíbles. Se crea un ciclo de credibilidad que se parece a lo siguiente:

Pero el proceso completo requiere tiempo. Los líderes reproductores no aparecen espontáneamente, y no se producen en un momento. Se necesita toda una vida.

PREGUNTA DE REFLEXIÓN PARA HOY:
¿Cuán dedicado está usted a la reproducción de líderes?

Día 3

Fuimos tiernos entre vosotros, como la nodriza que cuida con ternura a sus propios hijos... Vosotros sois testigos, y Dios también, de cuán santa, justa e irreprensiblemente nos comportamos con vosotros los creyentes; así como también sabéis de qué modo, como el padre a sus hijos, exhortábamos y consolábamos a cada uno de vosotros, y os encargábamos que anduvieseis como es digno de Dios, que os llamó a su reino y gloria (1 Tesalonicenses 2.7, 10-12).

La interacción entre Moisés y Josué deja en evidencia que la reproducción de líderes no es un proceso rápido y simple. Se parece mucho a criar hijos. Exige tiempo, inversión emocional y sacrificio. Pero la buena noticia es que si usted elige un líder emergente con una actitud correcta, él puede estar tan hambriento y ser tan cumplidor como Josué.

LAS NECESIDADES DE LOS LÍDERES DE LA PRÓXIMA GENERACIÓN

Es indudable que Moisés confeccionó su tutoría a la medida de Josué. Eso es importante. Si es padre y tiene más de un hijo, usted entiende que tiene que criar a cada hijo en forma un tanto diferente. Sus hijos tienen diversos dones, intereses,

Algunas cosas solo las pueden proveer los líderes que están levantándose. Usted no puede darles la actitud correcta ni la voluntad de aprender a obedecer.

talentos y necesidades. Pero ciertos aspectos del proceso permanecen claramente constantes.

Al embarcarse en el proceso de desarrollo una nueva generación de líderes, reconozca que los líderes emergentes de quienes usted es mentor necesitarán ciertas cosas:

1. DE SÍ MISMOS: CONVICCIÓN, VALOR Y OBEDIENCIA

Algunas cosas solo las pueden proveer los líderes que están levantándose. Usted no puede darles la actitud correcta ni la voluntad de aprender a obedecer. Cuando Josué vino a Moisés, ya había demostrado la convicción de seguir a Dios, el valor de luchar por sus convicciones y la disposición a obedecer a Dios y a su mentor. Eso lo convertía en un buen candidato para un mayor desarrollo en el liderazgo. Cuando usted toma a una persona para ser su mentor, busque a los que poseen cualidades similares a las de Josué.

2. DE SU MENTOR: HERRAMIENTAS

Como mentor, tiene la responsabilidad de proveer a los líderes que están levantándose las herramientas que no pueden tener por sí mismos. Mi recomendación es que los equipe según las siguientes directrices:

- *Propósito*. No pase simplemente el tiempo con los líderes emergentes. Sea estratégico. Piense en su interacción como una inversión que está basada en la visión y que está cargada de propósito.

- *Afirmación*. Dé a sus protegidos una evaluación honesta. Si usted no les dice cómo lo están haciendo, ¿quién lo hará?

- *Relación*. La relación que edifique será el pegamento que los mantendrá unidos a usted y su protegido durante el proceso de tutoría. Mientras mayores los desafíos, más sólida debe ser la relación.

- *Estímulo*. Los protegidos cometen errores y fallan. Puede contar con ello. Sus palabras positivas pueden ser lo único de valor que ellos tengan durante sus tiempos más difíciles. Sin estímulo, ellos podrían no perseverar ni seguir avanzando.

- *Dirección.* Mientras menos experiencia tengan los líderes emergentes más ayuda necesitarán para navegar a través de la carrera de obstáculos que es la vida, y más ayuda necesitarán para aprender a tomar buenas decisiones de liderazgo.

- *Herramientas.* Los protegidos necesitan habilidades y recursos que solo la persona más experimentada les puede proveer.

Sobre todo, cuando equipe a sus protegidos, acérquese a ellos como lo haría con un hijo amado: con paciencia, perspectiva y una actitud positiva.

3. De Dios: Visión

Cuando comience a invertir en líderes potenciales, usted los invitará a que se acerquen a usted y participen en el logro de su visión. Es así como debiera ser. Pero vendrá un tiempo cuando usted deje solos a sus protegidos y ellos necesitarán tener su propia visión. Eso no es algo que usted les pueda dar. Usted no puede tomar prestada una visión. Cada persona debe poseer su propia visión. Pida a Dios que bendiga con una piadosa visión que sustente a las persona de quienes usted es men tor cuando llegues a ser líderes por derecho propio.

4. De la gente: Aceptación

Sin el apoyo y aceptación de la gente, los individuos de quienes usted es mentor no pueden hacer la difícil transición de protegido a líder. Este concepto es tan importante que lo miraremos en profundidad cuando examinemos la Ley de Aceptación. Pero en la medida que pueda, invierta públicamente su autoridad en sus protegidos cuando estén listos para la responsabilidad.

El desarrollo de líderes emergentes es un desafío y tiene recompensa. No todos aquellos en quienes invierte tiempo se convertirán en el líder con el potencial que le corresponde. Pero si usted agudiza sus habilidades de mentor e invierte continuamente, Dios le puede bendecir con un Josué que llegará al más alto nivel de liderazgo.

PREGUNTA DE REFLEXIÓN PARA HOY:
¿En qué aspecto del proceso de «crianza» necesita mejorar?

Día 4

PENSAMIENTO SOBRE LIDERAZGO PARA HOY:
*Cuando los líderes reproducen otros líderes, tocan la vida
de personas que nunca conocerán.*

También contra mí se airó Jehová por vosotros, y me dijo: Tampoco
tú entrarás allá. Josué hijo de Nun, el cual te sirve, él entrará allá; aní-
male, porque él la hará heredar a Israel. Y vuestros niños, de los cuales
dijisteis que servirían de botín, y vuestros hijos que no saben hoy lo
bueno ni lo malo, ellos entrarán allá, y a ellos la daré, y ellos la heredarán (Deuteronomio 1.37-39).

Cuando Moisés sacó al pueblo de Egipto y lo condujo al desierto, no
tenía razón para creer que no lograría su sueño de vivir en la tierra
prometida. Para él le era natural esperar que iba ir al frente mostrando
el camino cuando el pueblo cruzara el río Jordán hacia la tierra que
fluye leche y miel.

Pero entonces el pueblo se rebeló. El temor sobrepasó a la fe después que oyeron el informe de los espías, y se negaron a tomar posesión de la tierra que Dios les había prometido. Eso agregó cuarenta
años de demora para el cumplimiento de las expectativas de Moisés.
Entonces, un día en Cades, Moisés perdió el dominio sobre su carácter y desobedeció a Dios golpeando la roca en vez de hablarle como
había sido la orden de Dios. Moisés quedó descalificado para hacer la
última jornada del viaje. Dios dijo a Moisés: «Jehová dijo a Moisés y a
Aarón: Por cuanto no creísteis en mí, para santificarme delante de los
hijos de Israel, por tanto, no meteréis esta congregación en la tierra
que les he dado» (Números 20.12).

Afortunadamente no se perdió todo. Aun antes de tener la noticia
de que no entraría en la tierra de Canaán había comenzado a hacer
algo que aseguraría el cumplimiento de la promesa dada por Dios a

los descendientes de Abraham. El sueño seguiría vivo aun cuando Moisés no viviera. Moisés ya había tomado a Josué bajo su ala y había comenzado a ser su mentor.

No sabemos qué impulsó a Moisés para tomar a Josué como su estudiante. Quizás fue su corazón. Después de todo, Josué permaneció obediente al llamado de Dios sobre el pueblo. Pero también Caleb hizo lo mismo, pero Moisés no fue su mentor. Sea cual fuere la razón, esto es claro: Josué era un líder que podía cumplir el llamamiento de Dios debido al favor recibido.

EL FAVOR VIENE EN FASES

Josué recibió el favor en fases:

FASE 1—POTENCIAL: EL LÍDER DA EL FAVOR A SU APRENDIZ

Todo el proceso de reproducción comienza con el favor del líder. El día que Moisés lo tomó para ser su asistente, Josué tuvo el favor del anciano líder. Como mentores, debemos estar dispuestos a dar cuanto podemos a los líderes potenciales que están bajo nuestro cuidado. Si no, creamos un gran tropiezo en su crecimiento y potencial.

FASE 2—PROGRESO: EL LÍDER Y EL PUEBLO DAN SU FAVOR AL APRENDIZ

El favor del mentor nunca es suficiente para crear un liderazgo eficaz. Obviamente, para ser un líder, el protegido debe tener gente que lo siga. Se puede ayudar al proceso de transferir liderazgo del líder al aprendiz por la investidura de la autoridad del mentor sobre el protegido. Eso hizo Moisés. El pueblo respondió positivamente: «Y Josué hijo de Nun fue lleno del espíritu de sabiduría, porque Moisés había puesto sus manos sobre él; y los hijos de Israel le obedecieron, e hicieron como Jehová mandó a Moisés»

La prueba de fuego para el nuevo líder llega cuando el mentor ya no está en el cuadro.

(Deuteronomio 34.9). Con el respaldo de Moisés y del pueblo, Josué estaba listo para avanzar.

FASE 3—PODER: EL LÍDER, EL PUEBLO Y DIOS DAN SU FAVOR AL APRENDIZ

La prueba de fuego para el nuevo líder llega cuando el mentor ya no está en el cuadro. Ya no cuenta con la sabiduría del anciano líder, ni disfruta del poder de la autoridad de esa persona. En ese momento, el nuevo líder tiene éxito o fracasa.

El factor que realmente determina lo que ocurrirá es si Dios le extiende su favor a ese líder. Hasta el punto de la muerte de Moisés, éste y Josué lo había hecho todo bien. Sin embargo, en el momento que Josué trató de hacer que los hijos de Israel cruzaran el Jordán, todavía ellos se podrían haber vuelto en contra. Una vez antes no habían querido oír el consejo de Josué. Después de todo eran un pueblo duro de cerviz capaz de una desobediencia contraproducente.

Pero Dios extendió su favor a Josué. Le hizo una promesa: «Nadie te podrá hacer frente en todos los días de tu vida; como estuve con Moisés, estaré contigo; no te dejaré, ni te desampararé» (Josué 1.5).

Sin el favor y la bendición de Dios, todo el arduo trabajo en el mundo no hubiera podido cumplir el propósito de Dios para su pueblo. Como líder, usted no puede proveer el favor de Dios a su protegido, pero ciertamente puede pedirlo. Además puede enseñar y animar a la persona de quien usted es mentor para que lo pida. Eso es fundamental porque marca la diferencia entre una buena obra y una gran obra.

En el ardor y el caos de un liderazgo exigido, mucha gente hace solo lo que trae un beneficio inmediato. No piensan anticipadamente, y no tratan de ver las cosas desde la perspectiva de Dios, pero un gran líder, como Moisés, siempre invierte en la nueva generación, porque sabe que si no ayuda a su reproducción, la nueva generación tendrá problemas. Entiende que al guiar al líder potencial hoy, está dirigiendo para más allá de su propia existencia.

PREGUNTA DE REFLEXIÓN PARA HOY:
¿Está dispuesto a pensar más allá de su propia existencia?

Día 5

Cómo dar vida a esta ley

ASIMÍLELA

Repase los cuatro pensamientos relacionados con la Ley de la Reproducción:

1. La gente enseña lo que sabe, pero reproducen lo que son.
2. Reproducir líderes es un compromiso para toda la vida.
3. Reproducir líderes es un proceso de crianza.
4. Cuando los líderes reproducen otros líderes, tocan la vida de personas que nunca conocerán.

¿Qué clase de perspectiva ha tenido cuando se llega al punto de invertir en la vida de los demás? ¿Comprende usted que solo un líder puede levantar a otro líder, y que si usted no es mentor de los líderes de mañana su organización está destinada a tener problemas?

ORGANÍCELA

Si no está seguro dónde se encuentra cuando se trata de entender y aplicar la Ley de la Reproducción, visite el sitio en Internet «www.injoy.com/21 Minutes» para contestar un cuestionario de evaluación de veinticinco preguntas que le ayudarán a medir su habilidad.

PÓNGALA EN ORACIÓN

Use las siguientes palabras para comenzar su tiempo de oración:

Amado Dios, dame tu perspectiva. Ayúdame a considerar la obra que hago, y la contribución que puedo hacer, en función de lo que se extiende más allá del marco de mi vida. Ayúdame a ver los líderes potenciales que hay a mi alrededor para que pueda invertir en ellos por amor a ti. Amén

VÍVALA

Piense en la gente que Dios ha puesto en su vida. Luego haga una lista de los primeros cinco en que ve potencial para ser líderes (elíjalos de su propio género de modo que no haya problemas de carácter moral). Ore por ellos y luego obsérvelos. Preste atención a sus actitudes. Busque convicción, valor y obediencia. Haga una tarea liviana de mentor o de enseñanza con ellos para identificar al Josué potencial dentro del grupo. Cuando haya identificado a un protegido, dedíquese a guiar a esa persona hasta que alcance su potencial. Comience transmitiéndole lo que usted ha aprendido.

DIVÚLGUELA

¿Qué concepto, idea o práctica específica de liderazgo que ha aprendido en esta semana transmitirá a otro líder en los próximos dos días?

Semana 14

LA LEY DE ACEPTACIÓN

LA GENTE ACEPTA PRIMERO AL LÍDER Y LUEGO LA VISIÓN

Cuando enseño seminarios sobre liderazgo, me hacen muchas preguntas sobre la visión. Invariablemente alguien se me acerca en algún receso, me da una breve descripción de una visión en evolución y me pregunta: «¿Piensa que mi gente aceptará mi visón?» Mi respuesta es siempre la misma: «Dígame primero, ¿su gente lo ha aceptado a usted?»

¿Entiende lo que quiero decir? Mucha gente que enfocan en el aspecto de la visión en el liderazgo lo tiene todo invertido. Creen que si la causa es suficientemente buena, la gente la aceptará automáticamente y lo seguirán. Pero el liderazgo no funciona de esa manera. Las personas no siguen primero las causas dignas. Siguen al líder digno que promueve una causa digna. La gente acepta primero al líder y luego la visión... Todo mensaje lo filtran a través del mensajero que lo emite... No se puede separar al líder de la causa que promueve... No es una proposición optativa. Ambas van siempre de la mano.

DE «**LA LEY DE ACEPTACIÓN**» *21 Leyes Irrefutables del Liderazgo*.

Día 1

Gedeón
y la
Ley de Aceptación

PENSAMIENTO SOBRE LIDERAZGO PARA HOY:
Cuando la gente confía en el líder, confía en la visión.

Lecturas bíblicas
Josué 6.11-7.25

Gedeón no tenía muchas probabilidades de ser líder. No se consideraba líder. Podemos formarnos una idea de la imagen que tenía de sí mismo al observar su reacción ante la proclamación del ángel, que sería el instrumento para la liberación de los madianitas. Después que habló el ángel, Gedeón respondió: «Ah, señor mío, ¿con qué salvaré yo a Israel? He aquí que mi familia es pobre en Manasés, y yo el menor en la casa de mi padre» (Jueces 6.15).

A pesar de las dudas de Gedeón, Dios lo usó. La gente se reunió alrededor de Gedeón, el miembro menor de la tribu más pobre, y fue el líder de la victoria más desproporcionada en la historia de Israel.

¿QUÉ ES PRIMERO?

¿Qué es primero: la visón o la reunión de personas? En mi opinión, la respuesta depende de su perspectiva:

El líder halla la visión y luego a la gente.
La gente halla al líder y luego la visión.

Si ve las cosas desde la perspectiva del seguidor: la gente adquiere primero al líder y luego la visión. Esa es la Ley de Aceptación. Pero si es líder, sabe que la visión se antepone a usted. Los líderes se apropian primero de la visión, y luego buscan las personas que le ayuden a lograrla.

La visión puede ser poderosa. Es fácil darse cuenta que la visión llegó primero a Gedeón, porque su llamado vino directamente de Dios. Pero no se necesita que lo visite un ángel del Señor en persona para tener una visión poderosa.

EL PODER DE LA VISIÓN

La visión tiene poder porque da al líder...

1. CONCIENCIA: LA CAPACIDAD DE VER

Los líderes tienen que tener la visión primero, de otro modo nunca podrán ayudar a la gente a verla. Gedeón entendió cuál era su rol antes que cualquiera otro.

2. ACTITUD: LA FE PARA CREER

Una cosa es tener la visión de lo que podría ocurrir. Otra es creer que puede hacerla realidad. Al principio, Gedeón tuvo un tiempo bastante difícil para creer que podía liberar a sus conciudadanos de los madianitas, pero el ángel le ayudó a vencer la duda.

3. ACCIÓN: EL VALOR DE HACER

Si el paso de ver a creer es grande, hallar el valor para actuar según su creencia es aun mayor. A Gedeón le costó tanto esta fase que puso un vellón para probar a Dios... dos veces. Sin embargo, Dios fue misericordioso y animó a Gedeón, y éste avanzó.

4. LOGRO: LA ESPERANZA DE PERSEVERAR

Una vez que el líder comienza a avanzar, sus problemas apenas habrán comenzado. Se necesita perseverancia para transformar la acción en logro. Por el tiempo que Gedeón enfrentó grandes obstáculos, la gente estaba firmemente tras él.

El don del líder con el pueblo es la visión. El don del pueblo con el líder es el cumplimiento de esa visión. Por eso es que Dios siempre pone juntos al líder y al pueblo. Pero antes que la gente esté dispuesta a seguir y hacer del sueño una realidad, tienen que aceptar al líder, y eso requiere un buen liderazgo.

PREGUNTA DE REFLEXIÓN PARA HOY:
¿Se seguiría a usted mismo?

Día 2

Echa tu pan sobre las aguas; porque después de muchos días lo hallarás (Eclesiastés 11.1).

Todos los líderes tienen visión. Pero no toda persona que tiene una visión es líder. He conocido a muchos líderes en potencia que poseían una visión, pero les faltó la habilidad de hacer que la gente la aceptara. Por eso la ley de aceptación tiene un gran impacto. Una visión absorbente por sí misma no convierte a una persona en líder. Tampoco una gran visión se cumplirá en forma automática porque es atractiva o valiosa.

Una vez que Gedeón se apoderó de la visión de liberar a Israel de sus enemigos, no había terminado. Todavía necesitaba conseguir que la gente quisiera ser integrada a su liderazgo. Eso no ocurrió en un instante. Aunque Dios ordenó la visión, Gedeón tuvo que dedicar su tiempo y sus acciones al cumplimiento de la visión.

> Todos los líderes tienen visión. Pero no toda persona que tiene una visión es líder. He conocido a muchos líderes en potencia que poseían una visión, pero les faltó la habilidad de hacer que la gente la aceptara.

LA ANATOMÍA DE LA ACEPTACIÓN

Cuando Gedeón pasó de ser un oscuro miembro de un pequeño clan a ser líder de las tribus del norte. Su influencia creció de la manera que lo hacen las ondas cuando se arroja una piedrita en las aguas tranquilas. Después de adquirir la visión, Gedeón...

1. COMENZÓ EN CASA (CARÁCTER)

Un buen líder primero se prueba a sí mismo con la gente más cercana a él. Su familia y sus amigos conocen su carácter y pueden decir cuando sus acciones están en línea con él.

Gedeón comenzó con diez siervos de su casa. Con su ayuda, pudo destruir el altar de Baal, edificar un nuevo altar a Dios y ofrecer el sacrificio requerido por Dios. No sabemos cuán difícil era para sus siervos adherir a su liderazgo, pero sabemos que ellos creían en él lo suficiente como para entrar en actividad.

2. CONQUISTÓ LA INFLUENCIA DE UNA PERSONA CLAVE (CARISMA)

Según las Escrituras, los hombres de la ciudad de Ofra estaban furiosos por las acciones de Gedeón. Cuando supieron lo que había hecho, le dijeron a Joás, su padre: «Saca a tu hijo para que muera, porque ha derribado el altar de Baal y ha cortado la imagen de Asera que estaba junto a él» (Jueces 6.30). En ese momento la vida de Gedeón estuvo en la balanza. Sin ayuda podría haber encontrado su fin.

Pero en ese momento, Gedeón conquistó un poderoso aliado: su padre. Aunque Gedeón describió su clan como el más pequeño de la tribu de Manasés, su padre obviamente tenía una poderosa influencia sobre la población de su ciudad. Ellos escucharon cuando se paró delante de ellos. No solo apoyó a su hijo, sino se burló de Baal dando a su hijo un nuevo nombre, Jerobaal, que se traduce «que Baal se defienda por sí mismo».

3. AMPLIÓ SU CÍRCULO (CREDIBILIDAD)

Después que consigue un núcleo de personas que aceptan su liderazgo, es posible ampliar su círculo de influencia. Cuando conquistó la influencia de Joás, Gedeón conquistó toda la ciudad. Había comenzado la aceptación de su liderazgo. Cuando tocó la trompeta para reunir a los abiezeritas (el pueblo de la región), estos vinieron. Habiéndolos atraído, extendió su llamado más allá de sus fronteras y llamó a Aser, Zabulón y Neftalí. ¡Y todos vinieron! Aun la gente de Efraín se unió a él. Sin lugar a dudas todos habían aceptado a Gedeón como líder.

4. ENTRÓ EN ACCIÓN CUANDO EL TIEMPO Y LA INFLUENCIA FUERON ADECUADOS (CULMINACIÓN)

La verdad del caso es que tanta gente aceptó el liderazgo de Gedeón y en forma tan genuina, que Dios tuvo que enviar a una buena cantidad de ellos a casa. Dios dijo a Gedeón: «El pueblo que está contigo es mucho para que yo entregue a los madianitas en su mano, no sea que se alabe Israel contra mí, diciendo: Mi mano me ha salvado» (Jueces 7.2). El número de seguidores fue reducido a trescientos, y lucharon bajo el liderazgo de Gedeón. Y Dios obtuvo la gloria por sus victorias.

En mi experiencia como líder descubrí que el proceso de aceptación siguió el mismo patrón que en el caso de Gedeón. Comenzó cuando fui nombrado pastor principal de la iglesia Skyline, en julio de 1981. Antes de aceptar el cargo reconocí que finalmente tendría que reubicar la iglesia para que siguiera creciendo. Desde ese día, tuve una visión para la iglesia. De hecho, mi primer sermón en Skyline contenía la visión de mudar la iglesia. Pero no podía tratar de cumplir la visión antes que la gente me aceptara como su líder. Trabajé arduamente, dirigí con carácter, e hice cuanto pude para lograr el respeto de los que estaban más cerca de mí.

Todo cambió para mí en el culto matutino del domingo de Acción de Gracias de 1982. En un punto del culto, Roy Conrad, líder laico de la congregación, se puso en pie para orar. Comenzó diciendo: «Dios, pensé que nunca podríamos reemplazar al pastor Butcher (Orval Butcher es el maravilloso hombre de Dios que fundó la iglesia). Pero hoy quiero darte gracias por traer hasta nosotros al pastor Maxwell». Cuando terminó de orar, uno por uno todos se pusieron de pie. Pronto toda la congregación estaba de pie y aplaudiendo. En ese momento, pensé: «Hoy soy su líder. Ahora puedo trabajar para reubicar la iglesia».

Siempre pensaré en Roy Conrad con profundo afecto. Había estado trabajando firmemente con la gente más cercana a mí por más de un año, pero cuando Roy se puso en pie ese día, todo el núcleo de la iglesia siguió su dirección. De allí en adelante la aceptación siguió su curso. Al año siguiente iniciamos la campaña para reubicar la iglesia. El hecho de que una persona tenga una visión y ocupe un cargo de liderazgo no significa necesariamente que la gente lo seguirá. Antes de subirse a bordo, tienen que aceptarlo. Eso no ocurre en un momento. La aceptación es un proceso continuo.

PREGUNTA DE REFLEXIÓN PARA HOY:
¿Es su liderazgo tan atrayente como su visión?

Día 3

PENSAMIENTO SOBRE LIDERAZGO PARA HOY:
*La gente se embarcará con un líder que los lleve
dondequiera que ellos quieran ir.*

Los hijos de Israel hicieron lo malo ante los ojos de Jehová; y Jehová los entregó en mano de Madián por siete años. Y la mano de Madián prevaleció contra Israel. Y los hijos de Israel, por causa de los madianitas, se hicieron cuevas en los montes, y cavernas, y lugares fortificados. Pues sucedía que cuando Israel había sembrado, subían los madianitas y amalecitas y los hijos del oriente contra ellos; subían y los atacaban. Y acampando contra ellos destruían los frutos de la tierra, hasta llegar a Gaza; y no dejaban qué comer en Israel, ni ovejas, ni bueyes, ni asnos... De este modo empobrecía Israel en gran manera por causa de Madián; y los hijos de Israel clamaron a Jehová (Jueces 6.1-4, 6).

¿Cómo está viviendo su vida? ¿Tiene una misión o solo vive el día? ¿Lucha por tener éxito y llevar a otros consigo, o apenas se las arregla para sobrevivir? Las respuestas a estas preguntas son importantes para saber si la gente le acepta como líder. La gente que solo flota reaccionando ante la vida en vez de seguir su misión, rara vez le toman en serio como líderes.

Cuando el ángel del Señor se le presentó, Gedeón solo trataba de sobrevivir. No tenía misión ni visión. Estaba escondido en un lagar con la esperanza de trillar secretamente un poco de grano antes que los madianitas llegaran como langostas, consumiendo todo a su paso. Si hubiera tratado de guiar al pueblo mientras mantenía una actitud sin dirección, el pueblo nunca lo habría tomado en cuenta, y él nunca hubiera logrado la liberación de Israel. La falta de voluntad para participar que mostraba el pueblo nunca hubiera brotado de su actitud poco dispuesta a liberarse de sus enemigos. Es que la gente solo se embarca con un líder que creen los llevará hacia donde ellos quieren ir. Gedeón no estuvo listo para dirigir hasta que no tuvo una visión para el futuro y una misión para cumplir esa visión.

EN UNA MISIÓN DADA POR DIOS

En el llamado de Gedeón, puede ver un patrón que es común para una persona que recibe una visión dada por Dios y una misión que cumplir. Estos son los pasos que dio:

1. ASUMIÓ RESPONSABILIDAD

El llamado de Dios siempre empieza con responsabilidad. Creo que la tendencia natural de las personas es pedir a Dios que le dé una visión antes de actuar. Pero Dios quiere que primero entremos en acción. Cuando vemos una necesidad inmediata que toca nuestro corazón o tenemos una carga (como expliqué el día 2 de la Ley de Navegación), Dios quiere que trabajemos para hacer frente a la necesidad.

Gedeón conocía la necesidad de su familia, la necesidad de alimento. Estaba actuando para suplir esa necesidad. Estaba trillando trigo en el lagar. Quizás la razón porque el ángel lo llamó varón esforzado y valiente, porque arriesgaba su vida desafiando a los madianitas. La disposición de Gedeón de asumir responsabilidad abrió la puerta para que Dios le pidiera que avanzara a un nivel totalmente nuevo de responsabilidad: al liderazgo.

> La disposición de Gedeón de asumir responsabilidad abrió la puerta para que Dios le pidiera que avanzara a un nivel totalmente nuevo de responsabilidad: al liderazgo.

El exceso de análisis crea parálisis. Dios no tiene obligación de explicar las razones para Sus acciones. Es más probable que Dios recompense nuestra obediencia con una explicación y no que nos dé una explicación para estimular nuestra obediencia. Si sabe que Dios le pide que haga algo, no se dedique a preguntar por qué.

Si no tiene visión, no se quede quieto esperando que lo golpee como un rayo. Cuando ve una necesidad que le golpea el corazón, entre en acción. Enfrente la necesidad, y si Dios desea hablarle y llamarle para dar el paso siguiente, él lo hará.

> Es más probable que Dios recompense nuestra obediencia con una explicación y no que nos dé una explicación para estimular nuestra obediencia.

2. ESPERÓ RESULTADOS

Cuando Dios nos pide avanzar, *habrá* resultados positivos. Quizás no sean los que esperamos, pero ocurrirá algo bueno. Como Dios dice en Isaías 55.11:

> Así será mi palabra que sale de mi boca; no volverá a mí vacía, sino que hará lo que yo quiero, y será prosperada en aquello para que la envié.

A Gedeón tuvo todas las razones para esperar resultados positivos. El ángel de Jehová prometió: «Ciertamente yo estaré contigo, y derrotarás a los madianitas como a un solo hombre» (Jueces 6.16). Para recibir una visión y cumplir su misión, usted debe creer que Dios es fiel. Debe tener fe que él logrará los resultados y cumplirá sus promesas.

3. ACEPTÓ LOS RIESGOS

En algún punto, lo único que resta es actuar. Esto significa aceptar que el riesgo es inevitable, y tomar la acción adecuada. Avanzar es casi siempre un acto de fe.

Cuando Gedeón obtuvo la confirmación de que Dios lo llamaba a actuar, necesitaba entrar en acción. Y lo hizo. Llevó a su gente al collado de More a la sombra del ejército de Madián. Allí Dios entregó en manos de Gedeón a los enemigos de Israel.

Gedeón nunca hubiera descubierto su destino ni crecido hacia su potencial si no hubiera escuchado a Dios y luego actuado. Tampoco la gente hubiera recibido la bendición de Dios. Por eso es tan importante que los líderes oigan y se apropien del llamado.

PREGUNTA DE REFLEXIÓN PARA HOY:
¿Hacia dónde va usted? ¿Por qué alguien querría acompañarle?

Día 4

La gloria del rey está en sus seguidores fieles;
Y el príncipe es nada si el pueblo no le sigue (Proverbios 14.28, paráfrasis libre).

¿Qué fue lo que hizo que gente quisiera seguir a Gedeón? ¿Cuál fue la causa para que la gente aceptara su liderazgo? En realidad, ¿qué es lo que hace que *cualquier* seguidor acepte a su líder?

Nuestra cultura da demasiado crédito al concepto de cociente intelectual o cociente de inteligencia de una persona. Pero creo que cuando se trata de dirigir personas, se sobrepasa la inteligencia. Más importante que el cociente intelectual (CI) es el CA: cociente de atracción de una persona.

Toda persona tiene alguna habilidad para atraer a otros, sobre la base de sus destrezas de atracción. Cuando digo esto, no hablo de atractivo físico. Quiero decir cualidades que son deseables en un líder. Mientras más cualidades tenga, con más probabilidad la gente lo seguirá como líder.

SIETE CUALIDADES QUE LOS SEGUIDORES DESEAN EN UN LÍDER

Cuando se trata de considera por qué los seguidores adhieren al liderazgo de una persona, hay varios factores involucrados. Alguien que haya estudiado liderazgo probablemente podría hacer una lista de docenas de ellos. Pero es posible achicar la lista (además, como alguien que quiere aprender a ser un líder, no puede concentrarse en treinta aspectos para mejorar a un mismo tiempo).

Todo seguidor es atraído a un líder que muestra estas siete cualidades:

1. LLAMADO

Pocas cosas son tan convincentes para el seguidor como un claro llamado en la vida del líder. Alguien que ha recibido y aceptado un llamado usualmente tiene visión, pasión, energía y dedicación. El llamado de Gedeón era seguro. Cuando aceptó su llamado, fue transformado. Antes era un hombre que dudaba de sí y solicitó múltiples señales para confirmar su misión. Aun cuando comenzó a dar los primeros pasos de obediencia, actuó de noche. Pero cuando asimiló la verdad de su llamado, se volvió apasionado y osado. Con trescientos hombres, atacó y venció a un ejército de 120.000 soldados (Jueces 8.10).

2. IDEAS CLARAS

La gente respeta a un líder que tiene aguda perspicacia, que es sabio para determinar el verdadero problema en cualquier situación, y puede ver lo que está por delante. La Escritura dice que Dios dio a Gedeón una idea del débil corazón de los madianitas antes de atacar el campamento. Cuando llamó a sus hombres a la batalla, Gedeón entendía que Dios le había asegurado la victoria.

3. CARISMA

Las personas se sienten atraídas por líderes que les hacen sentir bien sobre sí mismos. En resumen, ese es el secreto del carisma. Cuando Gedeón invitó al pueblo de Efraín para unirse a él en la persecución de los madianitas dispersos, estos reaccionaron con ira. Pero Gedeón pudo ayudarles a ver la importancia de su rol, cuando capturó y mató a los príncipes de Madián.

4. TALENTO

Solo se necesita observar la industria del espectáculo para saber que los seguidores se sienten muy atraídos hacia las personas con talento. Los actores y músicos son idolatrados por sus dones y talentos naturales. No sabemos mucho de las habilidades naturales de Gedeón. Pero el ángel lo llamó «varón esforzado y valiente» (Jueces 6.12) y le ordena «ve con esta tu fuerza» (Jueces 6.14). Es más que probable que algunos de los talentos de Gedeón fuesen la fortaleza física y el valor.

5. HABILIDAD

A la gente le gusta la competencia. Son naturalmente atraídos a alguien que logra que las cosas se hagan. Como mencioné el día 3 de la Ley del Respeto, la producción es el tercer nivel de liderazgo; la gente sigue por lo que el líder hace por el equipo.

Gedeón debe de haber entendido que el pueblo de Efraín sería la gente más difícil de atraer a su liderazgo. Comenzó con los más cercanos a él, con quienes tenía una firme relación. Pero no intentó embarcar a los efrainitas consigo hasta que hubo probado su habilidad. Aun entonces, tuvo que trabajar para que ellos lo aceptaran como líder.

6. DESTREZAS DE COMUNICACIÓN

El líder que no puede comunicar su llamado y visión tiene dificultades para lograr que la gente entienda y acepte su liderazgo. Cuando Gedeón habló a la gente, ellos entendieron y le siguieron fervorosamente, aun cuando podrían haberse sentido mejor resistiendo su liderazgo. Esto nos lleva a la séptima cualidad.

7. CARÁCTER

Se necesita carácter para ganar la confianza de la gente. Mientras más cerca está el líder de la gente, mayor es la necesidad de carácter. Pero también se necesita carácter para conservar a la gente en la marcha hacia la dirección correcta. Gedeón comenzó con fuerza. Se levantó cuando otros no podían. Mostró valor frente a increíbles circunstancias adversas. Pero al final, una falla en su carácter lo traicionó ante el pueblo. Después de su victoria, Gedeón creó un ídolo y lo levantó en Ofra: «Todo Israel se prostituyó tras de ese efod en aquel lugar; y fue tropezadero a Gedeón y a su casa» (Jueces 8.27).

Todos poseemos estas siete cualidades en diversos grados. Algunos vienen en forma natural. Por otras hay que luchar. Pero la cantidad y grado en que el líder las posee determinarán el tipo de persona y cuántos le seguirán. Mientras más cualidades, mayor la diversidad de seguidores. Mientras más firme la calidad, mejor el seguidor que se atrae. Si quiere que la gente se sienta atraída y le acepte como líder, trabaje para aumentar su CA.

PREGUNTA DE REFLEXIÓN PARA HOY:
*¿Cuánto se está esforzando para aumentar su cualidades
de atraer a otros?*

Día 5

Cómo dar vida a esta ley

ASIMÍLELA

¿Es usted el tipo de líder que los seguidores aceptan rápido? ¿Le parece que hay más gente tratando de unirse a su equipo u organización que las que usted puede manejar? O ¿está tratando continuamente de convencer a otros que lo sigan? Si su situación es más o menos la última, repase y adopte estas cuatro afirmaciones acerca de la Ley de Aceptación:

1. Cuando la gente confía en el líder, confía en la visión.
2. La aceptación es un proceso continuo.
3. La gente se embarcará con un líder que los lleve dondequiera que ellos quieran ir.
4. Mientras más activos tenga, más atractivo será.

ORGANÍCELA

Si no está seguro dónde se encuentra cuando se trata de entender y aplicar la Ley de Aceptación, visite el sitio en Internet «www.injoy.com/21 Minutes» para contestar un cuestionario de evaluación de veinticinco preguntas que le ayudarán a medir su habilidad.

PÓNGALA EN ORACIÓN

Use las siguientes palabras para comenzar su tiempo de oración:

Amado Dios, concédeme el valor para actuar en cada instrucción que me das, y revélame los pasos de obediencia que quieres que dé. Mi deseo es cumplir la visión que tienes para mi vida. Moldéame para ser el tipo de líder que pueda atraer a personas que pueda ayudar y llevarlas adonde tú quieras que vayan. Amén

VÍVALA

¿Cuál es su CA? ¿se caracterizaría a sí mismo como alguien que tiene cualidades que atraerían a otros? En la lista que aparece a continuación, examine las siete cualidades mencionadas así como los ejemplos de líderes que las poseían en abundancia. Luego, evalúese en cada aspecto. Califíquese de 1 (bajo) a 10 (alto):

CUALIDADES	MEJORES EJEMPLOS BÍBLICOS	SU PUNTUACIÓN
1. Llamamiento	David, Elías, Pedro	_____
2. Ideas claras	Salomón, Samuel, Esdras	_____
3. Carisma	Bernabé, Apolo, Juan	_____
4. Talento	Sansón, Eliseo, José	_____
5. Habilidad	Nehemías, Pablo, Tito	_____
6. Destrezas de comunicación	Jeremías, Amós, Isaías	_____
7. Carácter	Moisés, Daniel, Josué	_____

Determine la cualidad de menor puntaje, y busque un mentor que le ayude en el trabajo de mejorarlo (por ejemplo, si su puntaje para llamado fue bajo, siga las instrucciones del día 3 para corregir esa deficiencia. Si su puntaje por carácter fue bajo, comience por reunirse con un compañero de responsabilidad para trabajar en los asuntos relacionados con ese aspecto de su vida).

DIVÚLGUELA

¿Qué concepto, idea o práctica específica de liderazgo que ha aprendido en esta semana transmitirá a otro líder en los próximos dos días?

Semana 15

LA LEY DE LA VICTORIA

LOS LÍDERES ENCUENTRAN LA FORMA DE QUE SU EQUIPO GANE

¿Ha pensado alguna qué es lo que separa a un líder que logra la victoria de uno que sufre derrotas? ¿Qué se necesita para ser un ganador? Es difícil poner un dedo sobre la cualidad que separa al ganador del perdedor. Cada situación de liderazgo es diferente. Cada crisis tiene sus propios desafíos. Pero pienso que los líderes victoriosos comparten la incapacidad de aceptar derrotas. Algo distinto de ganar no es alternativa para ellos, de modo que calculan lo que deben hacer para lograr la victoria, y luego la buscan con todo lo que tienen a su disposición...

Cuando tienen presión, los grandes líderes están a sus anchas. Lo que hay dentro de ellos aflora a la superficie... Los líderes que practican la Ley de la Victoria creen que solo el éxito es aceptable. No tienen un plan B. Eso los mantiene en la lucha.

DE «LA LEY DE LA VICTORIA» EN
21 Leyes Irrefutables del Liderazgo

Día 1

Josías
y la
Ley de la Victoria

PENSAMIENTO SOBRE LIDERAZGO PARA HOY:
La victoria es precedida por un gran descubrimiento.

Lecturas bíblicas
2 Crónicas 34.1-35.27

¿Cómo alguien se convierte en un Michael Jordan? ¿O un Winston Churchill? ¿O un Winston Marsalis? ¿O una Madre Teresa? ¿Cómo puede uno llegar a ser tan bueno en lo que hace que se niega a hacer otra cosa que no sea tener éxito, sin importar las circunstancias que enfrente? Creo que la respuesta es que primero hace un gran descubrimiento.

AQUÍ COMIENZA TODO

De las cuatro personas que mencioné, ninguna carecía de talento. Los cuatro son ejemplos de personas que trabajan arduamente. Pero el talento y una firme ética de trabajo no son suficientes para asegurar la victoria. (¿Acaso no ha conocido a muchas personas talentosas y trabajadoras que nunca ganan?) Los descubrimientos hacen la diferencia: no importa si la persona es líder o seguidor, famoso o desconocido, poderoso o débil.

Supe del poder del descubrimiento al pastorear mi primera iglesia. Una mujer de la iglesia me pidió que visitara a su hermano enfermo en el hospital. Me dio alegría hacerlo e hice de su pieza una de mis paradas regulares en la visitación cada semana. Disfrutaba las visitas. Conversamos de todo tipo de cosas. Nuestro tema favorito eran los Rojos de Cincinnati, nuestro equipo de béisbol favorito.

Un día, después de hacer mi visita en el hospital, llamé a Margaret, mi esposa, para avisarle que iba de regreso a casa. Quedé profundamente impactado cuando me dijo que el hombre había muerto. No lo podía creer, porque hacía menos de una hora que había estado con él. Entonces me golpeó esto: nunca compartí mi fe con él. Comprendí que en ese momento él podría estar en el infierno porque tuvo la desdicha de tenerme como pastor. Me sentí destruido y comencé a llorar.

Pocos días después dirigí el servicio fúnebre y no pude dejar de llorar. Su hermana pensó que lloraba porque lo amaba, pero sabía que le había fallado a él y a Dios. Por meses no pude sobreponerme al dolor de este fracaso. Me comía por dentro. Finalmente una noche no pude resistir más. A las 3:00 a.m. me tendí en el suelo mientras luchaba con Dios. Descubrí que había hecho de Dios mi Salvador, pero no mi Señor. Supe que debía elegir si iba a dejar o no que me quebrantara y me rehiciera como el hombre que él quería que yo fuera. Fue un momento de descubrimiento, y con ansiedad me entregué a Dios otra vez.

Toda mi vida cambió. Mis prioridades cambiaron completamente. Dejé de preocuparme por tener victorias sobre la gente y me entregué a agradar a Dios. Mi ministerio tuvo un giro de ciento ochenta grados, comencé a compartir mi fe, y la iglesia comenzó a crecer. Las vidas que toqué fueron afectadas por Dios.

DESCUBRIMIENTO PARA DIOS

Cuando observo retrospectivamente mi vida, puedo identificar siete victorias importantes en mi liderazgo, y puedo atribuir cada una de ellas a un descubrimiento personal que lo precedió. Si examina la vida de Josías, puede ver lo mismo. Cuando buscó a Dios, hizo un descubrimiento que le permitió una gran victoria. Leemos en las Escrituras: «Este hizo lo recto ante los ojos de Jehová, y anduvo en los

caminos de David su padre, sin apartarse a la derecha ni a la izquierda»
(2 Crónicas 34.2). Como resultado, la nación fue purgada de sus ídolos, redescubrieron el Libro de la Ley y el pueblo volvió al verdadero
culto a Dios. Lo que Josías quería por sobre todas las cosas era ganar
el corazón de Dios. Y lo hizo. La Biblia dice que fue el más piadoso de
todos los reyes de los hebreos.

Así como la victoria fue posible para Josías, es posible para usted.
Para lograrla, no puede mirar solo la victoria. Necesita poner el fundamento, y eso significa vivir una experiencia de descubrimiento personal.

PREGUNTA DE REFLEXIÓN PARA HOY:
*¿Ha experimentado un momento de descubrimiento
personal que lo haya llevado a la victoria?*

Día 2

La victoria es posible a pesar de las circunstancias insuperables.

No hubo otro rey antes de él [Josías], que se convirtiese a Jehová de todo su corazón, de toda su alma y de todas sus fuerzas, conforme a toda la ley de Moisés; ni después de él nació otro igual (2 Reyes 23.25)

La mayoría de las personas creen que los ganadores logran el éxito porque todo les resultó más fácil que a nosotros. Ellos tienen suerte. Tienen más talento. Nacieron en la familia indicada. En otras palabras, sus circunstancias eran mejores que las nuestras. Esa es una evasiva. La gente que logra el éxito suele hacerlo a pesar de terribles desventajas y miserables circunstancias (si tiene dudas al respecto, lea la historia de Dave Anderson, o la de una de muchas otras personas en mi libro *Failing Forward*).

BATALLA CUESTA ARRIBA

Si alguna vez un líder enfrentó una cantidad de circunstancias en contra, fue Josías. Cuando comenzó su reinado, todo parecía estar en su contra. Tuvo que vencer diversos obstáculos:

1. SU EDAD
Solo tenía ocho años cuando se convirtió en rey. Era un niño, aun por las normas de los hebreos que marcaban a los trece años el paso de la niñez a la virilidad. Era cinco años menor que la edad en que la mayoría de los muchachos iniciaban el aprendizaje de un oficio. No tenía influencia ni experiencia.

2. UNA HERENCIA FAMILIAR HORRIBLE

La familia de Josías había dejado en Judá un legado de dolor. Si hace una lista de los peores reyes en la historia de los hebreos, Manasés, el abuelo de Josías merece estar primero en la lista. Esta es una descripción de sus acciones:

> E hizo lo malo ante los ojos de Jehová, según las abominaciones de las naciones que Jehová había echado de delante de los hijos de Israel. Porque volvió a edificar los lugares altos que Ezequías su padre había derribado, y levantó altares a Baal, e hizo una imagen de Asera, como había hecho Acab rey de Israel; y adoró a todo el ejército de los cielos, y rindió culto a aquellas cosas. Asimismo edificó altares en la casa de Jehová, de la cual Jehová había dicho: Yo pondré mi nombre en Jerusalén. Y edificó altares para todo el ejército de los cielos en los dos atrios de la casa de Jehová. Y pasó a su hijo por fuego, y se dio a observar los tiempos, y fue agorero, e instituyó encantadores y adivinos, multiplicando así el hacer lo malo ante los ojos de Jehová, para provocarlo a ira... Mas ellos no escucharon; y Manasés los indujo a que hiciesen más mal que las naciones que Jehová destruyó delante de los hijos de Israel (2 Reyes 21.2-6,9).

El abuelo de Josías fue más corrupto que los perversos cananeos que Dios había expulsado de la tierra prometida. El padre de Josías, Amón, siguió el ejemplo de Manasés. Josías no tenía una herencia de piedad en la cual apoyarse.

3. LA FALTA DE UN MODELO POSITIVO

La mayoría de los líderes piadosos se ha desarrollado siguiendo la dirección de otro líder poderoso. Josías es una rara excepción. Los reyes que le precedieron no solo no le proveyeron de un buen modelo, sino al parecer no hubo otros líderes presentes en Jerusalén que pudieran guiarle y dirigirle. El profeta Jeremías solo comenzó su ministerio en el año catorce del reinado de Josías. Por ese tiempo, el joven rey ya había limpiado la nación de ídolos y de altares a dioses falsos.

4. LA MISERABLE CONDICIÓN ESPIRITUAL DEL PAÍS

Cuando Josías fue nombrado rey, el templo de Jerusalén podía ser una dramática representación del punto en que se encontraba espiritualmente el pueblo. La casa de Dios estaba en ruinas, y no había deseos ni esperanzas de reparar el daño. El pueblo de su tiempo se había descarriado por su propio camino. No quería saber nada de Dios, y como resultado, nunca habían tenido la experiencia de su bendición y renovación espiritual.

NO HAY MONTAÑA DEMASIADO ALTA

Josías no permitió que nada lo detuviera. Su mayor deseo era dedicarse de todo corazón a Dios y a ganar al pueblo para él. Y lo hizo. Se deshizo de los ídolos de la nación. Reparó el templo de Dios y volvió a poner en él el arca. En el proceso los hebreos redescubrieron el libro de la Ley, lo que produjo una completa renovación de su dedicación a Dios. El liderazgo de Josías se resume en 2 Crónicas 34.33:

> Y quitó Josías todas las abominaciones de toda la tierra de los hijos de Israel, e hizo que todos los que se hallaban en Israel sirviesen a Jehová su Dios. No se apartaron de en pos de Jehová el Dios de sus padres, todo el tiempo que él vivió.

Realmente no importa qué circunstancias enfrentan los líderes o cuántos obstáculos deban vencer. La victoria siempre es posible. Pero primero, los líderes deben estar dispuestos a enfrentar al peor de sus enemigos: ellos mismos. Es el tema de la lección de mañana.

PREGUNTA DE REFLEXIÓN PARA HOY:
¿En qué circunstancias insuperables ha aceptado la derrota?

Día 3

¿No sabéis que los que corren en el estadio, todos a la verdad corren, pero uno solo se lleva el premio? Corred de tal manera que lo obtengáis. Todo aquel que lucha, de todo se abstiene; ellos, a la verdad, para recibir una corona corruptible, pero nosotros, una incorruptible. Así que, yo de esta manera corro, no como a la ventura; de esta manera peleo, no como quien golpea el aire, sino que golpeo mi cuerpo, y lo pongo en servidumbre, no sea que habiendo sido heraldo para otros, yo mismo venga a ser eliminado (1 Corintios 9.24-27).

A todos nos gusta ganar. No hay nada como una victoria y la celebración que la acompaña. Nos gusta recibir el premio del vencedor. Es una marca de haberlo logrado. Pero un peligro de concentrarse en el premio es que podemos pensar que la victoria es algo que ocurre fuera de nosotros. No es así. Ganar es una tarea interior. El trofeo o medalla es el reconocimiento de una victoria interior. La atención de Pablo en 1 Corintios está en la forma que nos preparamos y la forma que corremos, no en el trofeo.

El equipo que logra la victoria es el comprendido por individuos que primero ganaron sus victorias internas. La primera persona en cualquier equipo que debe enfrentar estas batallas internas es el líder, sea un entrenador, padre, empleado, pastor, capitán de equipo, o empresario.

CÓMO LOGRAR UNA VICTORIA PERSONAL

¿Cómo sale el líder a buscar una primera victoria sobre él mismo? ¿Qué se requiere? Considere lo que Josías hizo y cómo se venció a sí mismo primero para lograr aceptación:

1. PERMANECIÓ ABIERTO Y ENSEÑABLE

Los líderes que no están dispuestos a aprender nunca ganan. Pero los líderes abiertos al cambio se ponen en una posición que les permite ganar sus batallas. Aun las personas con un firme historial de victorias pasadas necesitan permanecer enseñables si quieren seguir ganando. Ese fue el secreto del entrenador de baloncesto de la UCLA, John Wooden, como expliqué en *El viaje del éxito*. Después de ganar múltiples campeonatos de NCAA, estuvo abierto a los cambios y deseoso de crecer como líder.

El mismo tipo de apertura y deseo de aprendizaje podemos ver en Josías. Vemos en las Escrituras que «a los ocho años de su reinado, siendo aún muchacho, comenzó a buscar al Dios de David su padre» (2 Crónicas 34:3). A los dieciséis años, en vez de tratar de convencer a todos que ya lo sabía todo (como ocurre con muchos adolescentes), se humilló. Se apartó de los caminos de su arrogante padre, y buscó a Dios.

Se necesita ser enseñable para ganar las batallas internas. Si desea ganar la primera batalla —consigo mismo— entonces necesita poseer esta cualidad.

2. REMOVIÓ LOS OBSTÁCULOS DEL PASADO

Todos los líderes tienen que luchar con su bagaje. Es ineludible. Si un líder toma una organización después de otro líder, hereda problemas. Pero los líderes que fundan su organización traen su propio bagaje personal. De una u otra forma, un líder tiene que ganar batallas, incluyendo las luchas con el pasado.

Para Josías, una batalla importante fue el culto a los ídolos. Desde el tiempo del rey Salomón, el culto de otros dioses había sido una piedra de tropiezo para los judíos. Josías comprendió eso y decidió hacer algo al respecto. Limpió el país de ídolos. Eso requirió un valor increíble. Tenía solo veinte años y estaba peleando contra más de trescientos años de tradición y de desobediencia voluntaria contra Dios, no solo por el pueblo, sino también por todos los reyes de Israel y Judá.

Cuando trate de lograr la victoria en su organización, usted enfrentará y superará problemas creados en el pasado. Pueden ser tradiciones a las cuales se aferra la gente, a pesar de su ineficacia. Puede tratarse de jugadores deficientes que hay que sacar del equipo. Puede tratarse de errores de juicio cometidos por usted o por sus antecesores. Puede incluir pecados del pasado que permanecen sin arrepentimiento. No importa su naturaleza, usted debe hallar valor en su interior para enfrentarlos y resolverlos.

3. COMPRENDIÓ LO QUE NECESITABA DAR Y LO DIO

La victoria siempre tiene un costo personal para los líderes. No pueden mantenerse fuera del proceso y dirigirlo. Tienen que estar involucrados.

Para Josías, eso significó reparar el templo y restaurar la celebración de la Pascua. Primero, Josías entregó fielmente los fondos al sumo sacerdote, práctica que evidentemente había sido descuidada por los reyes anteriores, si se considera el estado ruinoso del templo.

> La victoria siempre tiene un costo personal para los líderes. No pueden mantenerse fuera del proceso y dirigirlo. Tienen que estar involucrados.

Pero eso no fue suficiente para Josías. Él quería honrar y adorar a Dios, y quería que su pueblo hiciera lo mismo. Así llevó a los hebreos a guardar la Pascua con dedicación y reverencia, y lo hizo a gran costo personal. De sus posesiones, dio treinta mil corderos y cabritos y tres mil becerros para que el pueblo ofreciera sacrificio:

> Y los hijos de Israel que estaban allí celebraron la pascua en aquel tiempo, y la fiesta solemne de los panes sin levadura por siete días. Nunca fue celebrada una pascua como esta en Israel desde los días de

Samuel el profeta; ni ningún rey de Israel celebró pascua tal como la que celebró el rey Josías, con los sacerdotes y levitas, y todo Judá e Israel, los que se hallaron allí, juntamente con los moradores de Jerusalén (2 Crónicas 35.17-18).

4. RECONOCIÓ LA CLAVE PARA LA VICTORIA

Todo líder está investido con la responsabilidad de hallar la clave de la victoria para su pueblo. Para Josías esa clave fue el arrepentimiento. Después de descubrir y leer el libro de la Ley, Josías se arrepintió de sus pecados y de los de su pueblo. Y preparó a sus conciudadanos para seguir su liderazgo.

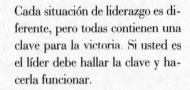

Cada situación de liderazgo es diferente, pero todas contienen una clave para la victoria. Si usted es el líder debe hallar la clave y hacerla funcionar.

Cada situación de liderazgo es diferente, pero todas contienen una clave para la victoria. Si usted es el líder debe hallar la clave y hacerla funcionar.

5. MANTUVO UN COMPROMISO PERSONAL PARA TENER ÉXITO

La gente nunca estará más motivada que su líder. Si la gente de una organización descubre que su dedicación es superior que la de su líder, buscarán otra organización con otro líder.

La dedicación personal de Josías inspiró al pueblo para ser fieles a pesar de sus malos deseos y de su historia. La Escritura recuerda:

Y estando el rey en pie en su sitio, hizo delante de Jehová pacto de caminar en pos de Jehová y de guardar sus mandamientos, sus testimonios y sus estatutos, con todo su corazón y con toda su alma, poniendo por obra las palabras del pacto que estaban escritas en aquel libro (2 Crónicas 34.31).

El resultado de la fidelidad y dedicación de Josías fue fidelidad y dedicación de parte del pueblo. El autor de Crónicas continúa diciendo: «No se apartaron de en pos de Jehová el Dios de sus padres, todo el tiempo que él vivió» (2 Crónicas 34:33)

Si quiere que su equipo triunfe, entonces necesita ganar algunas batallas en su interior. No puede ganar a menos que primero no gane en su interior. Haga esto, y se colocará usted —y a su equipo— en una posición de victoria.

PREGUNTA DE REFLEXIÓN PARA HOY:
¿Está asumiendo responsabilidad por sus victorias?

Día 4

Porque yo ya estoy para ser sacrificado, y el tiempo de mi partida está cercano... He peleado la buena batalla, he acabado la carrera, he guardado la fe... Pero el Señor estuvo a mi lado, y me dio fuerzas, para que por mí fuese cumplida la predicación, y que todos los gentiles oyesen (2 Timoteo 4.6-7, 17).

Si ha experimentado descubrimientos importantes en su vida, y está peleando las batallas en su interior, entonces se está colocando en el mejor lugar para llevar a su equipo a la victoria. Pero eso podría no ser suficiente. Para que la organización pueda subir al nuevo nivel, puede ser necesario que su gente experimente sus descubrimientos personales.

CÓMO AYUDAR A OTROS A ABRIRSE PASO PARA LA VICTORIA

Como líder, usted puede impactar a su gente cuando se trata de descubrimientos personales. Esta es una buena manera de hacerlo:

1. ENTIENDA EL TIEMPO DEL DESCUBRIMIENTO

El asunto del tiempo en el liderazgo es tan importante que tiene una ley propia. Pero cuando se trata de provocar un descubrimiento en su pueblo, reconozca que hay tres tiempos principales para guiar a su gente a un descubrimiento que conduzca a la victoria. La gente está lista para el cambio cuando...

- sufre tanto que necesita una experiencia de descubrimiento

- aprende tanto que quiere una experiencia de descubrimiento.

- recibe tanto que está en condiciones de abrirse paso.

A medida que trabaja con las personas de su organización, déle oportunidades de aprendizaje, déle recursos y ánimo, y preste atención a su situación mental, espiritual y emocional. Cuando estén preparados, déle un empujoncito suave para que salten el obstáculo.

2. ORE POR UNA EXPERIENCIA DE DESCUBRIMIENTO

Cuando se trata de experimentar un descubrimiento, puede no valer la pena si Dios no está en él. Además, si Dios no está, usted no podrá hacer que ocurra en ninguna forma. El reconocido evangelista John Wesley dijo: «Dios no hace nada si no es en respuesta a la oración».

Lo mejor que puede hacer por su gente es orar por ellos. Interceda por ellos. Pídale a Dios una experiencia de descubrimiento. Luego pídale a Dios que le ayude a hacer su parte, que revele a su gente lo que les corresponde y que haga él su parte.

3. CONVIÉRTASE EN UNA PERSONA QUE ABRE CAMINOS

La gente hace lo que ve. Si usted vive de tal modo que demuestra lo que es una persona que abre caminos, su gente dará valor a las experiencias de descubrimiento, y tendrá un modelo genuino para seguir.

¿Cómo puede convertirse en una persona que abra camino? He descubierto que la mayoría de las personas de abre caminos exhibe estas cualidades:

- *Vulnerabilidad*. Comprenden que no son perfectos, no pueden hacerlo todo, y necesitan de Dios para establecer la diferencia.

- *Humildad*. No están para probar algo, y no les importa quién recibe el crédito. Están contentos de compartir el centro de atención cuando tienen éxito.

- *Transparencia*. Su vida es un libro abierto. Reconocen cuando no han logrado alcanzar su meta al igual que cuando Dios obra en su vida.

Usted no puede garantizar que experimentará un momento de descubrimiento. Pero sí puede controlar el tener o no estas cualidades.

4. ENCUENTRE LÍDERES QUE ABRAN CAMINOS

Tener a su alrededor algunos líderes fuertes que sean capaces de experimentar momentos de descubrimiento puede hacer una gran diferencia en las vidas de su gente. Cuando estas personas están en el equipo, el éxito es casi inevitable. Es como tener un equipo de catalizadores que abren camino trabajando a su lado.

Si quiere tener un equipo ganador, tiene que tener jugadores ganadores. La mejor manera de hacer esto es crear momentos de descubrimiento. Si puede convertirse en una persona que abre camino que dirige un equipo de líderes que abre camino, que supervisa y dirige una organización llena de personas que abren caminos, entonces la victoria es inevitable.

PREGUNTA DE REFLEXIÓN PARA HOY:
¿Está su gente ganando o perdiendo?

Día 5

Cómo dar vida a esta ley

ASIMÍLELA

¿Cómo le va cuando se trata de la Ley de la Victoria? Al igual que Josías, ¿halla usted el camino para que su equipo gane? Recuerde los siguientes pensamientos:

1. La victoria es precedida por un gran descubrimiento.
2. La victoria es posible a pesar de las circunstancias insuperables.
3. La primera victoria del líder es sobre sí mismo.
4. La victoria del pueblo sigue al descubrimiento del líder.

Si no está seguro cómo medir su capacidad de abrir camino, considere esto: los líderes victoriosos siempre levantan: (1) hombres y mujeres; (2) la moral y (3) dinero. Si estos tres aspectos crecen, entonces usted y su equipo están en posición de tener al victoria.

ORGANÍCELA

Si no está seguro dónde se encuentra cuando se trata de entender y aplicar la Ley de la Victoria, visite el sitio en Internet «www.injoy.com/21 Minutes» para contestar un cuestionario de evaluación de veinticinco preguntas que le ayudarán a medir su habilidad.

PÓNGALA EN ORACIÓN

Use las siguientes palabras para comenzar su tiempo de oración:

Amado Dios, el cronista dice que cuando los pueblos de Amón, Moab y Monte Seir estaban por atacar a los hijos de Israel, Josafat oró: «Si mal viniere sobre nosotros, o espada de castigo, o pestilencia, o hambre, nos presentaremos delante de esta casa, y delante de ti (porque tu nombre está en esta casa), y a causa de nuestras tribulaciones clamaremos a ti, y tú nos oirás y salvarás». Solo tú, Señor, puedes darnos la victoria a mí y a mi pueblo. Me someto a ti y te ruego que tengas parte conmigo conforme a tu voluntad. Amén.

VÍVALA

Háblele a tres amigos o colegas que lo conozca bien (si es realmente valiente, háblele a su esposa). Pídales que lo califiquen de 1 (bajo) a 10 (alto) en las tres cualidades mostradas por personas que abren camino: vulnerabilidad, humildad y transparencia. Ataque directamente sus debilidades en las tres cualidades haciendo lo siguiente:

- *Vulnerabilidad.* Propóngase, al menos por una semana, reconocer y aceptar que cometa un error, y pedirle perdón a la persona o grupo afectado.

- *Humildad.* Decídase a no recibir el crédito por éxitos logrados por su grupo en determinada extensión de tiempo: una semana, un mes o durante la duración de un proyecto en particular.

- *Transparencia.* Almuerce con un amigo una vez al mes durante seis meses y comparta con él dónde está fallando en el logro de sus metas y cómo Dios está obrando en su vida. Además pídale consejo, si viene al caso.

DIVÚLGUELA

¿Qué concepto, idea o práctica específica de liderazgo que ha aprendido en esta semana transmitirá a otro líder en los próximos dos días?

Semana 16

LA LEY DEL IMPULSO

EL IMPULSO ES EL MEJOR AMIGO DEL LÍDER

Se necesita un líder para crear impulso o ímpetu. Los seguidores lo captan. Los administradores pueden continuar con él cuando ha comenzado. Pero crearlo requiere de alguien que pueda motivar a otros, no alguien que necesite ser motivado. Harry Truman dijo: «Si no puedes aguantar el calor, sal de la cocina». Para los líderes ese dicho podría cambiarse por el siguiente: «Si no puedes crear calor, sal de la cocina».

Todos los líderes enfrentan el desafío de crear cambios en una organización... Así como todo marinero sabe que no se puede timonear el barco si no está avanzando, los líderes fuertes entienden que para cambiar de dirección, primero usted tiene que crear avance... Cuando no tiene ímpetu, aun las tareas más simples de su parte parecen problemas sin solución. Pero cuando usted tiene el impulso de su parte, el futuro aparece brillante, los obstáculos se ven pequeños y los problemas parecen transitorios... Con suficiente ímpetu, casi todo cambio es posible.

DE «LA LEY DEL IMPULSO» *21 Leyes Irrefutables del Liderazgo*

Día 1

Salomón
y la
Ley del Impulso

PENSAMIENTO SOBRE LIDERAZGO PARA HOY:
*Muchas veces la única diferencia entre la victoria
y el fracaso es el impulso.*

Lecturas bíblicas
1 Reyes 1.28-40; 3.1-28; 4.1, 20-34; 5.1-12; 9.15-19,26

¿Ha tenido la experiencia de tener una buena racha? Algunos lo llaman «andar en la onda ganadora». Todo sale bien, cada cliente en perspectiva dice «sí», y no importa que sea lo que usted trate de hacer, parece que no puede errar. Esto es algo que ve ocasionalmente en los deportes: un jugador de baloncesto que no falla, un defensa que pasa bien cada pelota, un lanzador que hace un juego perfecto en béisbol.

Si ha tenido una experiencia como esa, entonces sabe que es un sentimiento increíble. ¿Pero alguna vez lo ha experimentado como líder? Si es así, le puedo decir cómo lo logró: impulso. Cuando se trata de los logros, el impulso o ímpetu es el mejor amigo del líder. Es la Ley del Impulso.

CUATRO TIPOS DE REYES

Los primeros cuatro reyes de Israel presentan un estudio notable en el impulso, que alcanzó su culminación en el reinado de Salomón. Quizás nunca haya pensado en este aspecto de los primeros cuatro líderes de Israel, pero cuando reflexiona quiénes fueron y lo que hicieron, verá lo que quiero decir. Esta es la forma en que se agrupan cuando se trata del impulso:

1. A SAÚL LE FALTÓ IMPULSO

Dos tareas para el líder son más difíciles que cualquiera otra que tenga que realizar. La primera es lograr que una organización estancada (o en decadencia) comience a moverse hacia adelante. Es como tratar de mover un tren. Se requiere de una enorme energía. El tren es tan pesado y su inercia tiene tal fuerza que aun cosas muy pequeñas impiden el movimiento hacia adelante. Un trozo de madera bajo una rueda de una locomotora estacionada impedirá que se mueva.

La otra tarea difícil es cambiar la dirección de una organización. Cuando se avanza, es difícil. Si no se avanza es imposible.

Cuando fue ungido rey, la tarea de Saúl era llevar a Israel en una nueva dirección. Por más de trescientos años, los jueces habían gobernado a los hebreos. Durante la mitad de ese tiempo, los filisteos fueron sus adversarios y opresores. Como nuevo rey de la nación, Saúl iba a crear un reino consolidado, vencer a los opresores de los hebreos y dedicarse a Dios, de modo que él y el pueblo pudieran seguir recibiendo sus bendiciones.

Saúl no estuvo a la altura de su tarea. Debido a la debilidad de su carácter, su egoísmo y sus motivaciones inadecuadas, fue incapaz de crear el impulso. Aun cuando Dios lo bendijo y le dio victorias, como lo hizo en Jabes de Galaad (1 Samuel 11.1-11), Saúl despilfarró la oportunidad y la saboteó con su desobediencia. Crear un reino era tarea difícil que requería un gran líder, uno que creara el ímpetu. Pero al final, Saúl fue solo un falsificador de impulso.

2. DAVID CREÓ IMPULSO

Por otra parte, David fue un creador de ímpetu. Aun antes de ser rey, tenía la habilidad de crear impulso, comenzando con su derrota a Goliat. Cuando estuvo exiliado, pasó el tiempo edificando el ímpetu: capitalizó las victorias, consolidó su ejército y cultivó su carácter.

Cuando ascendió al trono, ya era un líder poderoso, capaz de mover la nación en el sentido que necesitaba avanzar.

3. SALOMÓN AUMENTÓ EL IMPULSO

Aunque Salomón tenía riqueza y sabiduría cuando comenzó su reinado, su mejor amigo fue el impulso de su padre. David lo había creado durante su reinado. Fue un legado increíble: Israel fue conocido como una fuerza militar de suma importancia, su rey tenía el respeto de otros reyes, el pueblo había visto a un rey que amaba a Dios y tenía en su corazón la justicia. Además, David había acumulado riquezas y materiales para la edificación del templo.

Salomón tomó a cargo un buen reino y lo convirtió en un gran reino. Estableció una administración impresionante que se apoyaba en los talentos de doce gobernadores. Hizo numerosas alianzas con las potencias vecinas. Aseguró las rutas comerciales y navieras que convirtieron a Israel en la encrucijada del mundo. Se comprometió en una campaña de grandes construcciones que convirtió a Jerusalén en una maravilla. Entre sus proyectos estaban el templo de Jerusalén, un elaborado palacio nuevo, la Casa del Bosque del Líbano, un pórtico de columnas, el pórtico del juicio y extensas fortificaciones defensivas para la ciudad. Y acumuló una riqueza increíble.

Para resumir el reinado de Salomón la Escritura dice del hijo de David: «Excedió el rey Salomón a todos los reyes de la tierra en riqueza y en sabiduría. Y todos los reyes de la tierra procuraban ver el rostro de Salomón, para oír la sabiduría que Dios le había dado» (2 Crónicas 9.22-23). Salomón tomó el ímpetu que su padre le dejó y creó la nación más poderosa y próspera del mundo. Nadie había visto algo similar antes, y nadie lo vería después.

4. ROBOAM FRENÓ EL IMPULSO

Todo lo que Salomón logró en el curso de sus cuarenta años de reinado fue destruido, en cuestión de días, por su hijo Roboam. Los proyectos de Salomón habían requerido de impuestos sobre la población, y deseaban un alivio. Cuando Jeroboam y los demás líderes de Israel fueron a ver a Roboam, le prometieron su lealtad si solo les aliviaba la carga. Sobre la decisión de Roboam de cómo manejar la petición quedó la respuesta a la pregunta si continuaría con el ímpetu creado por su abuelo y su padre, o si con él se detendría.

Los hombres que habían pasado su vida en la presencia del sabio Salomón reconocieron la oportunidad que Roboam tenía. Le aconsejaron: «Si tú fueres hoy siervo de este pueblo y lo sirvieres, y respondiéndoles buenas palabras les hablares, ellos te servirán para siempre» (1 Reyes 12.7). Pero el orgullo del hijo de Salomón no tenía límites. Rechazó la oferta del pueblo, y ese fue el final de la nación como Salomón la había edificado. Roboam se convirtió en el que rompió el ímpetu en la historia de los hebreos. No importa dónde esté como líder, si está iniciando una organización desde cero, fortaleciendo una organización que ya ha crecido, o siguiendo a un gran líder, el impulso puede hacer prosperar o quebrar su organización. Aprenda a usarlo para ventaja suya, y llevará a su gente a donde desee.

PREGUNTA DE REFLEXIÓN PARA HOY:
¿Cómo el impulso está afectando su progreso?

Día 2

Llegaron los días en que David había de morir, y ordenó a Salomón su hijo, diciendo: Yo sigo el camino de todos en la tierra; esfuérzate, y sé hombre. Guarda los preceptos de Jehová tu Dios, andando en sus caminos, y observando sus estatutos y mandamientos, sus decretos y sus testimonios, de la manera que está escrito en la ley de Moisés, para que prosperes en todo lo que hagas y en todo aquello que emprendas; para que confirme Jehová la palabra que me habló, diciendo: Si tus hijos guardaren mi camino, andando delante de mí con verdad, de todo su corazón y de toda su alma, jamás, dice, faltará a ti varón en el trono de Israel (1 Reyes 2.1-4).

Si como líder pudiera pedir y recibir un don, ¿qué elegiría? ¿Elegiría algunas cualidades de liderazgo para tener en su equipo? O ¿preferiría enormes recursos materiales? ¿Mejores instalaciones? Salomón eligió la sabiduría, pero pudo elegir eso debido al impulso que su padre ya le había dejado como legado. Esa sabiduría lo capacitó para tener todas las otras cosas que necesitaba como rey, incluyendo un mayor impulso.

CÓMO SALOMÓN AUMENTÓ EL IMPULSO

El momento de la transición de uno a otro líder es el más crítico para la continuidad del impulso. La historia de Roboam lo ilustra. ¿Por qué Salomón tuvo éxito al tomar las riendas

> El momento de la transición de uno a otro líder es el más crítico para la continuidad del impulso.

de mano de su padre David? Dé un vistazo a las cinco cosas que Salomón hizo para asegurar una cómoda transición:

1. EMPEZÓ CON LO QUE DAVID LE DIO

El padre de Salomón le dio todo lo necesario para iniciar su reinado: un reino estable, recursos, consejo sabio y el apoyo popular. David dejó en claro a todos en Israel que su elección de un rey recaía sobre Salomón.

2. PIDIÓ, CON HUMILDAD, SABIDURÍA PARA EL LIDERAZGO SOBRE TODO LO DEMÁS

Se cree que Salomón tenía unos dieciocho años cuando comenzó a reinar sobre Israel. Piense en personas de esa edad que conozca (o acuérdese de usted), y considere lo que la mayoría de ellos hubiera pedido, dándole la oportunidad de tener lo pedido. Muchos muchachos de hoy pedirían un auto deportivo de cien mil dólares y el mejor equipo estéreo del mercado.

Salomón reconoció que el liderazgo sería difícil y que su necesidad más grande era sabiduría, un corazón entendido para juzgar al pueblo de Dios. Esa petición mantuvo puros sus motivos e hizo posible que evitara los interruptores del impulso.

3. TOMÓ DECISIONES SABIAS QUE LE GANARON CREDIBILIDAD

Salomón hizo varias decisiones hábiles acerca de los enemigos del trono inmediatamente después de la muerte de David. Exilió a un oponente, ejecutó a otros dos y puso a un cuarto bajo arresto. Pero más importante aun, cimentó su credibilidad ante el pueblo. La Escritura declara que la sabiduría que mostró en el caso de las dos rameras y el bebé tuvo un profundo impacto sobre el pueblo: «Todo Israel oyó aquel juicio que había dado el rey; y temieron al rey» (1 Reyes 3.28).

4. MANTUVO LA PAZ

Las pocas y sabias acciones de Salomón contra enemigos dentro de Israel mantuvo la paz interna, evitando una sangrienta guerra civil, como la experimentada por su padre. Pero, muy sabiamente, Salomón tomó medidas adicionales para evitar que otras naciones amenazaran el progreso del reino. Usó su sabiduría para aconsejar y recibir a sus gobernadores y a los reyes de naciones vecinas, y según las Escrituras: «Tuvo paz por todos lados alrededor» (1 Reyes 4.24).

5. SE RODEÓ DE CONSEJEROS SABIOS

En el capítulo de la Ley del Círculo Íntimo, escribí acerca de la lista de líderes claves de David contenidos en la Biblia. El único rey de Israel que puede igualársele como uno que reunió un gran círculo íntimo es Salomón. Unos pocos fueron siervos de confianza de David a quienes Salomón mantuvo en la administración. Pero la mayoría no. Además, Salomón tuvo doce gobernadores competentes, estas personas le asistieron:

- Azarías, sacerdote

- Elihoref y Ahías, secretarios

- Josafat, canciller

- Benaía, comandante del ejército

- Sadoc y Abiatar, sacerdotes

- Azarías, supervisor de los gobernadores

- Zabud, ministro principal y consejero especial

- Ahisar, mayordomo

- Adoniram, a cargo del tributo

Con una buena mano, sabiduría, un gran círculo íntimo y buenas decisiones, ¿cómo podría Salomón perder? Tenía todo lo que necesitaba, y porque lo aprovechó al máximo, él mismo, su pueblo y su nación alcanzaron su potencial.

PREGUNTA DE REFLEXIÓN PARA HOY:
¿Ha recibido el don del impulso? Si es así, ¿qué está haciendo con él?

Día 3

Bien, buen siervo y fiel; sobre poco has sido fiel, sobre mucho te pondré; entra en el gozo de tu señor (Mateo 25.21).

Se dice que para todo equipo deportivo uno de los desafíos más difíciles es ganar dos campeonatos seguidos. Reunir todo lo que un equipo necesita para trabajar por una temporada es un desafío increíble. Hacer dos temporadas es casi imposible. Ocasionalmente ocurre. Recientemente los Yankees de Nueva York lo lograron. También los Broncos de Denver. Pero, con mayor frecuencia un equipo llega al pináculo y luego vuelve al montón. ¿Por qué? Porque los jugadores piensan que una vez alcanzada la cumbre, pueden seguir allí sin más esfuerzo. Pero la cosa no funciona así. El impulso nunca se sostiene solo.

Si como rey, Salomón hubiera creído que el impulso creado por su padre era suficiente para sostenerlo durante los cuarenta años que estuvo en el trono, se habría visto en grandes apuros. Su padre le dio el ímpetu que necesitaba para tener una buena partida como rey. No cabe duda al respecto. Pero para conservar el impulso (y aumentar la velocidad), tuvo que hacer su propia contribución sobre la marcha.

> El impulso nunca se sostiene solo.

LO QUE SE NECESITA PARA CONSERVAR EL IMPULSO

¿Cómo puede un equipo ganador seguir ganando? ¿Cuál es la clave que hace posible que una organización mantenga en marcha el ímpetu? La respuesta no es cuál, sino quién: el líder. Se necesita un líder para conservar el impulso.

> ¿Cómo puede un equipo ganador seguir ganando? ¿Cuál es la clave que hace posible que una organización mantenga en marcha el ímpetu? La respuesta no es cuál, sino quién: el líder. Se necesita un líder para conservar el impulso.

El líder debe enfrentar tres problemas fundamentales para mantener el impulso. Para que la organización siga adelante con un impulso positivo, el líder debe poseer...

1. LA DISPOSICIÓN DE ACEPTAR LA RESPONSABILIDAD DEL IMPULSO DE LA ORGANIZACIÓN

La mayoría de los líderes se sienten felices de aceptar la responsabilidad cuando la organización prospera. Sin embargo, cuando la organización no marcha bien, es otra la historia. La verdad es que no importa si el ímpetu es positivo, negativo o no existe, la responsabilidad es del líder.

He observado que los líderes tienen más la tendencia a excusarse de la responsabilidad por el ímpetu de una organización cuando comienzan a dirigirla. Debido a que suelen enfrentar problemas que no crearon, los desestiman o los ignoran. Si ocurre que los problemas destruyen el impulso, surge un gran problema.

Pero no importa qué, la responsabilidad le corresponde al líder. Mi amigo, Olan Hendrix principal ejecutiva de Leadership Resource Group, sostiene que después de haber estado encargado de una organización por tres años, todo problema es su problema. Cuanto antes el líder asuma la responsabilidad de sostener el ímpetu, con mayor prontitud comenzará a hacer algo al respecto.

2. LA VOLUNTAD DE DIRIGIR EL IMPULSO EN VEZ DE DEJAR QUE EL IMPULSO LE DIRIJA

El impulso siempre tiene una dirección. La mayoría de la gente en una organización se deja llevar por el impulso y tienen poco impacto sobre él. Pero los líderes no pueden darse el lujo de dejarse arrastrar por el impulso; deben manejarlo.

Antes que Salomón se convirtiera en rey de Israel, un líder militar sobresaliente, David, creó el ímpetu de la nación. David había organizado una administración estable,

> El impulso siempre tiene una dirección.

que permitió a Israel pasar de la época de los jueces al reinado. Pero en primer lugar y por sobre todo, David era un guerrero. Sus grandes proezas fueron de carácter militar. Los grandes líderes que estaban bajo su mando eran soldados. Sus hombres valientes eran increíbles.

Por otra parte, Salomón no era guerrero. Lo que deseaba lograr no era de naturaleza militar. Deseaba dar su mejor atención al comercio y a la construcción. Eso significaba que tenía que cambiar el rumbo del ímpetu de la nación. Logró hacerlo por medio de un sabio liderazgo, la selección de un grupo talentoso de líderes (sus gobernadores y funcionarios de la corte) que le asistieron, y la comunicación al pueblo de su visión en favor de la nación.

El impulso en una organización no siempre sigue el rumbo que usted quiere. Como líder, usted no debe detener el ímpetu, cambiar el rumbo y luego reiniciar desde un impulso nulo, debido a todo el tiempo y energía que se necesita. En cambio, haga todo lo posible para reorientar el impulso positivo en la dirección que usted lo quiera llevar; entonces puede continuar edificando.

3. LA DISPOSICIÓN DE SER ENTUSIASTA TODO EL TIEMPO

La tercera clave para mantener el ímpetu positivo es seguir siendo positivo. Eleanor Doon dice: «No puedes encender un fuego en otro corazón mientras no esté ardiendo en el tuyo».

Para algunos tipos de personalidad, permanecer entusiasta es fácil. Para otros no lo es. Los siguientes son mis secretos para que mi liderazgo se mantenga positivo todo el tiempo. Verdaderamente creo...

«No puedes encender un fuego en otro corazón mientras no esté ardiendo en el tuyo». Eleanor Doon

- *que el trabajo que estoy haciendo es más importante*. Mi visión, misión y acciones están alineados. Es fácil estar entusiasmado cuando lo que hace realmente importa.

- *que las personas con las que comparto esto son las mejores*. Doy un gran valor a cada persona que trabaja conmigo. Espero lo mejor de ellos, y les doy lo mejor. Es una situación ganadora.

- *Que los resultados serán positivos*. En gran parte de la vida usted obtiene lo que espera. Siempre espero lo mejor, y solo ocasionalmente soy sorprendido, pero aun entonces, me sorprenden tanto los mejores resultados como por los peores.

Todavía no he conocido a un líder con una actitud crónicamente negativa que haya podido sostener continuamente el impulso positivo.

Sea que usted tenga la responsabilidad del liderazgo de toda una organización o de un pequeño grupo de personas, no puede ignorar el impacto del ímpetu. Si lo ha logrado, usted y su gente pueden lograr cosas que nunca pensó que fueran posibles. Si no, aun las

Todavía no he conocido a un líder con una actitud crónicamente negativa que haya podido sostener continuamente el impulso positivo.

tareas más pequeñas le parecerán difíciles. Como líder, tiene que tomar la decisión de tenerlo.

✎

PREGUNTA DE REFLEXIÓN PARA HOY:
¿Está usted ganando o perdiendo el impulso?

Día 4

Mientras un buen líder sostiene el impulso, el gran líder lo aumenta.

Porque al que tiene, se le dará; y al que no tiene, aun lo que tiene se le quitará (Marcos 4.25).

Salomón llevó a Israel como nación a un punto en que nunca había estado. Se convirtió en el reino más poderoso del mundo. Como resultado, se convirtió en una demostración viva del favor y la gloria de Dios para todo el que entraba en contacto con él. Lo que la reina de Seba dice de Salomón resume bien la idea:

Verdad es lo que oí en mi tierra de tus cosas y de tu sabiduría; pero yo no lo creía, hasta que he venido, y mis ojos han visto que ni aun se me dijo la mitad; es mayor tu sabiduría y bien, que la fama que yo había oído... Jehová tu Dios sea bendito, que se agradó de ti para ponerte en el trono de Israel; porque Jehová ha amado siempre a Israel, te ha puesto por rey, para que hagas derecho y justicia (1 Reyes 10.6-7).

CÓMO MOVILIZAR UN IMPULSO

Como todos los líderes, Salomón hizo más que conservar el impulso; lo aumentó. Lo que David inició, su hijo lo llevó a su potencial más elevado. Si usted desea llevar su organización al nivel más elevado y aumentar el impulso en lugar de solo sostenerlo, entonces siga las siguientes directrices:

1. ENTIENDA EL VALOR DEL IMPULSO

Ninguna organización —sea nación, negocio, iglesia, familia o equipo deportivo— logrará su potencial sin un impulso que aumente constantemente. El empuje del mundo es hacia el pecado y la entropía. Por naturaleza todo tiende a ir cuesta abajo. Si usted no trabaja arduamente para avanzar, entonces retrocede.

2. IDENTIFIQUE LOS FACTORES MOTIVADORES EN SU ORGANIZACIÓN

Toda organización posee motivadores potenciales de ímpetu para su personal. Su trabajo es descubrirlos y estimularlos. Por cierto, comienza con la visión del líder. Pero se necesita más que eso. Los líderes que crean ímpetu golpean amistosamente las pasiones de su pueblo. Usted descubre cuáles son mezclándose con su gente y conectándose con ellos.

3. QUITE LOS FACTORES DESALENTADORES DE SU ORGANIZACIÓN

Así como toda organización tiene factores motivadores, también tiene individuos con motivación potencial. A veces el problema son algunas personas. Las personas crónicamente negativas siempre bajan la moral y perjudican el impulso. Esto es lo que hace la gente que continuamente quiere ir a la cabeza o se anticipa al equipo. Otras veces los valores de la organización, tales como la idealización del pasado, estorban el impulso ya que estimulan a la gente a retener tradiciones obsoletas.

Si usted quiere que su organización avance, haga lo que hizo Salomón: limpie el camino en favor del impulso positivo. Apartó a la gente que perjudicaría el progreso, y nunca trató de recapitular o repetir los logros de su padre. Él siguió su propio camino.

4. PROGRAME MOMENTOS PARA DIRIGIR Y CELEBRAR

Los líderes del Antiguo Testamento sabían celebrar. Cada vez que Dios mostraba su favor al pueblo, sus líderes levantaban un altar o un monumento para honrar a Dios y recordar a la gente dónde habían estado y hacia dónde Dios los quería llevar.

Salomón siguió el mismo patrón. Cuando llegó al reinado, decidió honrar a Dios. Pero en vez de edificar un altar, construyó todo un templo para conmemorar la bondad de Dios. Y aprovechó la oportunidad de recordar al pueblo su historia y el futuro que Dios tenía para ellos de modo que pudieran hacer los ajustes adecuados en su vida.

Al dirigir su personal, siga el ejemplo de Salomón. Dedique tiempo para que la gente disfrute sus logros. Nada eleva más la moral que la celebración. Mientras celebran, reconozca a los hombres y mujeres que posibilitaron la victoria. Aproveche la ocasión para clarificar y comunicar su visión a la gente, de tal modo que el ímpetu creado los empuje en la dirección correcta.

5. PRACTIQUE CARÁCTER EN SU LIDERAZGO: HAGA LO CORRECTO, NO IMPORTA CÓMO SE SIENTA

El factor más importante en el proceso continuo de hacer crecer el impulso es el carácter. Si el líder se desacredita o se descalifica, el ímpetu deja de desarrollarse, y puede rápidamente llegar a una ruidosa detención. Como dice la Ley de la Base Sólida: «La confianza es la base del liderazgo».

Salomón fue un líder ilustre casi en cada aspecto, salvo en el ámbito del carácter. Dejó que su pasión por Dios fuera eclipsada por su pasión por las mujeres, y eso introdujo una extensa idolatría en Israel.

Pero el rey Salomón amó, además de la hija de Faraón, a muchas mujeres extranjeras; a las de Moab, a las de Amón, a las de Edom, a las de Sidón, y a las heteas; gentes de las cuales Jehová había dicho a los hijos de Israel: No os llegaréis a ellas, ni ellas se llegarán a vosotros; porque ciertamente harán inclinar vuestros corazones tras sus dioses. A éstas, pues, se juntó Salomón con amor. Y tuvo setecientas mujeres reinas y trescientas concubinas; y sus mujeres desviaron su corazón. Y cuando Salomón era ya viejo, sus mujeres inclinaron su corazón tras dioses ajenos, y su corazón no era perfecto con Jehová su Dios, como el corazón de su padre David... Y dijo Jehová a Salomón: Por cuanto ha habido esto en ti, y no has guardado mi pacto y mis estatutos que yo te mandé, romperé de ti el reino, y lo entregaré a tu siervo (1 Reyes 11.1-4,11).

SIN CARÁCTER, NI AUN UN GRAN LÍDER PUEDE CONSERVAR EL IMPULSO

Si desea llevar a su personal y a su organización a los más elevados niveles, debe aprender a crear el impulso. No es fácil, pero nada de lo que puede hacer como líder es comparable con el impacto que esto tiene.

PREGUNTA DE REFLEXIÓN PARA HOY:
¿Qué está haciendo para aumentar el impulso?

VÍVALA

Si no puede señalar fácilmente los factores positivos y negativos que inspiran o reducen la motivación entre los miembros de su equipo, entonces no sabe qué cosas pueden ayudar o detener el impulso en su organización. Dedique la próxima semana a conectarse individualmente con las personas a fin de descubrir qué es lo que los mueve. Luego formule un plan para capitalizar lo que haya aprendido.

DIVÚLGUELA

¿Qué concepto, idea o práctica específica de liderazgo que ha aprendido en esta semana transmitirá a otro líder en los próximos dos días?

Semana 17

LA LEY DE LAS PRIORIDADES

LOS LÍDERES ENTIENDEN QUE LA ACTIVIDAD NO ES NECESARIAMENTE UN LOGRO

Los líderes nunca crecen al punto que ya no necesitan priorizar. Es algo que los buenos líderes siguen haciendo, sea en la conducción de un grupo pequeño, el pastoreo de una iglesia, la administración de un pequeño negocio o la dirección de una corporación de mil millones de pesos... Stephen Covey decía: «Líder es el que se sube al árbol más alto, examina toda la situación y grita: "¡Selva equivocada!"»

Las cosas que dan la mayor recompensa personal son los encendedores del fuego en la vida del líder. Nada da más energía a una persona que la pasión... Tim Redmond reconoce: «Hay muchas cosas que atraerán mis ojos, pero solo unas pocas acapararán mi corazón...»

Dedique tiempo a evaluar sus prioridades de liderazgo... ¿Está usted disperso por todos sitios? O ¿se está concentrando en unas pocas cosas que dan el mayor beneficio?... El mayor éxito solo llega cuando hace que su gente se concentre en lo que realmente importa.

DE «LA LEY DE LAS PRIORIDADES» EN
Las 21 Irrefutables Leyes del Liderazgo

Día 1

Pedro
y la
Ley de las Prioridades

PENSAMIENTO SOBRE LIDERAZGO PARA HOY:
Los líderes ponen lo primero cosas en primer lugar.

Lecturas bíblicas
Marcos 9.113; Juan 21.1-19; Hechos 1.1—2.47; 6.1-7

Cuando de éxito se trata, lo más importante es dar el primer lugar a lo primero. William Gladstone lo dice así: «Es sabio el hombre que no gasta su energía en la persecución de lo que no es adecuado; y es más sabio aun el que de entre las cosas que puede hacer bien, elige resueltamente la mejor de todas».

La persona de éxito no permite que las cosas sin importancia de su vida lleguen a ser lo importante. A la inversa, no permite que las cosas importantes dejen de ser importantes. Se forman el hábito de dedicar sus mejores recursos a sus mejores logros. En resumen, ordenan sus actividades de tal modo que siempre gravitan hacia el éxito.

CÓMO ENTENDER LO QUE ES MÁS IMPORTANTE

Cuando Pedro era un joven pescador en Galilea, nadie hubiera pensado que estaba destinado a convertirse en un apasionado líder de la primera iglesia cristiana. Después de todo, casi no tenía educación y probablemente habría estado feliz viviendo en el anonimato el resto de su vida. Pero Dios tenía otra cosa en su pensamiento, y en el momento en que Pedro se encontró con Jesús, sus prioridades comenzaron a cambiar.

Como muchos líderes, Pedro tuvo que aprender a poner en primer lugar lo primero, porque las Escrituras revelan bastante sobre las incoherencias de su conducta y sus muchas decisiones irracionales. Pero mientras más tiempo pasó con Jesús, más aprendió la diferencia entre la simple actividad y el logro.

Durante tres años Pedro observó que las prioridades de Jesús fueron probadas sobre una base regular. Durante tres años vio que Jesús coherentemente invirtió solo en las cosas que le permitirían cumplir su misión, a pesar de las muchas cosas que exigían su atención. Creo que con el paso del tiempo, las acciones provocaron impresiones duraderas en Pedro. Cuando llegó el momento de tomar el liderazgo, sus prioridades estaban en orden, y guió a su gente con mucha confianza.

DIOS BENDICE LAS PRIORIDADES CORRECTAS

Cada vez que Pedro se enfocó en lo importante, Dios bendijo sus acciones. En Pentecostés, esperó que Dios preparara el corazón del pueblo antes de hablarle, y tres mil personas captaron su visión y se convirtieron (Hechos 2). Delante de la corte religiosa, se negó a dejar de predicar porque sabía que obedecer a Dios era más importante que obedecer a los hombres (Hechos 4.18-20). Cuando los judíos helenistas se quejaron de una provisión insuficiente de alimentos, Pedro delegó la tarea en siete hombres capaces para que ellos y los demás apóstoles pudieran concentrarse en la misión de predicar.

Como Pedro, entre muchas cosas que demandan su atención y tiempo, los grandes líderes eligen y disciernen no solo lo que necesita hacerse primero, sino también lo que no es necesario hacer. Eso se inicia con una pasión por lograr la excelencia. Podría decirse que Pedro es el personaje más animado en la Escritura. Era apasionado en todo, a veces aun en lo incorrecto. Pero a la larga, Pedro aprendió dónde enfocar su pasión. Aprendió qué era lo que tenía precedencia en su vida. Cuando eso ocurrió, estuvo en condiciones de dirigir con eficacia.

Lo mismo es válido para todo líder. Cuando usted enfoca su pasión en lo más importante, su liderazgo se eleva a nuevas alturas, y puede avanzar continuamente en la dirección del éxito. John M. Goddard dijo: «Si usted sabe realmente lo que quiere de la vida, es asombroso cómo las oportunidades aparecerán para permitir que las lleve a cabo».

>
>
> «Si usted sabe realmente lo que quiere de la vida, es asombroso cómo las oportunidades aparecerán para permitir que las lleve a cabo».
>
> JOHN M. GODDARD

PREGUNTA DE REFLEXIÓN PARA HOY:
¿Cómo decide lo que debe ir primero?

Día 2

Mirad, pues, con diligencia cómo andéis, no como necios sino como sabios, aprovechando bien el tiempo, porque los días son malos. Por tanto, no seáis insensatos, sino entendidos de cuál sea la voluntad del Señor (Efesios 5.15-17).

Su misión es el fundamento de sus prioridades. Cuando Pedro entendió que su misión era difundir el cristianismo —y nada menos— eso se convirtió en el fundamento de sus decisiones. Todo lo que hacía reforzaba la dirección en que iba. Pero no tenía la visión limitada como en un túnel. Como todos los grandes líderes veía todo el cuadro primero, luego decidía en qué iba a centrar su atención.

CÓMO AGUDIZAR SU ENFOQUE AL EXPANDIR SU VISIÓN

Quizás usted se parezca a la forma de ser de Pedro al principio: lleno de pasión, pero carente de dirección. La buena noticia es que ya tiene la mitad de la ecuación. La mala noticia es que si no sabe hacia dónde va, acabará girando en falso. O peor, pasará años yendo en una dirección completamente errada.

Pero cuando está seguro de la dirección que debe tomar, sus prioridades se hacen más claras, y sus acciones toman un sentido significativo. La ecuación completa es como sigue:

Gran pasión + clara misión = acción enfocada

Cuando los judíos helenistas vinieron a Pedro para presentar su queja, Pedro reconoció que al resolver la necesidad de ellos, podría adelantar su misión. Pero también se dio cuenta que no era una prioridad que esa tarea la hiciera personalmente. Comprendió que su trabajo era preocuparse de la necesidad real de la gente: oír la verdad de la palabra de Dios. En lugar de tratar de hacerlo todo, delegó la tarea a siete hombres que sabía que serían competentes para seguir con el trabajo. Como resultado se solucionaron dos problemas.

Al examinar más cuidadosamente la situación de Pedro, podemos aprender mucho sobre cómo concentrarnos en las prioridades aunque todavía mantengamos la vista en el panorama completo. Pedro demostró que cuando surge la necesidad, los líderes enfocados...

1. DETERMINAN LA VALIDEZ DE LA NECESIDAD

Los líderes fuertes siempre son los primeros en reconocer cuándo se debe tomar un curso de acción, y rápidamente consideran cómo debe irse adelante. Pedro sabía que si la petición de los judíos helenistas no era atendida, la iglesia iba a perder impulso. En lugar de tratar de enfrentar la necesidad personalmente (como muchos líderes hacen), decidió que no era su prioridad y consideró otro modo de hacerle frente.

¿Cómo reacciona usted cuando su gente le presenta una necesidad genuina? ¿Detiene lo que está haciendo e inmediatamente trata de resolver? ¿Asiente con la cabeza como si estuviera interesado, y luego lo deja de lado y lo olvida? O, como Pedro, ¿da un paso atrás, mira todo el cuadro y decide cuál es la acción apropiada según sus prioridades?

2. BUSCAN OPORTUNIDADES DE LIDERAZGO

Aun cuando una necesidad válida no es su prioridad, puede proveer una oportunidad de aprendizaje para alguien de su grupo. Pedro reconoció prontamente que era más importante para él y los demás apóstoles seguir enseñando en vez de distribuir el alimento. Pero también reconoció la oportunidad de usar la situación para desarrollar algunos lideres que se estaban levantando.

¿Es la gente una de sus principales prioridades? Antes de echar algo en el incinerador, evalúe si queda dentro de las responsabilidades de una o más de sus personas. Recuerde que los líderes más eficaces tienen que concentrarse solo en una pocas cosas; confían que su personal puede hacer el resto.

3. DELEGAN LA TAREA SOBRE PERSONAS COMPETENTES

Delegar es una herramienta básica del líder. Si se usa en forma correcta, puede llevar su eficiencia a un nivel completamente nuevo. Cuando Pedro y los apóstoles decidieron que no era su prioridad enfrentar personalmente la necesidad presente, eligieron con cuidado un equipo de siete personas consideradas maduras y capaces de llevar a cabo la tarea en lugar de ellos.

En lo referente a delegar, siempre es su responsabilidad señalar la persona adecuada. No hay nada peor que tener de regreso una necesidad porque la persona que nombró para ello no era competente. Eso disminuye su eficiencia, y finalmente puede perjudicar su credibilidad como líder. Antes de delegar una tarea, asegúrese de conocer las destrezas y capacidades de su personal.

4. CONFIRMAN Y COMISIONAN A SU GENTE PÚBLICAMENTE

Pedro y los discípulos crearon su equipo para tener éxito. No solo se aseguraron que los siete hombres eran los adecuados para enfrentar la necesidad; también los presentaron ante el pueblo como líderes dignos. Al hacerlo así, hicieron que los hombres sintieran confianza y seguridad de tener éxito en favor de toda la causa.

¿Es más importante para usted lograr que se hagan las cosas o lograr que se hagan bien? Muchos líderes actúan precipitadamente y delegan una tarea solo para poder eliminarla de su agenda. Perciben equivocadamente el delegar como un modo de disminuir sus distracciones en vez de crecer en eficacia. Sin embargo, los grandes líderes entienden que su eficiencia es una función del éxito de su gente, y que ellos constituyen su prioridad para ayudarles en el éxito.

Como todo líder eficiente, Pedro comprendió la diferencia entre actividad y logro. Siempre consideró una necesidad primero a través del lente más grande: su misión general. Luego enfocó lo que era necesario hacer, primero por él y luego por los demás. Como resultado, la Escritura dice que el número de los cristianos creció continuamente bajo su liderazgo.

PREGUNTA DE REFLEXIÓN PARA HOY:
¿Se está enfocando en las cosas correctas?

Día 3

*Los líderes invierten su tiempo en lo que produce
los mayores dividendos.*

Prepara tus labores fuera,
Y disponlas en tus campos,
Y después edificarás tu casa (Proverbios 24.27).

La misionera Amy Carmichael escribió sabiamente: «Tendremos toda la eternidad para celebrar las victorias, pero solo unas pocas horas antes de la puesta del sol para ganarlas». Sin la limitación de tiempo, quizás no habría necesidad de priorizar. Pero el tiempo lo limita y obliga a tomar decisiones. Mientras más tiempo pasa en las cosas que no le corresponden, menos tiempo tiene para invertir en lo correcto, y más tiempo le lleva lograr el éxito. Pero cuando usted aprende a usar el tiempo con sabiduría en las cosas que traen a su organización más satisfacción y éxito, generalmente al final le queda tiempo libre.

En resumen, tener éxito no consiste en cuán arduamente usted trabaja, sino con cuánta inteligencia lo hace. Hay una historia, que generalmente cuento en mis conferencias, acerca de un hombre al que le dijeron que si trabajaba con toda su fuerza, tendría éxito y se haría rico. El trabajo más duro que conocía era cavar pozos, así que comenzó a cavar grandes pozos en su patio, cada uno más grande que el anterior. Pero finalmente no se hizo rico; lo que logró fue un dolor

> «Tendremos toda la eternidad para celebrar las victorias, pero solo unas pocas horas antes de la puesta del sol para ganarlas».
> —AMY CARMICHAEL

de espalda. Pasó mucho tiempo trabajando arduamente, pero el trabajo no tenía objetivo.

ORGANICE O AGONICE

Hablando en términos generales, hay cinco maneras en que la gente distribuye su tiempo. Cuando Pedro entendió la manera correcta de organizar su tiempo, causó un gran impacto. Lea los siguientes estilos organizacionales y determine cuál describe mejor la manera en la que usted distribuye el tiempo:

1. URGENTE: PRIMERO LO QUE HACE MUCHO RUIDO

Pedro pudo haber caído fácilmente en la trampa de atender en primer lugar lo urgente. Cuando los judíos helenistas dieron a conocer sus quejas, pudo haber tomado el asunto en sus manos a fin de hacerlos callar. Pero él sabía que eso sería un derroche de su tiempo. En cambio, pidió a los demás que se preocuparan del asunto en su lugar y casi no interrumpió su marcha.

Seguramente usted ha oído decir: la rueda que cruje consigue la grasa. Bueno, esa no debe ser siempre la situación en el liderazgo. En el transcurso del tiempo, se encontrará con muchas ruedas que crujen en forma de peticiones, sugerencias o quejas de personas dentro de su organización. Algunas de ellas serán válidas y merecerán que se les dedique algún tiempo. Pero frecuentemente, engrasar las ruedas que crujen en su organización, no será el mejor modo de usar su tiempo. Aunque es tentador, en especial si le gusta agradar a la gente, usted tendrá que aprender a discernir cuál rueda realmente necesita grasa, cuáles pueden ser engrasadas por otro y cuáles seguirán crujiendo sin importar lo que haga.

2. DESAGRADABLE: PRIMERO LAS COSAS DIFÍCILES

Cuando éramos jóvenes, a muchos de nosotros se nos enseñó a hacer primero lo más difícil. Es la mentalidad «la cena primero, el postre después». Esto tiene alguna validez, pero no porque algo es difícil debemos ponerlo al principio de nuestra lista.

Si Pedro se hubiera suscrito esta noción, hubiera distribuido personalmente los alimentos a las viudas. De todo lo que estaba haciendo en ese tiempo, eso podría haber parecido lo más desagradable. La Escritura no dice cuánto tiempo tomó la tarea de distribución de los alimentos, pero quizás terminó siendo un trabajo de tiempo completo. Si Pedro hubiera asumido esa tarea, habría perdido muchas oportunidades de enseñar y dirigir.

Usted tiene que ser capaz de controlar sus motivos. Si tiene una fuerte ética laboral, naturalmente querrá hacer primero lo difícil. Pero no inicie el trabajo duro sin antes determinar el valor de sus acciones. Si hacer algo más fácil es un mejor uso de su tiempo, entonces hágalo antes de emprender lo difícil.

3. INCONCLUSO: PRIMERO LO ÚLTIMO

Si es como la mayoría de los líderes, usted trabaja con agenda diaria. Y muchas veces su lista de «quehaceres para el día» queda inconclusa. Si completa solo ocho de los diez puntos de su lista, su tendencia automática es poner los dos puntos restantes al principio de la lista del día siguiente. Es posible que, si los dos puntos estaban al final de la lista, no eran prioridad. Y necesariamente no van a ser prioridad al día siguiente.

¿Qué cree usted que hubiera hecho Pedro si solo la mitad de las viudas hubieran recibido alimento al principio? Aun si los hombres designados por los apóstoles no hubieran terminado la tarea, es casi seguro que él hubiera continuado en la tarea de predicarle a la gente.

Antes de dedicar tiempo a completar el trabajo inconcluso del día anterior, evalúelo en comparación con las cosas que necesita terminar. Si la conclusión de una tarea no es todavía la prioridad, póngala al final de su lista y trabaje en ello después de terminados los puntos más importantes.

4. FRUSTRADO: PRIMERO LO ABURRIDO

De los cinco estilos, quizás este es el más común. Si sigue este modelo, su tendencia será hacer las cosas aburridas y rutinarias en primer lugar, sin embargo, es muy poco probable que esto sea lo más importante.

Puesto que Pedro era humano, tal vez haya habido momentos en su vida cuando hubiera preferido concentrarse en lo que le serviría para tener su próxima comida o el mejor rumbo para su próximo viaje. Pero Jesús le había enseñado a no preocuparse de estas cosas. Tenía que concentrarse en lo de mayor importancia: la predicación del evangelio.

5. FUNDAMENTAL: PRIMERO LO PRIMERO

Pedro entendió el concepto de destinar tiempo solo a lo que se necesitaba hacer primero. No trató de hacer más cosas en el día usando el recurso de hacer lo fácil o lo más atrayente. Se apegaba a lo más importante y dejaba el resto para los demás, o lo dejaba sin hacer.

¿Tiene por costumbre dedicar tiempo a lo más importante primero? Comprométase a seguir el ejemplo de Pedro, y dedique su mejor tiempo —ahora y siempre— a las tareas más importantes.

Aunque es admirable ser ambicioso y trabajador, es más deseable trabajar con inteligencia. La clave para ser un líder más eficiente no es acabar con su lista de quehaceres del día. Está en formarse el hábito de priorizar su tiempo de modo que siempre esté haciendo lo más importante. Cuando pueda hacer eso, no pasará mucho tiempo antes que comience a ver superadas sus expectativas como líder.

PREGUNTA DE REFLEXIÓN PARA HOY:
¿Invierte su tiempo en forma sabia?

Día 4

Además, el cuerpo no es un solo miembro, sino muchos. Si dijere el pie: Porque no soy mano, no soy del cuerpo, ¿por eso no será del cuerpo? Y si dijere la oreja: Porque no soy ojo, no soy del cuerpo, ¿por eso no será del cuerpo? Si todo el cuerpo fuese ojo, ¿dónde estaría el oído? Si todo fuese oído, ¿dónde estaría el olfato? Mas ahora Dios ha colocado los miembros cada uno de ellos en el cuerpo, como él quiso. Porque si todos fueran un solo miembro, ¿dónde estaría el cuerpo? (1 Corintios 12.14-19)

Todos los que han pasado algún tiempo a mi alrededor conocen el principio de Pareto. El concepto es que el veinte por ciento superior de sus prioridades le da un dividendo del ochenta por ciento. La mayoría de los líderes concuerda que el principio 80/20 funciona bien cuando se trata de priorizar en el ámbito de las finanzas o del tiempo. Reconocen los dividendos que produce. Sin embargo, muchos líderes son renuentes a aplicarlo a las personas.

LAS MEJORES PERSONAS PRIMERO

Al igual que Jesús, Pedro practicó el principio 80/20 con las personas. Todo lo que Pedro necesitaba aprender acerca de priorizar las personas, lo aprendió del ejemplo de Jesús. Cuando uno estudia la forma cómo empleó Jesús el tiempo

Aunque dedicó mucho tiempo a las multitudes, la mayor parte de su tiempo la dedicó a doce hombres: los discípulos.

con las personas, se da cuenta que no dedicó igual cantidad de tiempo a todos. Aunque dedicó mucho tiempo a las multitudes, la mayor parte de su tiempo la dedicó a doce hombres: los discípulos a quienes entregó su legado. Si mira con más cuidado, notará que del grupo de los doce, hubo un grupito selecto con quienes Jesús invirtió más tiempo que en los demás: Pedro, Jacobo y Juan. Después serían los padres fundadores del movimiento cristiano. Jesús los amaba a todos, pero invirtió su tiempo en las personas que dirigirían a otros e invertirían en ellos.

No tengo dudas que el método de Jesús de priorizar su tiempo con personas tuvo un efecto duradero sobre Pedro. Poco después, Pedro instintivamente trató de poner personas donde pudieran llevar a cabo la misión en forma más eficiente. Confrontado con la situación de los judíos helenistas, la primera inclinación de Pedro fue designar personas competentes para hacer frente a las necesidades que él ni los apóstoles podían enfrentar. Los apóstoles siguieron donde sus dones eran más útiles y los nuevos líderes fueron comisionados para utilizar sus talentos.

ENCUENTRE SU VEINTE POR CIENTO MÁS IMPORTANTE

La tarea del líder es poner a la persona indicada en el cargo conveniente para ella. Como el entrenador durante los entrenamientos, usted debe ser capaz de discernir quiénes son los jugadores claves, luego ubicarlos donde puedan emplear mejor sus dones para llevar al equipo a la victoria.

Para descubrir sus jugadores claves, evalúe a cada persona según los siguientes criterios:

1. PRUEBA DE INFLUENCIA

Pedro y los demás apóstoles requirieron que los siete hombres designados para dar la porción de las viudas fueran seleccionados de entre la gente de la comunidad. Esto sugiere que eran bien conocidos y ya tenían una influencia establecida sobre los demás.

Todo líder potencial con quien usted intenta invertir tiempo debe tener un grado de influencia sobre el resto de la gente. De otro modo, tendrán problemas para dirigir a otros en la realización de las tareas que tengan por delante de ellos.

2. PRUEBA DE RELACIONES

Pedro también pidió que los hombres seleccionados fueran «hermanos». Esto implica que cada líder había mantenido buenas relaciones con la mayoría de las personas.

Cuando seleccione a los líderes, determine de qué manera los candidatos se relacionan con el resto de su personal. ¿Tienen buenas relaciones con todos? ¿Los demás los consideran amistosos y positivos? Las personas con el mayor potencial serán las que mejor se relaciones con los demás.

3. PRUEBA DE CREDIBILIDAD

Otro requisito de los siete hombres era que fueran de «buen testimonio» o buena reputación. Eso es muy importante. Cuando usted busca líderes potenciales, determine si su personal siente respeto por ellos. ¿Acuden otros a ellos con sus problemas? Sus líderes potenciales tienen que haber establecido un fundamento de confianza con los demás a fin de dirigirlos bien.

4. LA PRUEBA ESPIRITUAL

Era requisito que los siete hombres tuvieran valores firmes. Pedro sabía que si los líderes potenciales no participaban de las mismas convicciones de los apóstoles, no podrían actuar eficientemente por ellos. O peor, podrían haber actuado en sentido contrario a sus creencias para extraviar a los demás.

Lo mismo podría ocurrir con la gente que usted selecciona. Sus valores deben ser similares a los suyos. El líder potencial que obedece a Dios está en una posición mucho mejor para tener éxito que uno que ignora la voluntad de Dios para su vida.

5. LA PRUEBA ADMINISTRATIVA

Una cualidad que habilitaba a los siete hombres para servir era la capacidad de discernir lo que era mejor para la gente. La Escritura no es explícita, pero el pasaje parece indicar que a los siete se les dieron muy pocas instrucciones acerca de la forma de hacer la distribución a las viudas necesitadas. Tenían que elaborarla por ellos mismos.

¿Tienen sus líderes potenciales una trayectoria de decisiones sabias? ¿Buscan otros su consejo? ¿Pueden hacer planes por sí mismos, o necesitan continuamente confirmación y dirección? Si usted confía en el consejo de un líder potencial, es posible que otros también lo harán.

6. LA PRUEBA DE ACTITUD

El último requisito de los siete varones era que tuvieran una actitud correcta en cuanto a servir a sus pares. Pedro los describe como «llenos de fe».

El verdadero liderazgo exige la voluntad de servir a otros con todo su tiempo. ¿Cómo ven el liderazgo sus líderes potenciales? ¿Son desinteresados? ¿Les gusta actuar en equipo? Para que cualquier líder sea un activo para usted y para el equipo, debe estar dispuesto a servir.

¿Cómo piensa que estas personas a quienes usted dedica tiempo asimilarán estos criterios? ¿Pasan ellos estas pruebas? ¿Se detienen y dan a los demás, o por lo menos tienen el potencial de hacerlo así en el futuro? Si no, podría tener necesidad de repensar la forma en que invierte su tiempo con las personas.

PREGUNTA DE REFLEXIÓN PARA HOY:
¿Han asumido usted y su gente una posición que
les permita alcanzar su máxima eficacia?

Día 5

Cómo dar vida a esta ley

ASIMÍLELA

En el liderazgo, las prioridades deben ser una cuestión de principios, no de preferencia.

Repase los pensamientos relacionados con la Ley de las Prioridades:

1. Los líderes ponen lo primero 100%en primer lugar.
2. Los líderes lo ven todo pero se concentran en lo importante.
3. Los líderes invierten su tiempo en lo que produce los mayores dividendos.
4. Los líderes ponen a las personas donde todos ganan.

¿Ha estado usando criterios específicos para determinar lo más importante en su organización? ¿Establece prioridades en su modo de trabajar, de gastar el dinero o invertir tiempo con la gente? Si no es tan eficiente o eficaz como le gustaría, quizás sea tiempo de reevaluar.

ORGANÍCELA

Si no está seguro dónde se encuentra cuando se trata de entender y aplicar la Ley de las Prioridades, visite el sitio en Internet «www.injoy.com/21 Minutes» para contestar un cuestionario de evaluación de veinticinco preguntas que le ayudarán a medir su habilidad.

PÓNGALA EN ORACIÓN

Use las siguientes palabras para comenzar su tiempo de oración:

Amado Dios, tú sabes lo que es mejor para mí. Ayúdame a ordenar mi vida según tu voluntad, no según la mía. Muéstrame las personas en quien debo invertir, y ayúdame para ser un líder eficaz en sus vidas y en la mía. Amén.

VÍVALA

¿Cuándo fue la última vez que hizo un examen real de su alma para considerar sus prioridades? Si usted es como la mayoría de la gente, seguramente ha pasado un largo tiempo, o en realidad nunca lo ha hecho.

Programe un retiro personal donde pueda reevaluar su misión y sus prioridades. Debería revisar su vida y hacer una lista de los principales hitos y fracasos de los últimos cinco años para que tenga indicaciones internas de cómo le ha ido. Luego dedique un tiempo importante a la reflexión y oración. Después que haya determinado cuáles deberían ser sus prioridades, revise su misión, proyectos, listas de cosas por hacer y los métodos de desarrollo de las personas a la luz de lo que haya aprendido.

DIVÚLGUELA

¿Qué concepto, idea o práctica específica de liderazgo que ha aprendido en esta semana transmitirá a otro líder en los próximos dos días?

Semana 18

LA LEY DEL SACRIFICIO

EL LÍDER DEBE CEDER PARA ASCENDER

En la actualidad mucha gente quiere subir la escalera de su empresa porque creen que la libertad y el poder son los premios que les esperan en la cumbre. No comprenden que la verdadera naturaleza del liderazgo es realmente el sacrificio...

Los líderes que quieren ascender tienen que hacer más que [estar dispuestos a] sufrir reducciones ocasionales en su paga. Tienen que ceder todos sus derechos... Esto es válido para todo líder, no importa cuál sea su profesión. Converse con cualquier líder y descubrirá que ha hecho continuos sacrificios. Normalmente, mientras más alto ha escalado el líder, mayores sacrificios habrá hecho. El líder eficiente sacrifica mucho de lo que es bueno para dedicarse a lo mejor...

El sacrificio es una constante en el liderazgo. Es un proceso continuo, no una paga de una sola vez.... Las circunstancias pueden cambiar de persona a persona, pero el principio no cambia. El liderazgo significa sacrificio.

DE «LA LEY DEL SACRIFICIO» EN
Las 21 Leyes Irrefutables del Liderazgo

Día 1

Moisés
y la
Ley del Sacrificio

PENSAMIENTO SOBRE LIDERAZGO PARA HOY:
No hay éxito sin sacrificio.

Lecturas bíblicas
Éxodo 2.1-4.31; 12.31-42; Hebreos 11.23-29

¿Qué precio está dispuesto a pagar por ser un líder más eficiente? ¿Ha pensado en eso? Muchos líderes están tan ocupados siguiendo su visión y reuniendo su gente que piensan poco en esto. Pero el liderazgo siempre requiere sacrificio. Líder o no, nadie logra el éxito sin sacrificio.

LO QUE ELLOS SACRIFICARON

Si piensa que el sacrificio puede separarse del liderazgo, lea las Escrituras. Todo el tiempo los líderes tuvieron que hacer sacrificios para ser los líderes que Dios creó. Con frecuencia, mientras más grande el llamado, más grande el sacrificio requerido. Estos son algunos ejemplos:

- *Noé*. Fue la primera persona en hacer un gran sacrificio para convertirse en líder. ¿Cómo se sentiría usted si se le pidiera que deje todo lugar y a toda persona conocida (aparte de las siete personas de la familia) para ser el gran líder que Dios quiere que usted sea? Eso fue lo que hizo Noé. Comenzó el mundo desde cero. Ante la misma perspectiva, muchas personas hubieran dicho: «olvídalo», y se habrían echado a morir.

- *Abraham*. El llamado de Abraham significaba dejar su parentela y su tierra en Ur para ir a una tierra que nunca había visto. Como lo establece Hebreos 11.8, salió «sin saber adónde iba». Cuando llegó a ese lugar, no se estableció. Vivió en tiendas toda la vida.

- *José*. La Ley del Proceso le permitió dar un vistazo a su vida y lo que tuvo que sacrificar: su comodidad, su hogar y su libertad. ¿Cuántas personas soportarían fielmente la esclavitud por la promesa de un liderazgo en el futuro?

- *Nehemías*. El líder que sirvió de demostración en la Ley de Navegación sacrificó un trabajo cómodo en el palacio del rey para viajar varios centenares de kilómetros hacia una ciudad en ruinas en los quintos infiernos. Cuando llegó, enfrentó una ruda oposición y amenazas de muerte.

- *Pablo*. El más grande de los apóstoles sacrificó su vida segura como fariseo de fariseos para convertirse en un obrero viajero que fue perseguido, golpeado, azotado, sufrió naufragios y finalmente fue ejecutado debido a su liderazgo por la causa de Cristo.

OTRO LÍDER, OTRO SACRIFICIO

Uno de los mejores ejemplos de sacrificio por un líder en la Biblia es la vida de Moisés, el más grande profeta del Antiguo Testamento. Bien podría ser el modelo del sacrificio en el liderazgo.

En la película *El Príncipe de Egipto* se capta bien esta situación. Creció como hijo de Faraón, un príncipe. Como niño, disfrutó todos los placeres del palacio. Tenía poder, privilegio y posesiones. Pero no solo recibió lo mejor de lo que Egipto ofrecía físicamente; además recibió los beneficios intelectuales. La Escritura explica: «Fue enseñado Moisés en toda la sabiduría de los egipcios; y era poderoso en sus palabras y obras» (Hechos 7.22).

Sin embargo, Moisés estuvo dispuesto a arriesgarlo todo por tratar de ayudar a su pueblo. Y lo perdió todo. Después de matar a un egipcio, enfrentó un exilio de cuarenta años en el desierto de Madián. Fue desde el privilegio hasta la pobreza, desde la capital del mundo hasta el desierto, de ser hijo adoptivo a un oscuro pastor de ovejas.

Cuando Moisés huyó de Egipto, probablemente pensaba que lo había arriesgado y perdido todo por nada. Durante cuarenta años vivió con el sacrificio que había hecho antes de conocer que Dios tenía el propósito de usarlo como líder. Para esa época ya Moisés había sufrido el proceso de quebrantamiento y reestructuración necesarios para ser usado por Dios. De hijo arrogante privilegiado que pensaba que podía liberar a los hebreos con su propia mano había pasado a ser el hombre de Dios que según las Escrituras «era muy manso, más que todos los hombres que había sobre la tierra» (Números 12.3).

El liderazgo *siempre* tiene un precio. Para ser líder quizás no se le pida dejar su país ni renunciar a todas sus posesiones, como en el caso de

El liderazgo *siempre* tiene un precio.

Moisés. Pero puede estar seguro que dirigir a otros tendrá su precio.

PREGUNTA DE REFLEXIÓN PARA HOY:
¿Está dispuesto a sacrificarse para tener éxito?

Día 2

Andando Jesús junto al mar de Galilea, vio a dos hermanos, Simón, llamado Pedro, y Andrés su hermano, que echaban la red en el mar; porque eran pescadores. Y les dijo: Venid en pos de mí, y os haré pescadores de hombres. Ellos entonces, dejando al instante las redes, le siguieron (Mateo 4.18-20).

En 1856, el poeta John Greenleaf Whittier escribió lo siguiente en su poema «Maud Muller». Quizás lo haya escuchado antes:

De todo las palabras tristes habladas o escritas,
Las más tristes de todas son: «¡Lo que pudo haber sido!»

«Lo que pudo haber sido». Casi todos los días puede oír que alguien menciona lo que pudo haber sido en la vida: «Podía haberme casado con quien quisiera, pero lo entregué todo por casarme contigo». «Pude haber sido el jefe ejecutivo, pero sacrifiqué mi carrera por mi familia». «Sacrifiqué riqueza y fama por servir al Señor».

> Si no le cuesta algo, no es sacrificio.

El problema con ese modo de pensar es que son solo castillos en el aire. Usted no puede sacrificar lo que no tiene. Puede dar solo lo que tiene. Si no le cuesta algo, no es sacrificio.

330

SACRIFICIO VOLUNTARIO

Como señalé antes, Moisés sacrificó mucho. Hizo un sacrificio verdaderamente grande porque tenía algo que dar y lo dio. ¿Cómo pudo dar todo sin sentir amargura contra Dios? ¿Qué fue lo que lo dispuso a regresar a Egipto como siervo de Dios después de disfrutar lo mejor que ese país tenía para ofrecer? Mire las acciones de Moisés y verá cómo Dios lo moldeó como un líder que él podía usar:

1. MOISÉS ESTUVO A SOLAS CON DIOS

Si Moisés se hubiera quedado en Egipto, quién sabe si hubiera prestado atención cuando Dios lo llamó. Su vida estaba llena de distracciones. Pero después que salió hacia Madián, Moisés tuvo mucho tiempo para reflexionar: ¡cuarenta años! Cuando estuvo cerca de la zarza ardiente, estaba preparado para oír a Dios, y estuvo suficientemente silencioso para oír la voz de Dios.

En nuestra cultura, los líderes dedican muy poco tiempo para estar a solas con Dios. La mayoría de las personas están en continua actividad y raramente tienen quietud. Si usted está continuamente corriendo y no deja tiempo para estar a solas con Dios, cambie sus hábitos. No trate de obligar a que Dios lo envíe al desierto para lograr su atención.

2. MOISÉS FUE HONESTO CON DIOS

Cuando se encontró con Dios en la zarza ardiente, Moisés no tenía vestigios de la petulancia que había sido parte de su vida en Egipto. Era débil y lo sabía. Ante el anuncio de Dios que sacaría al pueblo de Egipto, Moisés respondió: «¿Quién soy yo para que vaya a Faraón, y saque de Egipto a los hijos de Israel?» (Éxodo 3.11).

Irónicamente, cuando era joven Moisés se creía fuerte, pero en realidad no lo era. Solo como un anciano humilde ante Dios pudo serle útil. Si usted está dispuesto a mirarse con honestidad, reconocer su debilidad, y a humillarse delante de Dios, él lo podrá usar.

3. MOISÉS TENÍA HAMBRE DE DIOS

¿Qué se necesita antes que una persona *realmente* sienta hambre de Dios en su vida? Es diferente para cada individuo. Algunas personas parecen tener el deseo de conocer a Dios desde que son niños. En otros casos, una tragedia cambia el orden de sus prioridades. Otros *nunca* se vuelven a Dios. A Moisés le llevó cuatro décadas en el desierto.

No puedo evitar pensar si Moisés había perdido toda esperanza de hacer algo importante con su vida cuando Dios finalmente le habló. Imagino que tal vez así era. Lo digo porque una persona no puede ser

Una persona no puede ser tercamente autosuficiente y al mismo tiempo tener hambre de Dios.

tercamente autosuficiente y al mismo tiempo tener hambre de Dios. Esto es algo que también debemos recordar.

4. MOISÉS FUE QUEBRANTADO POR DIOS

Dios no se impuso él ni su voluntad sobre Moisés. Esperó que Moisés viniera voluntariamente: «Viendo Jehová que él iba a ver, lo llamó Dios de en medio de la zarza, y dijo: ¡Moisés, Moisés!» (Éxodo 3.4). Cuando Moisés se volvió a Dios, pudo ser quebrantado.

El quebrantamiento involucra dos cosas: quitar el orgullo impropio y la confianza en sí mismo, y la edificación de una confianza saludable en Dios. En cuanto a Moisés, su confianza en sí mismo y el orgullo habían sido dominados en el desierto durante los años de exilio. Pero el desplazamiento de su confianza hacia Dios incluía el quebrantamiento de sus dudas y temores. En su encuentro con Dios, trató con diferentes tipos de temores:

- *Temores en relación a sí mismo*. La primera preocupación de Moisés era su valor personal. Con humildad preguntó: «¿Quién soy yo para que vaya a Faraón, y saque de Egipto a los hijos de Israel?» (Éxodo 3.11). La respuesta de Dios fue asegurarle su propósito.

- *Temores en relación a Dios.* El otro temor de Moisés tenía que ver con la identidad de Dios. Quería saber su nombre y quién era (Éxodo 3.13). La respuesta de Dios fue llenar a Moisés con su presencia.

- *Temores en relación a la gente.* Moisés entonces se mostró preocupado por lo que el pueblo de Dios respondería (Éxodo 4.1) Cuando era joven, Moisés ya había experimentado el rechazo de los hebreos. La respuesta de Dios fue animarlo mostrándole su poder.

- *Temores en relación a su capacidad.* Moisés tenía dudas acerca de sí: su habla (Éxodo 4.10) y su capacidad (Éxodo 4.13). La respuesta de Dios fue darle un compañero: su hermano Aarón.

Quebrantada su terquedad, vencidos sus temores, y confirmado su propósito, Moisés se puso en las manos de Dios.

La vida está llena de negociaciones. Pero puede negociar solo si tiene algo que pueda sacrificar. A fin de estar preparado para el propósito de su vida, Moisés tuvo que sacrificar su estatus y todas sus posesiones materiales. Luego para cumplir su misión, tuvo otra vez que hacer sacrificios. La segunda vez renunció a la seguridad y tranquilidad de una vida anónima en el desierto para regresar a la tierra de su niñez.

> La vida está llena de negociaciones. Pero puede negociar solo si tiene algo que pueda sacrificar.

Si quiere dirigir, y espera encontrar y cumplir el propósito para el cual Dios lo creó, debe tener algo que dar. Siga creciendo y edificando sus cualidades personales, y no se aferre demasiado a las cosas que Dios le da, porque podría tener que sacrificarlas en cualquier momento para responder su llamado.

PREGUNTA DE REFLEXIÓN PARA HOY:
¿Qué lo capacita para hacer el sacrificio necesario para tener éxito?

Día 3

Cuantas cosas eran para mí ganancia, las he estimado como pérdida por amor de Cristo (Filipenses 3.7).

Hace algunos años, American Express usó en una campaña publicitaria el eslogan: «Ser miembro tiene sus privilegios». Esto sugería que si tenía una tarjeta American Express, entonces usted era importante. Había avanzado a una posición en la vida donde podía tener ciertos derechos y disfrutar de beneficios adicionales no disponibles para el resto de la población... para la gente simplemente común.

Mucha gente mira el liderazgo de la misma manera. Lo asocian con privilegios. Ven solo las cosas positivas. El poder es atrayente. Lo mismo ocurre con las relaciones con otros líderes y personas de un perfil elevado.

> El sacrificio es la verdadera naturaleza del liderazgo.

¿Quién no disfrutaría estando en la mejor pista en lo que respecta a información y planificación? Pero la persona que idealiza los privilegios del liderazgo suele no ver los sacrificios involucrados. El sacrificio es la verdadera naturaleza del liderazgo.

CÓMO ALCANZAR EL POTENCIAL DEL LIDERAZGO

Después de cuarenta años en el desierto de Madián, Moisés aprendió la primera lección difícil del liderazgo:

1. EL LÍDER DEBE CEDER PARA ASCENDER

Como expliqué antes, Moisés hizo grandes sacrificios en su vida. Para ascender en el liderazgo, y convertirse en el hombre que los hebreos iban a seguir, Moisés tuvo que renunciar a su hogar, a su antigua vida y al derecho de hacer lo que quería. El sendero hacia el liderazgo es estrecho. Pero cuando Moisés renunció a todas las riquezas de Egipto y a la seguridad de su vida pastoril, solo estaba comenzando.

2. EL LÍDER DEBE CEDER PARA CRECER

El tiempo que Moisés pasó en el desierto de Madián modeló su carácter. Lo hizo apto para convertirse en el instrumento escogido por Dios para la liberación de su pueblo. Pero eso no le enseñó el liderazgo. Para convertirse en un líder eficiente, Moisés tuvo que ceder más de sí mismo.

Convertirse en líder requiere tiempo. Los primeros esfuerzos de Moisés por dirigir a los hijos de Israel no siempre tuvieron éxito. Por ejemplo, después de sacar al pueblo de Egipto, trató de hacerlo todo solo. Se necesitó la instrucción de su suegro Jetro, quien le enseñó a delegar autoridad (Éxodo 18). Cuando trataba de dirigir al pueblo en el Monte Sinaí, ellos se desenfrenaron y adoraron al becerro de oro (Éxodo 32). Cuando trató de hacerlos entrar en la tierra prometida, se negaron a seguirle y obedecerle (Números 14). Dios dedicó años para hacer que Moisés se convirtiera en el gran líder que finalmente llegó a ser, el tipo de líder amado por su pueblo y por quien lloraron e hicieron duelo durante treinta días después de su muerte (Deuteronomio 34.8).

3. EL LÍDER DEBE CEDER PARA MANTENERSE ARRIBA

El líder no tiene punto de llegada. Ningún buen líder llega a un lugar donde puede dejar de aprender, de crecer y de mejorar. Deben continuar, si no es por ellos mismos, entonces por amor a su organización y a su pueblo. Para continuar siendo eficiente, deben seguir haciendo sacrificios. Además, lo que lleva a una organización a la cumbre nunca es suficiente para mantenerla allí. La vida es cambio. Se requiere mucha resistencia para seguir cediendo. Ni siquiera Moisés pudo permanece en la pista. Aunque dedicó su vida a Dios y a dirigir a los hijos de Israel, se descalificó él mismo ante los ojos de Dios antes del fin de su ministerio. Debido a su desobediencia, no pudo acompañar a su pueblo en la última etapa de su viaje. Si usted quiere terminar bien, siga practicando la ley del sacrificio.

A medida que toma conciencia del largo viaje de liderazgo que tiene por delante, trate de calcular los sacrificios involucrados. Mientras mayor el llamado, mayor el sacrificio. Mientras más arriba quiere llegar, más tendrá que sacrificar.

PREGUNTA DE REFLEXIÓN PARA HOY:
¿Qué está dispuesto a ceder para convertirse en un líder más eficiente?

Día 4

Yo mismo no pretendo haberlo ya alcanzado; pero una cosa hago: olvidando ciertamente lo que queda atrás, y extendiéndome a lo que está delante, prosigo a la meta, al premio del supremo llamamiento de Dios en Cristo Jesús (Filipenses 3.13-14).

Un poco antes en esta semana le aconsejé a no aferrarse demasiado a lo que Dios le da pues quizás tenga que sacrificarlo en cualquier momento para responder a su llamado. Sin embargo, la mayoría de la gente parece tener dificultad en dejar que se vayan las cosas. Puede verlo en sus garajes, áticos o sótanos.

Para ganar algo tiene que estar dispuesto a perder cualquier cosa que tenga. Por cierto, no estoy hablando de sacrificar sus valores, su respeto por sí mismo ni su familia. Hablo de ceder posesiones materiales, oportunidades de hacer otras cosas y aun sus derechos. Si quiere seguir subiendo hacia su potencial, no puede aferrarse de la seguridad que ahora posee. Es como tratar de subir una escalera con los brazos llenos de cosas. Tiene que dejar algo abajo para poder subir. Es la única forma de subir al nivel siguiente.

> Si quiere seguir subiendo hacia su potencial, no puede aferrarse de la seguridad que ahora posee.

SUJETE CON SUAVIDAD... NO APRIETE

¿Cómo cultiva la disposición de sacrificar para alcanzar todo lo que puede llegar a ser? Puede comenzar practicando estos seis hábitos:

1. Aprecie el tiempo

En Eclesiastés Salomón escribe que «todo tiene su tiempo y todo lo que se quiere debajo del cielo tiene su hora» (3.1). Quizás Moisés no haya entendido este concepto cuando huyó hacia el desierto, pero ciertamente lo hizo después, a partir del día que vio la zarza ardiente. Su comprensión del concepto creció durante los años que dirigió a los hijos de Israel.

Cuando somos niños, reconocemos prontamente que hay períodos en la vida. Miramos hacia adelante los hitos de la vida y hacia el paso siguiente: pasar de grado, quedar solo en casa por primera vez, obtener licencia de conducir, graduarse de secundaria, casarse y así sucesivamente. Estamos ansiosos de dejar lo que es de niños a medida que avanzamos. Pero como adultos solemos perder esa perspectiva. La vida es un viaje, no un destino. Trate de recordar que habrá momentos en que será apropiado moverse hacia adelante. Esté preparado para esos momentos.

2. Ponga en primer lugar a las personas

La renuencia de la gente a sacrificarse muchas veces se alimenta de la tendencia a enfocarse demasiado en ellos mismos. Es difícil dejar irse algo si su visión se filtra a través de sus necesidades y deseos.

«Una persona empieza a vivir cuando puede vivir fuera de sí mismo»

Pero como lo dice Albert Einstein: «Una persona empieza a vivir cuando puede vivir fuera de sí mismo». Poner primero a los demás tiene una forma de desplazar las prioridades y poner las cosas en su propia perspectiva.

3. Desarrolle el hábito de dar

Nada le quita más el apego por las cosas que dar. Esto purifica los motivos y aligera el corazón. Una vez que adquiere el hábito de liberarse de su dinero, tiempo, talentos y posesiones sin esperar nada a cambio, no es difícil hacer un sacrificio que traerá algo mayor como retorno.

4. APRENDA A DISFRUTAR LAS COSAS SIN ADUEÑARSE DE ELLAS

El autor Richard Foster señaló inteligentemente: «Adueñarse de las cosas es una obsesión en nuestra cultura». Si nos hacemos los dueños, pensamos que podemos controlarlo; y si lo podemos controlar, sentimos que nos dará más placer. La idea es una ilusión. Mientras más cosas pueda disfrutar sin tener el control sobre ellas, más ligera será la posesión que ellas tengan de usted.

5. DÉ GRACIAS POR SUS BENDICIONES

Si somos realmente honestos con nosotros mismos, reconoceremos que no merecemos nada de las cosas que Dios nos ha dado: dones ni talentos, posesiones materiales ni siquiera la gracia de que disfrutamos. Santiago nos recuerda: «Toda buena dádiva y todo don perfecto desciende de lo alto, del Padre de las luces, en el cual no hay mudanza, ni sombra de variación» (Santiago 1.17). Si para empezar usted reconoce que lo que tiene es un don, es más fácil cederlo o renunciar a ello.

6. MANTENGA LA PERSPECTIVA ETERNA

El sacrificio siempre es doloroso, aun cuando tratamos de mantener una actitud de gratitud y un corazón dadivoso. Por eso es importante tratar de ver las cosas desde la perspectiva divina. En los momentos en que usted es renuente a soportar el dolor de renunciar a algo y de hacer una transición, trate de ver el cuadro completo. Moisés pasó un total de ochenta años en el desierto, y todavía no logró entrar en al tierra prometida. Pero su pueblo lo hizo, se estableció la dinastía de David y a los hebreos se les dio el Mesías. Ese es el cuadro completo. Si un sacrificio temporal le va a dar una recompensa eterna, haga el negocio.

No importa cuál sea su historia personal, usted puede llegar a ser alguien dispuesto al sacrificio. Puede que no sea fácil, pero es posible. Y si usted quiere convertirse en un líder, es imperativo.

Moisés pasó un total de ochenta años en el desierto, y todavía no logró entrar en al tierra prometida. Pero su pueblo lo hizo.

PREGUNTA DE REFLEXIÓN PARA HOY:

¿Con cuál de estos hábitos necesita trabajar más?

Día 5

Cómo dar vida a esta ley

ASIMÍLELA

¿En qué se enfoca cuando se trata de dirigir personas? ¿Enfoca su energía en lo que obtiene o en lo que da? Lo que enfoque determinará si está en el liderazgo por un momento o para el largo plazo.

Repase los pensamientos relacionados con la Ley del Sacrificio:

1. No hay éxito sin sacrificio.
2. Si no le cuesta algo, no es sacrificio.
3. Los líderes eficientes conocen el valor del sacrificio.
4. Por cada cosa que gana, usted pierde algo.

ORGANÍCELA

Si no está seguro dónde se encuentra cuando se trata de entender y aplicar la Ley del Sacrificio, visite el sitio en Internet «www.injoy.com/21 Minutes» para contestar un cuestionario de evaluación de veinticinco preguntas que le ayudarán a medir su habilidad.

PÓNGALA EN ORACIÓN

Use las siguientes palabras para comenzar su tiempo de oración:

Amado Dios, dame el corazón de un dador. Ayúdame a entender tu tiempo perfecto, para ver lo que puedo sacrificar por amor a mi pueblo, y para renunciar a todo lo que poseo, para el mejoramiento de otros. Y si el mejor sacrificio que puedo hacer por mi organización es echarme a un

*lado y dejar que otro dirija, dame el valor y el corazón para hacerlo.
Amén.*

VÍVALA

¿Se está estancando en su liderazgo o todavía sigue ascendiendo? Sea que esté en las primeras etapas del sacrificio o que haya estado dirigiendo durante cuarenta años, usted necesita identificar el próximo paso en su liderazgo y lo que le llevará llegar allá. ¿Cuál es el precio? ¿Qué es lo que se siente llamado a sacrificar? Tome algún tiempo para definir el paso y el costo ahora mismo.

DIVÚLGUELA

¿Qué concepto, idea o práctica específica de liderazgo que ha aprendido en esta semana transmitirá a otro líder en los próximos dos días?

Semana 19

LA LEY DEL TIEMPO OPORTUNO

CUANDO DIRIGIR ES TAN IMPORTANTE COMO QUÉ HACER Y ADÓNDE IR

Cuando los líderes hacen lo correcto en el momento oportuno, el éxito es casi inevitable. Las personas, los principios y los procesos convergen para producir un impacto increíble. Los resultados tocan no solo al líder sino también a los seguidores y a toda la organización.

Cuando el líder adecuado y el momento oportuno convergen, ocurren cosas increíbles... Winston Churchill lo describe así: «Llega un momento especial en la vida de cada uno, momento para el cual la persona ha nacido. Esa oportunidad especial, cuando la aprovecha, cumplirá su misión... esa misión para la cual ha sido dotado en forma única. En ese momento halla la grandeza. Es su mejor hora...»

Leer la situación y saber qué hacer no es suficiente para tener éxito en el liderazgo. Solo la acción correcta en el momento oportuno traerá el éxito. Todo lo demás tiene un precio muy elevado.

DE «LA LEY DEL TIEMPO OPORTUNO» EN
Las 21 Leyes Irrefutables del Liderazgo

Día 1

Ester
y la
Ley Tiempo Oportuno

PENSAMIENTO DIRECTRIZ PARA HOY:
El tiempo oportuno convierte una buena decisión en la mejor decisión.

Lecturas bíblicas
Ester 2.1-23; 4.1-17; 5.1-5; 7.1-8.8

Si alguna vez ha tenido que conducir en la hora de mayor tránsito en una gran ciudad, usted sabe que el tiempo lo es todo. Mi buen amigo Josh McDowell suele contar sobre una ocasión en que él y un residente local recorrían las calles de Buenos Aires, Argentina, hace algunos años. Esto ilustra la importancia del momento adecuado.

En un punto de su viaje llegaron a una intersección en el centro de la ciudad donde convergían dieciséis carriles de tránsito. Pero eso no era ni la mitad del problema. Era la hora de más tráfico, no había semáforos ni nadie que dirigiera el tránsito. Definitivamente no era el lugar para un tímido.

La única manera de cruzar la intersección era descubrir un pequeño espacio en el tránsito, pisar el acelerador sin vacilación, sabiendo que si perdía la oportunidad, quedaría atascado por otros quince minutos. Si su sincronización era buena, podía cruzar ileso la intersección. De otro modo, era casi seguro que tendría que visitar un taller de reparación de autos. Afortunadamente, el conductor había conducido por allí antes y tenía un buen sentido de la sincronización. De otro modo, no habría cruzado y salido de una pieza.

Para el líder el tiempo obra en gran medida del mismo modo. Hay ciertas ventanas de oportunidad cuando, si no se arriesga a avanzar, su eficiencia podría quedar detenida. O peor, podría ver permanente dañada su capacidad de dirigir a su gente. Mientras mayor sea el riesgo que tome, más esencial se hace que su tiempo sea el oportuno.

Pero cuando usted es capaz de discernir una oportunidad dorada y tomar la iniciativa de aprovecharla en el momento oportuno, el éxito es casi inevitable.

EL ASCENSO DE ESTER

Siempre he sostenido que a fin de cuentas los líderes no tienen éxito a menos que otra persona lo quiera. Ester tuvo la fortuna de tener un mentor como Mardoqueo, que constantemente le recordó la Ley

> A fin de cuentas, los líderes no tienen éxito a menos que otra persona lo quiera.

del Tiempo Oportuno (o de la sincronización). Como resultado, Ester aprendió a aprovechar los momentos oportunos de su vida y a transformar a un pueblo que estaba al borde de la aniquilación en el pueblo más respetado de la tierra. Cuando lee la historia de Ester, puede notar que toda su vida es un estudio de la sincronización.

EL LUGAR ADECUADO

Ester nació en un período de la historia judía cuando su pueblo estaba en angustia y se había apartado de los mandamientos de Dios. En resumen, tenían necesidad de un liderazgo. Aunque un remanente de judíos había regresado a Israel después de setenta años de cautiverio, muchos permanecían en las ciudades de su exilio. Algunos eran bien considerados como miembros valiosos de su comunidad, mientras otros eran despreciados. La familia de Ester se había quedado en Persia, el lugar donde después ella sería más necesaria.

Un líder no puede darse el lujo de no mirar el cuadro completo. Usted puede tener la tendencia a dedicar tiempo a pensar en los hechos corrientes —cómo proveer mejor para su familia o cómo hacer crecer su empresa— y no hay nada de malo en ello. Pero cuando usted cree, como yo, que Dios ha ordenado los acontecimientos de su vida de un modo que usted pueda cumplir algo más grande —un propósito tan importante como el de Ester—la sincronización de los acontecimientos comienza a tener más sentido y el modo de enfocar las decisiones adquiere suma importancia.

> Es fácil pensar que una persona en el lugar adecuado en el momento oportuno es una coincidencia. Pero cuando un líder sigue a Dios, nada es casual.

En retrospectiva, es fácil pensar que una persona en el lugar adecuado en el momento oportuno es una coincidencia. Pero cuando un líder sigue a Dios, nada es casual. En el caso de Ester, no es difícil imaginar lo que hubiera sido del pueblo judío si ella no hubiera nacido en ese tiempo y en ese lugar. El pueblo judío habría sufrido algo más devastador que lo ocurrido durante el régimen nazi de Hitler,

LA PERSONA ADECUADA

Al principio, quizás Ester no hizo mucho caso de la destitución de la reina Vasti ni del concurso imperial de belleza del rey Asuero para hallar una nueva reina. Después de todo, era huérfana, y como la mayoría de la gente, llevaba una existencia común. No tenía razón para sospechar que tuviera una oportunidad de ganar el concurso. Pero pronto se encontró en el palacio del rey y con el consejo del eunuco real y de su primo Mardoqueo, aprovechó la ocasión y se ganó el favor del rey.

LA POSICIÓN ADECUADA

Quizás Ester comenzó a captar el propósito de Dios para ella cuando el rey la seleccionó como su nueva reina. En poco tiempo pasó de ser una huérfana, que vivía en la tierra de su cautividad, hasta convertirse en la mujer con la posición más elevada del mundo.

EL PLAN ADECUADO

Afortunadamente, cuando era reina, Ester fue tuvo la humildad y el discernimiento suficiente para escuchar el consejo de Mardoqueo. Juntos habían decidido no revelarle al rey su procedencia, que ella era judía en el exilio. Pero cuando supo del plan de Amán para realizar un holocausto con los judíos, Mardoqueo se dio cuenta que alguien tenía que actuar inmediatamente en favor del pueblo judío, y supo que tenía que ser Ester. Y ella fue obediente al llamado de Dios.

Cuando todo pasó, Ester descubrió el valor del tiempo oportuno en toda decisión. Aprendió que cuando los líderes tienen a Dios de su lado y se esfuerzan continuamente para hacer lo justo en el momento oportuno, el éxito los sigue en cualquier lugar.

PREGUNTA DE REFLEXIÓN PARA HOY:
¿Considera el momento oportuno cuando toma una decisión?

Día 2

Cuando los líderes no aprovechan el momento oportuno, minan su liderazgo.

¿No decís vosotros: Aún faltan cuatro meses para que llegue la siega? He aquí os digo: Alzad vuestros ojos y mirad los campos, porque ya están blancos para la siega (Juan 4.35).

Cuando usted no toma la iniciativa y aprovecha una oportunidad importante, limita su habilidad de dirigir. Como Ester, muchos líderes tienen obstáculos que les impiden aprovechar el momento oportuno, el más común de los cuales es el temor del fracaso. Entre otros obstáculos se cuentan el orgullo, los motivos egoístas, las prioridades equivocadas, la falta de discernimiento, y no prestar atención.

CÓMO APRENDER A TOMAR LA INICIATIVA

Para ser un líder eficiente, usted debe dar los pasos para identificar y vencer lo que le impide dar el paso necesario cuando llega la oportunidad. Como Ester, usted debe aprender que si no aprovecha el momento...

1. SU DESTINO SERÁ EL DEL RESTO DE LA GENTE

A veces es fácil aceptar la noción de que somos especiales y no tenemos que correr los riesgos de generaciones anteriores. Sentimos que podemos mantener el status quo, y que Dios hará el resto para asegurarse que cumplamos la misión. Pero dicha noción es un mito. Si no corremos el riesgo, no podemos esperar estar a la altura de la ocasión. Mardoqueo recuerda a Ester que aunque es la reina, su futuro no sería mejor que el del resto de los judíos si no capitalizaba la oportunidad de conversar con el rey.

> Cuando Dios está comprometido, no son necesariamente los dones del líder los que provocan la bendición de Dios; es más bien la disposición del líder a actuar en el momento y lugar que Dios indique.

2. DIOS LE REEMPLAZARÁ CON ALGUIEN MÁS PARA HACER EL TRABAJO

Ester fue motivada por el recordatorio de Mardoqueo en el sentido de que los propósitos de Dios se cumplirían, aun cuando ella se sentara al margen como simple espectadora. Cuando Dios está comprometido, no son necesariamente los dones del líder los que provocan la bendición de Dios; es más bien la disposición del líder a actuar en el momento y lugar que Dios indique.

3. PUEDE PERDER MÁS QUE UNA OPORTUNIDAD

Mardoqueo le recordó a Ester que si se quedaba sentada y no hacía nada con la oportunidad que tenía por delante, perdería más que una oportunidad de hacer lo correcto: perdería su vida. Aunque a veces hacer lo correcto incluye un gran riesgo, a la larga, los líderes incurren en un riesgo mayor al no emprender la acción. En el liderazgo, el riesgo de fallar es usualmente mucho menor que el riesgo de no aprovechar la oportunidad.

4. PODRÍA PERDER SU MISIÓN EN LA VIDA

A la larga Mardoqueo le hizo a Ester la pregunta más importante. Especuló que la ocasión que tenía por delante podría ser la razón misma de haber tenido una posición real en primer lugar. En otras palabras, si no daba el

> En el liderazgo no existe «el cero riesgo».

paso, podría errar en todo el propósito de Dios para su vida. Ella aceptó el consejo de Mardoqueo y tuvo un gran éxito.

El mismo consejo vale para todos los líderes. Nunca cumplirá su misión, sea de corto plazo o de toda la vida, si se queda en reposo. En cuanto a algunos líderes como Ester, el temor del fracaso los paraliza. En su caso puede ser diferente. Pero sin consideración de lo que le impide buscar una oportunidad, usted puede vencer ese obstáculo solo haciendo una decisión oportuna después de otra.

En el liderazgo no existe «el cero riesgo». Si su misión es grande, tendrá que correr un gran riesgo al cumplirla. Nunca llegará a un punto en que no corra ningún riesgo. Pero cuando acepta eso como un hecho y decide aprovechar el momento oportuno a pesar del riesgo, prepara el impulso para la próxima oportunidad que le salga al camino. Recuerde que al principio Ester no se apresuró a saltar ante la oportunidad. Pero mientras más oportunidades aprovechó, más cómoda se sentía ante el riesgo. Lo mismo le ocurrirá a usted.

PREGUNTA DE REFLEXIÓN PARA HOY:
¿Qué le impide aprovechar la oportunidad de ser líder?

Día 3

Todo tiene su tiempo, y todo lo que se quiere debajo del cielo tiene su hora (Eclesiastés 3.1).

Muchas veces, el fracaso de un líder en aprovechar una oportunidad nada tiene que ver con la falta de decisión o de voluntad, sino que su esfuerzo está fuera de orden: demasiado temprano o demasiado tarde. Considere lo que le hubiera ocurrido a Ester si hubiera revelado su origen ante el rey demasiado pronto. Probablemente no habría sido coronada reina. Como resultado podría no haber estado en el lugar para interceder ante el rey en favor del pueblo. Pero puesto que esperó el momento oportuno, Ester pudo preparar el camino para el éxito de su pueblo.

Como el invierno, la primavera, el verano y el otoño, las estaciones específicas de la vida de un líder indican la oportunidad de tomar ciertas acciones. Basado en las cinco observaciones siguientes, note las similitudes entre la vida del líder y las estaciones del año:

- No todas las estaciones duran lo mismo.

- Cada estación tiene un principio y un fin.

- Las estaciones siempre vienen en orden.

- Las buenas cosechas pueden cultivarse en diversas áreas simultáneamente aunque se cosechen en diferentes momentos.

- Se debe administrar con eficacia cada estación para tener una cosecha más abundante.

LAS CUATRO ESTACIONES EN LA VIDA DE UN LÍDER

Para tener siempre una buena cosecha, debe aprender el secreto para dominar las estaciones del liderazgo. Aunque todo líder está sujeto al mismo conjunto de reglas en relación a las estaciones, no todo líder administra cada estación con la misma eficacia.

Para ayudarle a determinar en qué dirección debe moverse como líder, considere las cuatro estaciones:

1. EL INVIERNO ES LA ESTACIÓN PARA PLANIFICAR

Para el líder sin éxito, el invierno es el tiempo de hibernar. Pero para el de éxito, es tiempo de tener la visión de la próxima cosecha. Es tiempo de examinar, de revisar los sueños, establecer nuevas metas y hacer planes para cumplir sus sueños.

Ester tuvo un largo invierno antes que Dios la levantara para ser la reina de Persia. Pasó varios años en el exilio con su pueblo... mucho tiempo para conectarse con sus deseos y necesidades. Cuando fue coronada reina, ya tenía el corazón de su pueblo y sabía exactamente lo que necesitaban.

2. LA PRIMAVERA ES LA ESTACIÓN PARA SEMBRAR

En la primavera el líder sin éxito tiene fiebre primaveral. Es tiempo para el sueño matinal y se toma largas siestas por las tardes. Pero el líder con éxito sabe que la primavera es el buen tiempo para sembrar las ideas del invierno. Es tiempo para sembrar las semillas y pagar el precio por el éxito futuro.

La Biblia dice que, antes que fuera coronada reina, la ley exigía a Ester que tuviera todo un año de preparación para presentarse ante el rey (Ester 2.12). Durante ese tiempo, se ganó el favor de Hegai, el eunuco del rey, que le enseñó cómo ganarse al rey cuando se presentara ante él.

3. EL VERANO ES LA ESTACIÓN PARA SUDAR

Para el líder sin éxito, el verano es tiempo de vacaciones. Pero para el líder de éxito, el verano es el tiempo clave para trabajar. Es exactamente el tiempo para el cultivo regular y la fertilización, tiempo para el desarrollo personal. El líder sabio entiende que para producir éxito, tiene que sudar mucho durante el verano.

El verano de Ester comenzó cuando se dio cuenta que tenía que presentarse ante el rey y pedirle que invirtiera el decreto. Sabiendo que un error en el tiempo podía llevarla a la muerte, pasó tres días en oración y ayuno.

4. EL OTOÑO ES LA ESTACIÓN PARA PRODUCIR

En el otoño, los líderes sin éxito comienzan a tener la sensación de pérdida y a tener remordimiento por las oportunidades perdidas y la mala planificación. Sin embargo, para el líder de éxito, el otoño es el tiempo que produce los resultados de su planificación, de su siembra y de su sudor. Es tiempo de celebrar los logros de su duro trabajo.

Para Ester y su pueblo, la celebración comenzó cuando el rey invirtió el decreto y Mardoqueo fue nombrado segundo en autoridad; la fiesta siguió en crecimiento hasta que todos los enemigos de los judíos fueron destruidos o se hicieron sus aliados. En efecto, Ester había guiado a su pueblo con tanto éxito que ellos apartaron una fecha específica para celebrar este episodio de liberación.

Ester aprendió que la clave para tomar decisiones correctas era discernir con exactitud el tiempo oportuno. Sabía que cuando entendiera los tiempos, comprendería mejor lo que necesitaba hacer. Como resultado de su discernimiento, halló confianza en sus decisiones de capitalizar cada oportunidad.

PREGUNTA DE REFLEXIÓN PARA HOY:
¿Son sus decisiones coherentes con la estación?

Día 4

El que recoge en el verano es hombre entendido;
El que duerme en el tiempo de la siega es hijo que avergüenza
(Proverbios 10.5).

Si usted es un líder, no es suficiente saber qué hacer. Tiene que saber cuándo hacerlo. En cada temporada de la vida puede haber diversas decisiones importantes que tomar, y cada una exige el tiempo oportuno

> Si usted es un líder, no es suficiente saber qué hacer. Tiene que saber cuándo hacerlo.

para asegurar el éxito. ¿Cómo juzga el tiempo oportuno en su vida? ¿Busca ciertas señales? ¿Le pregunta a otros? ¿Dedica tiempo a la oración? ¿Supone y espera estar en lo correcto? La respuesta es que usted usa el discernimiento.

Al principio, Ester no era fuerte en el ámbito del discernimiento, pero Mardoqueo sí. En el comienzo del reinado de Ester, él siempre estuvo pronto a comunicarle su pensamiento acerca de las decisiones de ella. Estoy seguro que Ester nunca olvidó sus palabras tan significativas para ella: «Porque si callas absolutamente en este tiempo, respiro y liberación vendrá de alguna otra parte para los judíos; mas tú y la casa de tu padre pereceréis. ¿Y quién sabe si *para esta hora* has llegado al reino?» (Ester 4.14)

Con el paso del tiempo, Ester adquirió destreza para discernir el momento adecuado. Como reina de Persia pudo tomar decisiones con confianza.

LA PRUEBA DEL TIEMPO OPORTUNO

A pesar de las malas decisiones que puede haber tomado en el pasado, usted, como Ester, puede mejorar su discernimiento. La clave es asegurarse que cada decisión soporte la prueba del tiempo antes que usted entre en acción. Para ayudarle a determinar si es el momento oportuno para aprovechar la ocasión, considere lo siguiente:

1. LAS NECESIDADES A SU ALREDEDOR

La empresa de autobuses Greyhound una vez publicó un anuncio que decía: «Cuando trata solo con las necesidades básicas, siempre está necesitado». Eso aplica a los líderes. Cuando mantiene el dedo puesto en el pulso de las necesidades básicas de su gente, siempre hallará el momento oportuno para dirigir.

Ester entendió la necesidad de su pueblo. Antes de ser reina, vivía y trabajaba en medio de ellos; ella era uno de ellos, y nunca perdió el contacto. Su corazón estaba unido al de ellos, y entendía no solo lo que necesitaban, sino también lo que necesitaban de ella. Como resultado, ella les salvó la vida, y les devolvió la dignidad como nación.

Para discernir el tiempo oportuno, manténgase en contacto con las necesidades de su gente. Luego pregúntese siempre: ¿qué ánimo tienen? ¿qué desean alcanzar? ¿qué necesitan de mí como su líder?

2. LAS OPORTUNIDADES QUE TIENE POR DELANTE

Helen Schucman y William Thetford dijeron: «Cada situación, cuando se percibe adecuadamente, se convierte en oportunidad». En otras palabras, la vía para hallar oportunidades ya maduras es buscarlas. Con mucha frecuencia cometemos el error de pensar que las oportunidades, y en consecuencia el momento oportuno, se presentarán en forma obvia. Pero no es así.

Al principio del liderazgo de Ester, Mardoqueo buscó la mayor parte del momento oportuno por ella. Cada vez que discernía una pequeña ventana de oportunidad, se la daba a conocer. Ester aprendió mucho de la perspicacia de Mardoqueo, y después pudo discernir el tiempo oportuno para promover las acciones de Mardoqueo delante del rey. A Mardoqueo se le dio inmediatamente una posición de liderazgo, segundo después del rey.

Como líder, podría estar demasiado ocupado y perder el momento oportuno de una decisión. Pero cuando se toma el tiempo necesario para ser más resuelto en la búsqueda de oportunidades doradas en cada empresa, ellas comienzan a salirle al paso.

3. LOS QUE INFLUYEN DETRÁS DE USTED

Recuerde la Ley del Círculo Íntimo: el potencial de un líder lo determina quienes están más cerca de él. Cuando trate de discernir el momento oportuno para entrar en acción, debe buscar la retroalimentación de sus personas claves.

Ester fue afortunada al tener a un consejero influyente como Mardoqueo. Él era como un despertador. La mayor parte de las veces ella no tenía que pedir su opinión; él la daba voluntariamente. En efecto, Ester llegó a apreciar tanto la opinión de Mardoqueo que se aseguró de tenerlo a su lado durante su reinado. Ella sabía que su discernimiento era confiable y la ayudaría a estar confiada en sus decisiones.

Antes de tomar una decisión importante, pregunte lo que sienten a los que influyen. ¿Ven la misma oportunidad? ¿Disciernen que es el momento oportuno? ¿Qué piensan sobre el momento en que debe actuar? ¿Qué creen que usted debería hacer? Sus respuestas pueden suministrarle puntos de vista que usted podría descuidar.

4. LOS ÉXITOS DEL PASADO

La experiencia da consejos prácticos. Cuando está tratando de determinar si es el tiempo oportuno para aprovechar una oportunidad, dedique un momento a recordar éxitos del pasado. ¿Ha hecho algo como esto antes? ¿Es razonable esperar el mismo resultado de esta decisión? ¿Hay algo que pueda aprender de los éxitos del pasado que le ayude a determinar el mejor momento para avanzar?

La primera vez que Ester se iba a acercar al rey, Mardoqueo tuvo que convencerla de que no era el momento adecuado. Cuando Ester tuvo el favor del rey y el resultado fue exitoso, ella capitalizó ese éxito para el futuro. La próxima vez que compareció ante él, habló con más confianza y pudo convencer al rey que invirtiera el decreto. En poco tiempo, Ester había obtenido tanta influencia delante del rey, que él le pedía consejo. Para tener confianza en que el momento es oportuno para ir adelante, evalúe sus decisiones exitosas del pasado.

La palabra *coraje* (o valentía) viene de la palabra latina *cor* que significa «corazón». En otras palabras, para aprovechar la ocasión en el tiempo oportuno se requiere corazón.

5. LA VALENTÍA INTERIOR

El liderazgo exige valentía: valentía para arriesgar, para alcanzar y para ponerse en la línea de aprovechar la oportunidad. La palabra *coraje* (o valentía) viene de la palabra latina *cor* que significa «corazón». En otras palabras, para aprovechar la ocasión en el tiempo oportuno se requiere corazón.

Ester demostró un tremendo coraje repetidas veces. Se necesitaba un gran corazón para presentarse ante el rey y correr el riesgo de muerte. Así pidió la inversión del decreto del rey, especialmente en la presencia de Amán.

Como líder, usted tendrá momentos cuando el temor tratará de quitarle lo mejor que tiene. Pero los buenos líderes entienden que las oportunidades nunca se presentan sin temor. Y avanzan a pesar de las vacilaciones que puedan experimentar.

Los líderes eficientes aprenden a vencer el temor de tomar una decisión errada y consideran todos los factores influyentes. Saben que es la mejor manera de planificarse para el éxito. Es lo que Ester aprendió a hacer por el ejemplo de Mardoqueo. Si quiere llegar a ser un líder más confiado, le animo a que haga lo mismo.

PREGUNTA DE REFLEXIÓN PARA HOY:
¿Pasan sus decisiones la prueba del tiempo oportuno?

Día 5

Cómo dar vida a esta ley

ASIMÍLELA

¿Tiene su liderazgo un historial de oportunidades perdidas? ¿Desea a veces haber hecho algo antes que fuera demasiado tarde? Si es así, probablemente necesite mejorar en relación la Ley del Tiempo Oportuno. Dedique unos minutos a repasar los siguientes pensamientos de liderazgo:

1. El tiempo oportuno convierte una buena decisión en la mejor decisión.
2. Cuando los líderes no aprovechan el momento oportuno, minan su liderazgo.
3. Cada cosa tiene su tiempo.
4. El buen discernimiento precede a las buenas decisiones.

ORGANÍCELA

Si no está seguro dónde se encuentra cuando se trata de entender y aplicar la Ley del Tiempo Oportuno, visite el sitio en Internet / Dedique veintiún minutos para contestar un cuestionario de evaluación de veinticinco preguntas que le ayudarán a medir su habilidad.

PÓNGALA EN ORACIÓN

Use las siguientes palabras para comenzar su tiempo de oración:

Amado Dios, reconozco que has creado un tiempo para cada cosa y que estoy en tu divino propósito. Te ruego me des discernimiento para comprender tu tiempo. Dame sabiduría y valor para tomar las decisiones correctas sin importar el costo, porque no quiero perder el plan que tienes para mi vida. Amén.

VÍVALA

Basándose en lo que leyó el día 3, ¿en qué estación de vida diría que está ahora?

- *Planificación*. La estación para captar la visión de Dios para usted y su gente.

- *Siembra*. La estación para presentar su visión a su personal y sentar las bases para llevarla a cabo.

- *Sudor*. La estación de trabajar para completar su visón.

- *Producción*. La estación de realizar el cumplimiento de su visión y celebrar.

Basándose en la estación en que se encuentra, ¿qué cosa específica puede hacer para cumplir mejor la misión de esa estación y que dé fruto en el desarrollo de su potencial y propósito?

DIVÚLGUELA

¿Qué concepto, idea o práctica específica de liderazgo que ha aprendido en esta semana transmitirá a otro líder en los próximos dos días?

Semana 20

LA LEY DEL CRECIMIENTO EXPLOSIVO

PARA SUMAR Y CRECER, SEA LÍDER DE SEGUIDORES; PARA MULTIPLICAR, SEA LÍDER DE LÍDERES

Los líderes que desarrollan seguidores hacen crecer su organización persona a persona. Los que desarrollan líderes multiplican su crecimiento pues por cada líder que desarrollan, reciben todos los seguidores de ese líder. Añada diez seguidores a su organización, y tendrá el potencial de diez personas. Añada diez líderes y tendrá el potencial de diez líderes multiplicado por todos los seguidores y líderes sobre los que ellos tengan influencia. Esa es la diferencia entre la adición y la multiplicación. Es como hacer crecer su organización por equipos en lugar de hacerlo por individuos. Mientras mejores sean los líderes que desarrolle, mayor será la cantidad y calidad de sus seguidores.

Para subir al nivel más alto, tiene que desarrollar líderes de líderes. Mi amigo Dale Galloway afirma que «algunos líderes quieren hacer seguidores. Yo quiero hacer líderes. No solo quiero hacer líderes, sino líderes de líderes. Y luego hacerlo a ellos líderes de líderes». Una vez usted es capaz de seguir este patrón, casi no hay límites para el crecimiento de su organización.

DE «LA LEY DEL CRECIMIENTO EXPLOSIVO» EN
Las 21 Leyes Irrefutables del Liderazgo

Día 1

Pablo
y la
Ley del Crecimiento Explosivo

PENSAMIENTO DIRECTRIZ PARA HOY:
El líder que desarrolla líderes logra un crecimiento explosivo.

Lecturas bíblicas
Hechos 15.36-16.5; 18.1-11; 19.8-10; 1 Timoteo 4.12-16;
2 Timoteo 2.1-10, 14-26

Una ironía fascinante del liderazgo es que si usted quiere hacer algo realmente grande que involucre a mucha gente, es necesario que limite su enfoque a unas pocas personas. Esto parece no tener sentido. Va contra nuestra inclinación natural. Sin embargo, es cierto. Las grandes hazañas no las logran las multitudes. Las hacen núcleos de personas. Si piensa en grande, necesita aprender a actuar en poca escala.

El noventa por ciento de los líderes no trabaja de esta forma. Ellos reúnen seguidores, no líderes. ¿Por qué? Porque no es fácil dedicarse a los líderes. Los líderes son difíciles de hallar, difíciles de reunir, difíciles de retener. Donde los seguidores esperan buscando alguien que los dirija, los líderes están en acción haciendo que las cosas

> Una ironía fascinante del liderazgo es que si usted quiere hacer algo realmente grande que involucre a mucha gente, es necesario que limite su enfoque a unas pocas personas.

ocurran. Donde los seguidores cierran filas fácilmente detrás de un líder, otros líderes necesitan razones convincentes antes de tener la disposición de seguir a otro. Liderar a otros líderes no es tarea fácil.

Si es tan difícil, ¿por qué preocuparse? ¿Por qué pasar por todo el problema? ¿Por qué lo hizo Pablo en el primer siglo, y por qué tenemos que preocuparnos de hacerlo ahora? Porque la única manera de experimentar un crecimiento explosivo en su organización, y sostenerlo a largo plazo es dirigir líderes. Es la única forma de multiplicar su liderazgo.

DESPLAZAMIENTO DEL PARADIGMA

Pasar del noventa por ciento que dirige a seguidores al diez por ciento que dirige líderes requiere una forma completamente nueva de pensamiento. Dirigir líderes significa...

1. NO SOLO HACER BIEN LAS COSAS, SINO HACER LO QUE ESTÁ BIEN

Si ha descansado firmemente en su capacidad de hacer bien su trabajo para atraer a la gente, eso no será suficiente. Además de ser altamente competente, usted tiene que ser altamente estratégico para localizar y atraer a los líderes para su organización.

2. NO ES SOLO PRIORIZAR SU AGENDA, SINO PONER EN AGENDA SUS PRIORIDADES

Todos los líderes son personas ocupadas, y cuando organizan sus agendas, desarrollar a otros generalmente no tiene lugar. Pero para emplear un equipo de buenos líderes, tendrá que hacer del desarrollo de personas su principal prioridad. Usted no puede dirigir líderes si no enseña liderazgo y asesora a las personas todo el tiempo.

3. NO ES TRATAR DE REALIZARSE, SINO REALIZAR SU DESTINO

Nuestra cultura pone un precio extremadamente elevado a la realización personal. Pero la realización es en gran medida como la felicidad: es una función de la actitud. El llamamiento más elevado es alcanzar su potencial y cumplir su destino. Cuando lo hace, puede desarrollar líderes del desborde.

4. NO ES DIRIGIR CON PODER, SINO DAR PODER A LOS LÍDERES

La persona que dirige a seguidores no comparte su poder. Los líderes débiles en esa situación tienen temor de compartirlo, y suelen apoyarse en su posición o título para que los proteja. Pero aun los líderes fuertes que dirigen a seguidores no necesitan compartir su poder. ¿Qué sacarían con eso? Los seguidores no sabrían qué hacer con él si lo tuvieran.

Por otra parte, los líderes que desarrollan a otros líderes deben compartir su poder. La única manera de hacer líderes eficaces y conservarlos es dándoles poder y autoridad. Mientras más potencial usted entrega, más eficiente se torna su organización.

Agregar seguidores es relativamente fácil. Mientras mejor el líder, mayor el número de seguidores que puede reclutar. Por otra parte, reclutar o desarrollar líderes es un proceso lento. Pero una vez que se dedica a ello, su liderazgo crece con el tiempo. Por cada líder que usted gana, gana a toda la gente que sigue a ese líder. Esto tiene un efecto multiplicador.

Es el método que Pablo usó para multiplicar su liderazgo. Comenzó con unos pocos líderes potenciales. Y por hacerlo, la iglesia experimentó un crecimiento explosivo durante el primer siglo, distinto de todo lo que el mundo hasta entonces había visto. Pablo no se quedó en la adición. No podía permitirse ese lujo. Usted tampoco.

PREGUNTA DE REFLEXIÓN PARA HOY:
Como líder, ¿está sumando o multiplicando?

Día 2

PENSAMIENTO DIRECTRIZ PARA HOY:
Los líderes se comprometen con personas y actividades que dan un crecimiento explosivo.

Por lo cual, siendo libre de todos, me he hecho siervo de todos para ganar a mayor número... a todos me he hecho de todo, para que de todos modos salve a algunos (1 Corintios 9.19, 22).

El apóstol Pablo tenía muchas cualidades favorables. Era un hábil apologista, capaz de razonar con los mejores filósofos contemporáneos de Atenas (Hechos 17.18-34). Era un valiente predicador del evangelio, que ayudó a la difusión de la palabra de Dios por toda Asia (Hechos 19.10). Y fue un increíble instrumento de sanidades, milagros ocurridos aun cuando la gente tocaba una prenda que él hubiera usado (Hechos 19.11-12). Pero ninguna de estas cosas puede compararse con su contribución como líder. De todos los apóstoles, no tiene paralelo como desarrollador de pastores y líderes eclesiásticos tales como Tito, Lucas, Apolos, Timoteo, Silas, Priscila y Aquila. Sin el liderazgo de Pablo, el mundo hubiera sido un lugar muy diferente durante el primer siglo.

ESTRATEGIA PARA UN CRECIMIENTO EXPLOSIVO

Pablo fue un maestro del crecimiento explosivo. Se dedicó a la gente y a las actividades que podrían impactar al mundo. Su tiempo era limitado, pero su influencia parecía no tener límites. Sus acciones no solo cambiaron su mundo sino también el nuestro.

La estrategia usada por Pablo es tan eficaz hoy como era hace dos mil años. Para promover el crecimiento explosivo...

1. ATRAIGA Y EQUIPE PERSONAS

Dondequiera que Pablo fue, reunía personas que le escuchaba, y les enseñó. El libro de los Hechos muestra cómo Pablo llegaba a un pueblo y comenzaba por enseñarle a un gran número de personas, durante días, meses y a veces años. Por ejemplo, en Éfeso, enseñó durante tres meses en la sinagoga y luego dos años en una escuela (Hechos 19.8-10). No importa dónde fuera o qué otra cosa estuviera haciendo, equipó a tantas personas como pudo.

2. BUSQUE Y ASESORE A LÍDERES QUE SE LEVANTAN

Además del valor de ayudar a otros a alcanzar su potencial, una ventaja de equipar a muchos es que le provee una reserva de personas de entre las que puede hallar líderes potenciales. Así fue con Pablo. Fue mentor de demasiados líderes como para contarlos. Algunos de ellos, como Silas, llegaron a él con influencia y habilidades de liderazgo (Hechos 15.22). Otros eran fruto de su ministerio, como Timoteo a quien Pablo llama «verdadero hijo en la fe» (1 Timoteo 1.2). Pero sin importar su procedencia, Pablo los llevaba consigo mientras trabajaba, predicaba y dirigía. Les enseñó lo que necesitaban aprender. Luego los dejaba libres dándoles responsabilidad y autoridad.

Como líder usted puede seguir el mismo patrón: atraiga continuamente y equipe seguidores y luego encuentre entre ellos los líderes potenciales y desarróllelos; así multiplicará su liderazgo de una manera que nunca imaginó que sería posible.

3. CREE NUEVAS ORGANIZACIONES

Cuando Pablo desarrollaba líderes no los escondía. No asesoraba a las personas con el solo propósito de llevar una vida más fácil. Levantaba líderes para multiplicar y extender su influencia. Y lo hacía con una estrategia.

En sus viajes, Pablo continuamente plantaba iglesias. La lista de ciudades que visitó y donde inició iglesias se extien-

> Cuando Pablo desarrollaba líderes no los escondía. No asesoraba a las personas con el solo propósito de llevar una vida más fácil.

de por toda Asia Menor y una buena parte de Europa. La tradición sostiene que viajó hasta las Islas Británicas, aunque no hay ninguna evidencia que lo pruebe. Pero, donde quiera que viajó, dejó una iglesia con líderes responsables que continuarían cuando él se hubiera ido.

Usted no puede hacer un gran impacto con una mente ya establecida. Por el contrario, debe tener una visión y luego pensar en grande, al igual que Pablo.

4. COMPROMÉTASE EN EL CONTINUO DESARROLLO DE LÍDERES

El desarrollo de líderes es un proceso de toda la vida. Pablo sabía eso. Una vez que desarrolló a personas al punto de que ellos podrían guiar a otros por sus propios medios, no los abandonaba. Pablo visitaba a los líderes en sus iglesias para seguir su desarrollo, animarlos y darles dirección. La Escritura nos dice que el segundo viaje de Pablo comenzó con la siguiente sugerencia: «Después de algunos días, Pablo dijo a Bernabé: Volvamos a visitar a los hermanos en todas las ciudades en que hemos anunciado la palabra del Señor, para ver cómo están» (Hechos 15.36).

Pablo siguió el desarrollo de sus líderes con las epístolas que escribió. En particular, las cartas a Timoteo y Tito revelan la instrucción y estímulo que les daba. Esas cartas, con las otras que Pablo escribió, siguen instruyendo líderes en la actualidad, casi dos mil años más tarde.

Si su visión es grande —tan grande que requiere multiplicidad de líderes— hay solo una forma que podrá lograrlo: por medio del crecimiento explosivo. Cualquier cosa menos que esto no le permitirá lograr sus sueños.

❧

PREGUNTA DE REFLEXIÓN PARA HOY:
¿Ha identificado a las personas y actividades
que proveen crecimiento explosivo?

Día 3

PENSAMIENTO DIRECTRIZ PARA HOY:
*Los líderes reconocen las cualidades necesarias
para un crecimiento explosivo.*

Tú, pues, hijo mío, esfuérzate en la gracia que es en Cristo Jesús. Lo que has oído de mí ante muchos testigos, esto encarga a hombres fieles que sean idóneos para enseñar también a otros (2 Timoteo 2.1-2).

La gente suele preguntarme: «John, ¿cómo puedo reconocer a un líder potencial? ¿Qué debo buscar?» Cuando oigo que los líderes preguntan eso, me alegro pues sé que están comenzando a pensar en función de la multiplicación en lugar de la adición. Quieren dirigir líderes y no solo reunir seguidores.

A lo largo de los años, he enseñado muchas lecciones al respecto y me mantengo constantemente explorando el tema. Es un tópico que Pablo también solía enseñar. Por ejemplo, dos veces en las Escrituras dio directrices espirituales para la elección de ancianos (1 Timoteo 3.1-10; Tito 1.5-9). Además dio instrucción perspicaz a Timoteo que revela su punto de vista de lo que se necesita para ser un buen líder.

RETRATO PAULINO DE UN LÍDER

En el día 1 de la Ley del Crecimiento Explosivo, usted leyó pasajes de 2 Timoteo 2. En ellos, Pablo destaca cuatro imágenes que caracterizan al buen líder. Podemos usarlas para medirnos nosotros mismos y los líderes potenciales que queremos desarrollar. Un buen líder necesita ser lo siguiente:

371

1. MAESTRO

La primera y más importante cualidad de un líder es la capacidad de enseñar y desarrollar a otros líderes. Pablo dijo a Timoteo que se reprodujera en otros. Ese es, después de todo, el secreto del

La primera y más importante cualidad de un líder es la capacidad de enseñar y desarrollar a otros líderes.

crecimiento explosivo. Pablo dijo: «Lo que has oído de mí ante muchos testigos, esto encarga a hombres fieles que sean idóneos para enseñar también a otros» (2 Timoteo 2.2).

Si quiere ser un líder de un crecimiento explosivo, debe estar dispuesto a compartir su conocimiento, autoridad y experiencia. Debe seleccionar sabiamente los líderes potenciales que sean leales, fieles y capaces trasmitir el valor del desarrollo del liderazgo en otros.

2. SOLDADO

Un buen líder debería ser como un soldado. Un buen soldado es muchas cosas: consagrado, valiente y capaz de recuperarse. Pablo enfocó primariamente dos características en su mensaje a Timoteo. Primero, los soldados se concentran en la prioridad de su obra; no se enredan en los asuntos que les distraen de la batalla en que están comprometidos. La segunda cualidad es su deseo de agradar a su líder. Eso implica una profunda lealtad y el deseo de sacrificarse.

Una razón por la que muchos soldados son capaces de ser buenos líderes es porque aprenden lo que significa seguir antes de tener la oportunidad de dirigir. Por eso es que mi amigo Lynd Fitzgerald, que sirve como consultor en una de nuestras empresas, INJOY Stewardship Services, llama a los militares de Estados Unidos «el centro más grande del mundo de preparación para el liderazgo». Él lo sabe: era piloto en la Fuerza Naval de Estados Unidos y alcanzó el grado de capitán antes de retirarse. Cuando busque personas para desarrollar, busque los que sean ejemplo de las cualidades de un buen soldado: disposición a seguir y la capacidad de llevar a cabo sus responsabilidades.

3. ATLETA

El buen líder es como un atleta ganador. Pablo afirma: «el que lucha como atleta, no es coronado si no lucha legítimamente» (2 Timoteo 2.5). Las dos características que destaca son la integridad y la disciplina. Las personas sin integridad *no seguirán* las reglas. Y las personas sin disciplina *no pueden ganar* sometiéndose a las reglas. Las dos cualidades son necesarias.

> Las personas sin integridad no seguirán las reglas. Y las personas sin disciplina no pueden *ganar* sometiéndose a las reglas. Las dos cualidades son necesarias.

Hoy día vivimos en una cultura que nos dice que debemos ganar a toda costa... sin importar las reglas ni los remordimientos de conciencia. Pero nada es más importante en un líder potencial que seleccione que la integridad. La disciplina guardará la integridad de una persona y hará posible que siga creciendo, compitiendo y ganando.

4. AGRICULTOR

La última imagen que Pablo usó para enseñar el liderazgo fue la del agricultor. La mayoría de la población de los Estados Unidos no entiende lo que significa ser un agricultor y lo que requiere. Crecí en un pueblito de Ohio, y aunque viví muy cerca de muchas granjas, no entendí realmente nada acerca de cultivos hasta que dirigí mi primera iglesia en un campo de Indiana. Allí aprendí lo que es el duro trabajo agrícola. Los agricultores se levantan antes que el sol, trabajan hasta agotarse, y viven a merced de las estaciones.

El agricultor también tiene paciencia. No hay una recompensa inmediata cuando trabaja la tierra. Los agricultores trabajan, luego esperan. Si puede hallar líderes potenciales con la paciencia y la ética de trabajo del agricultor, habrá conseguido personas con la actitud correcta para llegar lejos como líderes.

El liderazgo es difícil. Dirigir líderes es aun más difícil. Por eso es importante que usted sea el tipo de líder que Pablo describe, y seleccione las personas adecuadas para desarrollarse dentro de su organización. Si son incapaces de dirigir y ser eficaces por ellos mismos, nunca podrá lograr un crecimiento explosivo.

PREGUNTA DE REFLEXIÓN PARA HOY:
¿Poseen sus líderes potenciales las cualidades necesarias para el crecimiento explosivo?

Día 4

PENSAMIENTO DIRECTRIZ PARA HOY:
*Hay grandes diferencias entre los líderes que reúnen seguidores
y los líderes que desarrollan líderes.*

De cierto, de cierto os digo, que si el grano de trigo no cae en la tierra y muere, queda solo; pero si muere, lleva mucho fruto. El que ama su vida, la perderá; y el que aborrece su vida en este mundo, para vida eterna la guardará. (Juan 12.24-25).

Convertirse en un líder de crecimiento explosivo requiere más que un cambio en el modo de trabajar. Exige un cambio en el modo de pensar. Es una disposición mental completamente diferente de la necesaria para reunir seguidores.

LÍDERES QUE REÚNEN SEGUIDORES Y LÍDERES QUE DESARROLLAN LÍDERES

Hay siete diferencias importantes entre los líderes que se dedican a la reunir seguidores y los líderes que se dedican a desarrollar otros líderes:

1. LOS LÍDERES QUE REÚNEN SEGUIDORES NECESITAN QUE ALGUIEN LOS NECESITE; LOS LÍDERES QUE DESARROLLAN LÍDERES QUIEREN TENER SUCESORES

Muchas personas que solo quieren dirigir seguidores lo hacen porque tener gente que los halague. Se sienten indispensables. Pero los líderes que desarrollan líderes trabajan para hacerse reemplazables. No quieren tener seguidores; quieren dejar un legado. Es lo que Pablo apreciaba. Desarrolló líderes como Timoteo y Tito, que podrían seguir adelante después de su partida.

2. LOS LÍDERES QUE REÚNEN SEGUIDORES PRESTAN ATENCIÓN A LAS DEBILIDADES DE LAS PERSONAS; LOS LÍDERES QUE DESARROLLAN LÍDERES PRESTAN ATENCIÓN A SUS FORTALEZAS

El líder ineficiente se concentra en las debilidades de sus seguidores. A veces lo hacen porque no entienden cómo trabaja el desarrollo y el estímulo. Otros lo hacen por inseguridad (los líderes débiles quieren mantener a sus seguidores fuera de competencia). Pero los líderes fuertes —los capaces de guiar a otros líderes— prestan atención a las fortalezas de las personas pues saben que esa es la clave para desarrollarlos.

Lea la Biblia y luego contésteme: ¿Cuáles eran las debilidades de Timoteo? La respuesta es que realmente no sabemos. ¿Por qué? Porque las epístolas de Pablo animan a su protegido a reforzar sus puntos fuertes y a desarrollar su potencial. Su consejo a Timoteo «que avives el fuego del don de Dios que está en ti» (2 Timoteo 1.6) resume la actitud de Pablo. Si desea desarrollar líderes, vuelva su atención a los puntos fuertes de las personas para ayudarles a alcanzar su potencial.

3. LOS LÍDERES QUE REÚNEN SEGUIDORES SE ENFOCAN EN EL VEINTE POR CIENTO INFERIOR; LOS LÍDERES QUE DESARROLLAN LÍDERES LO HACEN EN EL VEINTE POR CIENTO SUPERIOR

Los líderes de crecimiento explosivo se enfocan en lo mejor de sus líderes; además su atención está en los mejores líderes potenciales. En contraste, los líderes de seguidores generalmente prestan atención a la gente más ruidosa y difícil, los que reciben y reciben, sin dar nada a cambio.

> Los líderes de crecimiento explosivo se enfocan en lo mejor de sus líderes; además su atención está en los mejores líderes potenciales.

Cuando desarrolle líderes, haga lo que Pablo hizo. Enseñe y ame a todos. Pero ponga su atención en el desarrollo de los mejores líderes. Haga eso y los líderes que desarrolle le ayudarán a cuidar del resto de las personas.

4. LOS LÍDERES QUE REÚNEN SEGUIDORES TRATAN A TODOS IGUAL; LOS LÍDERES QUE DESARROLLAN LÍDERES TRATAN A LAS PERSONAS COMO INDIVIDUOS

Cuando Pablo iba en sus viajes misioneros, no intentó llevarlos todos con él. Tampoco dio a cada uno la misma oportunidad de supervisar las iglesias que iniciaba, pues no todos estaban igualmente calificados o llamados a la tarea. En consecuencia, era estratégico con su tiempo y su atención. A cada persona que encontraba la trataba conforme a sus dones, llamamiento y voluntad de crecer. Como líder que desarrolla líderes, usted debe hacer lo mismo.

5. LOS LÍDERES QUE REÚNEN SEGUIDORES GASTAN SU TIEMPO; LOS LÍDERES QUE DESARROLLAN LÍDERES INVIERTEN SU TIEMPO

Los primeros años después de su conversión, Pablo pasó solo algún tiempo. Como muchos otros líderes bíblicos, estuvo trabajando en la oscuridad a fin de prepararse para cumplir su llamamiento. Pero cuando viajó a Jerusalén por primera vez y comenzó a dirigir a otros y a plantar iglesias, nunca más volvió a trabajar a solas. Donde iba llevaba compañeros. Consideraba como una inversión el tiempo que pasaba con ellos. Si no veía progreso, como en el caso de Juan Marcos, que no lo acompañó a Antioquía (Hechos 13.13), Pablo se negaba a seguir invirtiendo en esa persona (Hechos 15.37-40).

Cuando dirija a otros, considere su trabajo con los líderes emergentes como una oportunidad de invertir en ellos. Sea estratégico con su tiempo. Mantenga a su lado a un líder que usted esté asesorando cuanto tiempo sea posible mientras usted trabaja. Muéstrele cómo se hace cada cosa que usted hace, y siempre explíquele la razón. Invierta en él con la intención de quedar usted fuera del trabajo.

6. LOS LÍDERES QUE REÚNEN SEGUIDORES PIDEN ALGÚN COMPROMISO; LOS LÍDERES QUE DESARROLLAN LÍDERES PIDEN UN GRAN COMPROMISO

Seguir a un líder requiere compromiso. Pero no es nada comparado con el compromiso de un seguidor a quien se le pide dirigir a otros. El liderazgo requiere sacrificio, y el sacrificio requiere compromiso. Pablo, como seguidor de Cristo, consagró su vida. Lo mismo hicieron sus compañeros cercanos, que sufrieron con él la misma clase de persecución y penurias.

Cuando pida a la gente que entre al liderazgo, no trate con ligereza esa petición. Hágales saber que les pide que se comprometan. Hábleles acerca de las recompensas potenciales, pero familiarícelos con el sacrificio y el servicio que vienen unidos al liderazgo.

7. LOS LÍDERES QUE REÚNEN SEGUIDORES IMPACTAN ESTA GENERACIÓN; LOS LÍDERES QUE DESARROLLAN LÍDERES IMPACTAN LAS GENERACIONES FUTURAS

La persona que dirige a seguidores puede hacer un impacto solo en los individuos que tocan personalmente. Pero la persona que desarrolla líderes puede extender su alcance. Pablo extendió su alcance más allá de su círculo de influencia y más allá de su vida. Su liderazgo creó un legado que ha continuado hasta el presente.

Quizás esté dando la impresión de menospreciar a los líderes de seguidores. No es mi intención. Se necesita ser un buen líder para reunir un grupo de seguidores y llevarlos a lograr una meta digna. Pero se necesita un gran líder para guiar a otros líderes. Ese es el único tipo de líder que puede llevar una organización a su nivel más elevado y lograr un crecimiento explosivo.

PREGUNTA DE REFLEXIÓN PARA HOY:
¿Está desarrollando seguidores o líderes?

Día 5

Cómo dar vida a esta ley

ASIMÍLELA

Repase las cuatro afirmaciones relacionadas con la Ley del Crecimiento Explosivo:

1. El líder que desarrolla líderes logra un crecimiento explosivo.
2. Los líderes se comprometen con personas y actividades que dan un crecimiento explosivo.
3. Los líderes reconocen las cualidades necesarias para un crecimiento explosivo.
4. Hay grandes diferencias entre los líderes que reúnen seguidores y los líderes que desarrollan líderes.

¿Hacía dónde se inclina: a reunir seguidores o a desarrollar líderes? Si no está seguro, examine honestamente a las personas que le siguen en su organización. ¿Le rodean personas de influencia que producen un impacto cada vez que tienen la oportunidad? O, ¿son personas que continuamente esperan que usted inicie todo y les dé instrucciones, inspiración y dirección?

ORGANÍCELA

Si no está seguro dónde se encuentra cuando se trata de entender y aplicar la Ley del Crecimiento Explosivo, visite el sitio Web «www.injoy.com/21 Minutes» para contestar un cuestionario de evaluación de veinticinco preguntas que le ayudarán a medir su habilidad.

PÓNGALA EN ORACIÓN

Use las siguientes palabras para comenzar su tiempo de oración:

Amado Dios, quiero hacer un impacto. Quiero liderar más allá de mis capacidades y de mi círculo de influencia. Enséñame a ser líder de líderes. Favoréceme en el trato con las personas y tráeme personas con gran potencial de liderazgo. Ayúdame a aprender a invertir mi vida en ellos para que resulte un crecimiento explosivo. Amén.

VÍVALA

Aparte algún tiempo en los próximos días para analizar a las personas de su organización. Escriba los nombres de todas las personas sobre quienes usted tiene influencia (si su organización es muy grande, concéntrese en un grupo más pequeño y manejable, como los primeros treinta o cincuenta). Al lado del nombre de cada persona escriba un número del 1 (bajo) al 10 (alto) en el que represente su potencial de liderazgo. En cuanto a criterio, piense en las imágenes con las que Pablo comparó los buenos líderes: maestros, soldados, atletas y agricultores. Ahora seleccione entre una a cinco personas de las mejor calificadas para desarrollarlas personalmente (si nunca antes lo ha hecho, comience con un grupo pequeño). Enséñeles. Llévelos con usted cuando trabaja. Déjelos entrar en reuniones importantes. Haga todo lo que se necesita para desarrollarlos como líderes.

DIVÚLGUELA

¿Qué concepto, idea o práctica específica de liderazgo que ha aprendido en esta semana transmitirá a otro líder en los próximos dos días?

Semana 21

LA LEY DEL LEGADO

EL VALOR PERMANENTE DE UN LÍDER SE MIDE POR SU SUCESIÓN

Casi cualquier persona puede hacer que una organización parezca bien por un momento—mediante el lanzamiento un flamante programa o nuevo producto, la atracción de personas a un gran evento, o el cambio del presupuesto para estimular las líneas bajas. Pero los líderes que dejan un legado toman un enfoque diferente. Lideran teniendo presente el mañana tanto como el presente...

Los logros se aLucasanzan cuando alguien es capaz de hacer grandes cosas por sí mismo. El éxito viene cuando potencia a los seguidores para hacer grandes cosas *con* él. La importancia se da cuando desarrolla líderes que hagan grandes cosas *para* él. Pero el legado se crea sólo cuando una persona pone su organización en la posición de hacer grandes cosas *sin* él...

Cuando todo haya sido dicho y hecho, su capacidad como líder será juzgada no por lo que haya logrado personalmente, ni siquiera por lo que haya logrado su equipo durante su ejercicio. Será juzgado por lo bien que su personal y su organización haga cuando usted ya no esté... su valor perdurable será medido por su sucesión.

DE «LA LEY DEL LEGADO» EN
Las 21 Irrefutables Leyes del Liderazgo

Día 1

Jesús
y la
ley del legado

PENSAMIENTO DIRECTRIZ PARA HOY:
Más importante que dejar una herencia es dejar un legado

Lecturas bíblicas
Lucas 5.1-11; 6.12-16; 9.1-6, 10-20; 9.57—10.12;
Mateo 28.16-20

Cuando la mayoría de las personas piensa en Jesús, lo primero que se viene a la mente son los milagros que realizó. Me acordé de eso cuando una de las redes de televisión produjo una miniserie llamada *Jesús*. Examinó la primera parte de su vida y dio una atención preferente a la crucifixión, pero la parte que abarcaba sus tres años con los apóstoles se concentraba enteramente en sus enseñanzas y milagros. Los productores descuidaron la parte más importante de su ministerio. No dieron importancia a la forma en que Jesús estratégicamente creó un legado.

DEJAR ALGO TRAS SÍ

En lo profundo, a toda persona probablemente le gustaría dejar tras sí algo que les sobreviva. Ese deseo es más fuerte en los líderes que para la persona promedio. Pero no todos ven el tema de la misma manera.

Es más probable que la gente deje tras sí tres clases de cosas cuando terminan el período más productivo de su vida:

1. SOUVENIR

Nadie quiere salir de este mundo sin dejar una huella de haber estado en él. Pero algunas personas están tan preocupadas de sobrevivir o de buscar la felicidad que no logran nada. Se satisfacen coleccionando recuerdos.

El souvenir es poco más que indicio: conmemora eventos, hitos o actividades en que estuvo comprometida la persona. No hay nada de malo con tener un souvenir. Mi oficina contiene unos cuantos de mi vida: una foto de mi hijo, Joel Porter, en la tumba de mi héroe, John Wesley; un trozo de ladrillo y mortero del muro de Berlín del tamaño de una nuez; una foto de los miembros de la junta oficial que trabajó conmigo en la Iglesia Skyline, tomada en la propiedad comprada para su nueva sede. Me gustan los recuerdos tanto como a cualquiera, pero ellos en sí no tienen valor intrínseco. Son como los graffiti o los mensajes de infausta memoria que los soldados de Estados Unidos escribían por donde pasaban durante la segunda guerra mundial: «Kilroy estuvo aquí».

2. TROFEOS

Otras personas se esfuerzan por capturar trofeos para dejar tras sí. Donde el souvenir es un registro de existencia, los trofeos son registros de logros. Muestran que una vez estuvimos aquí, e hicimos algo que nos distingue del resto.

Los trofeos tienen muchas formas. Algunos son verdaderos trofeos o premios: la Copa Stanley, el Premio Nóbel, una medalla olímpica. Otros trofeos de son de una naturaleza diferente (y a veces más impresionantes): La Plaza del Triunfo, una novela con un millón de ejemplares vendidos, la Corporación Microsoft. Los trofeos dan a sus ganadores prestigio y reconocimiento, pero en sí no tienen un valor real, duradero.

3. LEGADOS

La gente siempre lucha por dejar un legado. El legado difiere de un trofeo o de un souvenir en que no marca algo ocurrido en el pasado: sigue viviendo y sigue haciendo impacto en el presente. Es un don dado a la generación siguiente.

Si busca la palabra *legado* en el diccionario, verá que una definición es «herencia».Pero cuando un legado es creado por un líder, es más que dejar una herencia. Incluye específicamente en el pase del bastón del liderazgo. Significa la sucesión del líder a su sucesor. Eso convierte el legado del líder en un obsequio enorme.

CONTINUAR

La razón por la que es un flaco favor al ministerio de Jesús mostrar sólo sus milagros y sus enseñanzas a las multitudes es que descuida la obra que realizó para crear su legado. Jesús pasó la mayor parte del tiempo durante esos tres años con sus doce discípulos, no con las multitudes que lo buscaban. Los preparó estratégicamente para continuar su ministerio después de su partida. El evangelio era su mensaje, pero su legado fue su método. *Todo* dependía del trabajo que realizó con esos doce hombres.

La gente cree en Jesús hoy y lo llama Señor porque Jesús hizo posible que sus discípulos realizaran su obra. Ellos prepararon a otros para continuar en su lugar. Él practicó la ley del legado, y ellos también. Si no lo hubiera hecho, el mensaje del evangelio y su método de transferencia habría terminado en el primer siglo d.C.

> El evangelio era su mensaje, pero su legado fue su método. Todo dependía del trabajo que realizó con esos doce hombres.

PREGUNTA DE HOY PARA REFLEXIONAR:
¿Qué está usted dejando para la posteridad?

Día 2

PENSAMIENTO DIRECTRIZ PARA HOY:
Los legados no se dejan por accidente.

Como el Padre me ha amado, así también yo os he amado; permaneced en mi amor. Si guardareis mis mandamientos, permaneceréis en mi amor; así como yo he guardado los mandamientos de mi Padre, y permanezco en su amor. Estas cosas os he hablado, para que mi gozo esté en vosotros, y vuestro gozo sea cumplido. Este es mi mandamiento: Que os améis unos a otros, como yo os he amado (Juan 15:9-12).

¿Le han preguntado alguna vez cómo quiere ser recordado? Quizás no, dependiendo de la edad. Creo que es el tipo de pregunta que la mayoría de la gente no oye antes de pasar los cincuenta años. Cuando se hace la pregunta por qué cosas serán recordados, la mayoría titubea por un momento y dicen algo semejante a esto: «Bueno, no lo sé. He tratado de hacer lo mejor. La historia tendrá la respuesta. Espero que la historia sea buena conmigo».

Aunque puede ser verdad que la historia juzga los resultados de nuestras acciones, somos responsables de nuestros esfuerzos. Nadie deja un legado por accidente. No podemos esperar lo mejor. Cada legado positivo creado por un líder fue planificado y buscado con propósito.

> Aunque puede ser verdad que la historia juzga los resultados de nuestras acciones, somos responsables de nuestros esfuerzos. Nadie deja un legado por accidente.

PREPARACIÓN DEL CAMINO

Si desea crear un legado, usted necesita ser estratégico e intencionado. Estas directrices pueden ayudarle a iniciarse:

1. DECIDA DE ANTEMANO LO QUE USTED ESTÁ DISPUESTO A CEDER.

La ley del sacrificia declara que un líder debe ceder para ascender. Ser un líder tiene su precio. Ser un líder que deja un legado tiene un precio mayor porque cuando usted trabaja para dejar un legado, su vida ya no le pertenece.

Por eso es tan importante saber qué está usted dispuesto a sacrificar para que otros puedan subir. Jesús enseñó este principio. Dijo esto a sus discípulos, los mismos encargados de continuar su legado: «Porque ¿quién de vosotros, queriendo edificar una torre, no se sienta primero y caLucasula los gastos, a ver si tiene lo que necesita para acabarla?» (Lucas 14:28). ¿Qué está usted dispuesto a sacrificar? ¿Cuánto de su tiempo? ¿Qué porcentaje de su dinero? ¿A cuántas oportunidades renunciará? Probablemente usted tenga muchos sueños. ¿Cuántos está usted dispuesto a dejar de lado para asegurar aquel que sobrevivirá en la vida de otros? No entre en el proceso a ciegas.

2. TOME LA INICIATIVA PARA COMENZAR EL PROCESO

Si usted es un gran líder, se le unirán buenos líderes. Los recursos se le pondrán en el camino. La gente vendrá a usted con ideas que quieren ver cumplidas. Pero nadie creará un legado por usted.

Los seguidores de Jesús tenían diversas agendas. Algunos, como Simón el Zelote, quería que él dirigiera una rebelión contra Roma. Otros como Jacobo y Juan, querían posiciones de poder para ellos (Marcos 10:37). Aun Pedro, a quien Jesús llama «piedra», trató de disuadirlo del acto mismo que daría libertad a Pedro y a los demás discípulos para andar en los pasos de Jesús (Mateo 16:22).

3. CONOZCA SUS METAS PARA CADA PERSONA

El proceso de crear un legado descansa primariamente en personas, concepto tan importante que es el tema de mañana. Requiere la selección de las personas adecuadas y el correcto proceso de desarrollo de cada individuo.

Jesús eligió cuidadosamente a los portadores de su legado. La Escritura dice que escogió muy intencionadamente a los doce que quería. No tomó a los primeros individuos que se le presentaron. No los trató a todos por igual. Creo que tenía un proceso específico de desarrollado para cada persona. En cuanto a algunos de esos hombres, sabemos que Jesús trataba de vencer:

- Pedro: la impetuosidad

- Jacobo y Juan: la ambición

- Mateo: el materialismo

Cuando busque a las personas adecuadas a quienes encargar su legado, recuerde que usted tiene una tarea diferente con cada persona. Usted quiere ayudar a que todos ellos lleguen a ser los mejores líderes, pero usted necesitará desarrollar fortalezas en forma específica y atacar problemas particulares de carácter.

4. PREPÁRESE PARA PASAR BIEN EL BASTÓN DE MANDO

Cuando haya preparado a su gente, usted necesitará prepararse para la transición cercana. Hay un verdadero arte en la preparación de un sucesor para una transición. No siempre se produce con suavidad.

Jesús tuvo problemas para entregar el bastón a sus seguidores. Les apareció después de la resurrección y les dio la Gran Comisión. Sin embargo, algunos aún no captaban la idea. Juan, el apóstol a quien Jesús amaba, reconoce que él, Pedro y Jacobo regresaban a pescar después de la resurrección de Jesús. Cuando

¿Qué está haciendo usted hoy en día para dejar su legado mañana?

se prepare para entregar su liderazgo a un sucesor, haga todo lo posible para una transición sin problemas, y aun entonces, haga planes para una asistencia adicional sin entrometerse en el camino.

Nunca es demasiado temprano para empezar a pensar en dejar un legado. Si usted piensa que no tiene algo digno de entregar, entonces trabaje arduamente en su contribución hoy mismo. Pero mientras lo hace, tenga los ojos abiertos en busca de las personas que algún día continuarán la obra que usted habrá comenzado. La única manera de construir algo de verdadero valor es entregarla.

PREGUNTA DE HOY PARA REFLEXIONAR:
¿Qué está haciendo usted hoy en día para dejar su legado mañana?

Día 3

Después subió al monte, y llamó a sí a los que él quiso; y vinieron a él. Y estableció a doce, para que estuviesen con él, y para enviarlos a predicar (Marcos 3:13-14).

Si usted quisiera cambiar la vida de las personas unos cien años en el futuro, ¿cómo lo haría? ¿Qué haría usted? ¿Y a mil años en el futuro? ¿Dos mil años? ¿Crearía usted una cápsula del tiempo? ¿Construiría una biblioteca? ¿Fundaría usted una universidad? ¿Cómo influiría sobre la vida de las personas cien generaciones después de su muerte?

Esta es la tarea que Jesús enfrentó y cumplió. Lo hizo sin escribir ningún libro, edificar escuelas ni fundar instituciones. Como lo ha dicho el profesor Robert E. Coleman: «Los hombres eran su método». El éxito duradero requiere sucesores.

LA IDEA DE JESÚS ACERCA DE DEJAR UN LEGADO

Una de las grandes ironías es que Jesús escogió personas como el instrumento por medio del cual aLucasanzaría al mundo. Algún día cuando esté delante de Dios en la eternidad, espero preguntarle por qué escogió seres humanos falibles para una tarea tan importante. Pero mientras tanto, acepto que si Jesús quiso depositar su legado en personas, entonces debo aprender su método y practicarlo lo mejor que pueda. Demos un vistazo a la IDEA para trabajar en la vida de las personas:

INSTRUCCIÓN

Jesús estuvo enseñando constantemente, mayormente con parábolas. Enseñaba a las masas. Educó y reprendió a los fariseos. Instruyó cuidadosamente a los discípulos. Más de la mitad del contenido de los Evangelios tiene que ver con las enseñanzas de Jesús.

El relato en que Jesús cuenta la parábola del sembrador nos da una idea de su trabajo. Mediante el uso de las parábolas, Jesús enseñó a las multitudes y les probó el corazón. Pero en cuanto a los discípulos, Jesús les dio una instrucción mucho más profunda. Cuando le preguntaron sobre el significado de la parábola, él explicó:

> A vosotros os es dado saber el misterio del reino de Dios; mas a los que están fuera, por parábolas todas las cosas; para que viendo, vean y no perciban; y oyendo, oigan y no entiendan; para que no se conviertan, y les sean perdonados los pecados (Marcos 4:11-12)

Luego Jesús les explicó la parábola revelando la profunda verdad contenida en la historia.

DEMOSTRACIÓN

Una deficiencia de la filosofía educacional que se usa en nuestras escuelas y universidades en la actualidad es que descansa casi exclusivamente en la instrucción. Si Jesús sólo hubiera enseñado a los discípulos y nada más, ellos nunca hubieran continuado su legado. Pero Jesús compartió con ellos su vida.

Al examinar cómo hizo esto Jesús, se puede ver que la proximidad de los discípulos a Jesús ocurre en tres fases:

- *Ven y ve.* En la primera fase Jesús invita a otros a observarlo a él y sus prioridades. Era una invitación para que ellos lo evaluasen (y a sí mismos a la luz de lo que él estaba haciendo).

- *Ven y sígueme.* En la segunda fase, Jesús pide un mayor nivel de consagración. Por ejemplo, pidió a los pescadores galileos que dejaran sus redes y le siguieran. Los discípulos debían hacer más que observar; tenían que asociarse con él.

- *Ven conmigo*. La tercera fase y final, que ocupó la mayor parte de los tres años de ministerio de Jesús pidió a los discípulos consagración y compañerismo.

El tipo de enseñanza más importante usado por Jesús fue el modelar, porque algunas cosas no se pueden enseñar, se captan. Cuando los Doce estuvieron en el nivel más alto de conexión con Jesús, estuvieron siempre presentes a su lado.

Sus discípulos vieron que su enseñanza y sus acciones eran coherentes, y aprendieron el cómo y el por qué de todo lo que hacía.

Estaban presentes cuando enseñaba, viajaba, oraba, comía con los «pecadores», sanaba a los enfermos y resucitaba a los muertos. Vieron que su enseñanza y sus acciones eran coherentes, y aprendieron el cómo y el por qué de todo lo que hacía.

EXPERIENCIA

Después de ser modelo de liderazgo ante sus discípulos y de enseñarles las verdades espirituales, no los dejó para que siguieran moviéndose libremente. Gradualmente trabajó para irles dando cargos de liderazgo independiente y darles una valiosa experiencia.

Usted puede ver la forma progresiva en que Jesús incluyó a los discípulos en su ministerio. Después que hubieron pasado suficiente tiempo con él, dio instrucciones a los Doce, los invistió de poder, y los mandó a ministrar en su lugar (Lucas 9:1-6). No mucho después envió a setenta discípulos de la misma manera (Lucas 10:1-16). Aunque la Escritura no lo dice, mi opinión es que los Doce probablemente estaban incluidos en ese grupo. Creo que Jesús les daba la oportunidad de practicar lo que les había enseñado y a practicar el liderazgo de otros discípulos como él lo hizo.

ANALIZAR

Jesús repetidas veces evaluó el progreso de sus discípulos. Por ejemplo, después del regreso de los setenta que había enviado, los hizo rendir un informe, les dio instrucciones acerca de las prioridades y celebró con ellos (Lucas 10:17-24). Jesús también dio asesoría individual a sus discípulos incluida una retroalimentación específica acerca de su carácter y sus capacidades. Tal es el caso de Pedro, a quien elogia por su gran fe (Mateo 16:17-19) y además lo reprendió por la gran debilidad de su negación (Mateo 26:33-34).

Puede que los discípulos no siempre hayan entendido todo lo que Jesús les dijo. Cuando actuaban de modo incoherente con lo que les había enseñado, Jesús se lo hacía saber.

Si usted tiene el deseo de dejar un legado, debe buscar personas que lo hagan por usted. Necesita la persona adecuada y el proceso de preparación correcto para ellos. Solamente cuando usted se haya derramado dentro de ellos, ellos podrán derramarse por los demás. Nadie puede dar lo que no tiene.

PREGUNTA DE HOY PARA REFLEXIONAR:
¿Quién continuará con su legado?

Día 4

De cierto, de cierto os digo: El que en mí cree, las obras que yo hago,
él las hará también; y aun mayores hará (Juan 14.12).

Muchos líderes que dejan un legado nunca tienen el privilegio de verlo continuado durante su vida. Pero debo decir que Dios ha sido misericordioso conmigo. Después de servir veintiséis años en el
liderazgo pastoral, he tenido el privilegio de vislumbrar algo en que
he trabajado arduamente para traspasar a un sucesor.

En *Las 21 Irrefutables Leyes del Liderazgo*, escribí sobre las dificultades para mantener el impulso en la Iglesia Skyline mientras luchá-
bamos por conseguir el permiso para edificar la nueva sede. Entre las
políticas comunitarias locales, la burocracia del Condado de San Diego y el papeleo ambiental de California, no pudimos avanzar durante
once años. El proceso lo iniciamos en 1984. La iglesia no obtuvo los
permisos de construir hasta 1995. Fue una pesadilla.

Nada deseaba más que llevar a la gente de Skyline a la «montaña»;
así llamábamos la propiedad porque estaba situada en una gran loma
cerca del Monte San Miguel. Mi intención era que fuera parte de mi
legado, junto con todos los líderes que había desarrollado durante los
catorce años que estuve allí. Pero no pudo ser así. Lo mejor que podía
esperar era ayudar a mi sucesor, Jim Garlow, para que tuviera éxito en
la tarea.

Cuando Jim Garlow se hizo cargo de Skyline, de todo corazón se
entregó a la visión de reubicar la iglesia en la nueva propiedad. Reunió
un diestro equipo de personas para llevar adelante la reubicación.
Algunas veces me pidió ayuda, y se la di gustoso. Durante cinco años
él y otros líderes de la iglesia trabajaron diligentemente. Adoptaron la

visión que originalmente había dado a la iglesia y la convirtieron en realidad. El 7 de mayo de 2000, Jim dedicó el nuevo edificio y me invitó a participar. Fue un día increíble que nunca olvidaré.

¿QUÉ SE NECESITARÁ?

Cuando un líder quiere crear un legado duradero, hay unas cuantas cosas que deben andar bien. La tabla siguiente resume lo que ocurre cuando un líder trabaja en una sucesión exitosa:

SI EL ENFOQUE DE MI LIDERAZGO ES	Y LA RESPUESTA DE MI GENTE ES	ENTONCES EL RESULTADO ES	% QUE LO HACEN
Reunir seguidores	Se van	Nadie tiene éxito	25
Reunir seguidores	Se quedan	Mi éxito, pero limitado	50
Desarrollar líderes	Se van	Éxito de alguien más	5
Desarrollar líderes	Se quedan	Nuestro éxito mutuo	15
Desarrollar líderes de líderes	Se quedan y desarrollan a otros	Éxito de toda la organización	4
Entregar a líderes de líderes	Se quedan y lideran bien después que me he ido	Legado de éxito para todos	1

Pasar el bastón nunca es fácil. El líder tiene que hallar líderes adecuados. Tiene que llevarlos a través de un eficiente proceso de desarrollo. Necesita la adhesión de la gente. Necesita el favor de Dios. Luego tiene que entregar y salirse de la pista.

LA ÚLTIMA ETAPA DEL VIAJE

Me sentí muy afortunado el día de la dedicación de Skyline, porque pude cumplir una promesa que hice una década antes a una anciana amiga, y ese acto puso fin a mi rol de pasar el bastón del liderazgo a Jim. Hace años, mientras recolectaba fondos como pastor de Skyline, Beth Myers me pidió que le hiciera una promesa. Dijo: «Pastor, creo en usted y su visión para la iglesia. Estaré encantada de dar para la reubicación, con una condición. El día que nos mudemos al nuevo edificio, quiero que usted me lleve de la mano y me pasee por el edificio».

En la actualidad Beth tiene más de ochenta años, y tuve la oportunidad de cumplir la promesa. La tomé de la mano ese día y le mostré cada parte del edificio. Me sentí como si fuera caminando con Ana la profetisa, de quien Lucas escribe en su Evangelio (2.36-38).

Cumplir el llamado a entregar el legado es un gozo increíble. Me deleito viendo el éxito de Jim Garlow en Skyline. Los días mejores de la iglesia están aun por delante. Pero también reconozco que dejar un legado es un desafío increíblemente difícil. Usted paga un alto precio para vivir en favor de otras personas y no para usted mismo. Pero vale la pena.

Si Dios le ha dado una visión por algo que le sobrevivirá, esté dispuesto a pagar el precio por ello. El legado es un sueño que cambia no sólo su vida, sino la vida de toda la gente que alcanza a tocar.

> El legado es un sueño que cambia no sólo su vida, sino la vida de toda la gente que alcanza a tocar.

PREGUNTA DE HOY PARA REFLEXIONAR:
¿Puede usted imaginar qué aspecto tendrá su legado?

Día 5

Cómo dar vida a esta ley

ASIMÍLELA

¿Está usted tan concentrado en tener éxito hoy que no ha pensado en una contribución de larga duración que usted puede hacer? Si es así, dedique algún tiempo a pensar en los siguientes puntos:

1. Más importante que dejar una herencia es dejar un legado.
2. Los legados no se dejan por accidente.
3. Los líderes depositan su legado en personas.
4. El legado del líder: su trabajo más arduo y su gozo más profundo.

Cuando sus años productivos han quedado atrás, es demasiado tarde para empezar a pensar en dejar un legado. El momento de desarrollar su legado es hoy mismo, mientras usted tiene aún algo que dar y alguien a quien darlo.

ORGANÍCELAS

Si no está seguro dónde se encuentra cuando llega al punto de entender y aplicar la ley del legado, visite el sitio Web «www.injoy.com/21 minutos» para una prueba de evaluación de veinticinco preguntas que le ayudarán a medir su habilidad.

PÓNGALO EN ORACIÓN

Use las siguientes palabras para comenzar su tiempo de oración:

Amado Dios, haz de mí un líder con un legado. Dame una visión digna de mi vida y un legado. Dame los líderes adecuados para cumplirlo, y ayúdame a derramarme en sus vidas. Dame tu favor y el de la gente. Y cuando llegue el momento de entregar el bastón, ayúdame a retirarme de la pista de mi sucesor. Amén.

VÍVALA

Si está usted decidido a hacer de su vida una que deje un legado y no sólo trofeos y recuerdos, use el plan del Día 2 y comience a preparar hoy mismo su legado:

1. Haga una lista de lo que está dispuesto a dejar en favor de preparar un legado.

2. Describa en qué forma tomará la iniciativa para iniciar el proceso.

3. Haga una lista de personas que usted desarrollará, y apunte sus metas con cada persona.

4. Describa lo que significará pasar el bastón.

DIVÚLGUELA

¿Qué concepto, idea o práctica en particular que haya aprendido esta semana transmitirá a otro líder en los próximos dos días?

CONCLUSIÓN

Espero que haya disfrutado tanto al aprender de los líderes de la Biblia como yo he disfrutado compartiendo con usted las lecciones que he aprendido. Si pasa tiempo con las Escrituras, seguirá descubriendo y aprendiendo lecciones sobre liderazgo, porque la Biblia ciertamente es el mejor libro sobre liderazgo que se ha escrito jamás.

Siga creciendo, siga desarrollando a otros líderes y procure disfrutar la jornada.